王溢然 束炳如 主编

中学生物理思维方法丛书

2 守恒

王溢然 徐燕翔 编著

中国科学技术大学出版社

图书在版编目(CIP)数据

守恒/王溢然,徐燕翔编著. —合肥:中国科学技术大学出版社, 2015.1(2023.9重印)

(中学生物理思维方法丛书)

ISBN 978-7-312-03658-3

Ⅰ.守⋯　Ⅱ.①王⋯②徐⋯　Ⅲ.中学物理课—教学参考资料　Ⅳ.G634.73

中国版本图书馆 CIP 数据核字(2014)第 297666 号

出版	中国科学技术大学出版社 安徽省合肥市金寨路 96 号,230026 http://press.ustc.edu.cn https://zgkxjsdxcbs.tmall.com
印刷	安徽省瑞隆印务有限公司
发行	中国科学技术大学出版社
开本	880 mm×1230 mm　1/32
印张	10.875
字数	283 千
版次	2015 年 1 月第 1 版
印次	2023 年 9 月第 6 次印刷
印数	18001—22000 册
定价	28.00 元

物理学的任务是发现普遍的自然规律。因为这样的规律的最简单的形式之一表现为某种物理量的不变性,所以对于守恒量的寻求是合理的,而且也是极为重要的研究方向。

——劳厄(德国物理学家)

序 1

  在中学物理学习过程中,学生在获取知识的同时,还要重视从科学宝库中汲取思维营养,加强科学思维方法的训练.

  思维方法的范畴很大,包括抽象思维、形象思维、直觉思维等.以抽象思维而言,又有众多的方法,在逻辑学中都有较严格的定义.对于以广大中学生为主的读者群,就思维科学意义上按照严格定义的方式去介绍这众多的思维方法,显然是没有必要的.由王溢然、束炳如同志主编的这套丛书,不追求思维科学意义上的完整,仅选取了在物理科学中最有影响、中学物理教学中最常见的思维方法(包括研究方法)为对象,在较为宽泛的意义上去展开,立意新颖,构思巧妙.全套丛书,各册彼此独立,都以某一类或两三类思维方法为主线,在物理学史的恢宏长卷中,撷取若干生动典型的事例,先把读者引入饶有兴趣的科学氛围中,向读者展示这种思维方法对人类在认识客观规律上的作用.然后,围绕这种思维方法,就其在中学物理教学中的功能和表现,以及其在具体问题中的应用做了较为深入、全面的开掘,使读者能从物理学史和中学物理教学现实两方面较宽广的视野中,逐步领悟到众多思维方法的真谛.

  这套丛书既不同于那些浩繁的物理学史典籍,也有别于那些艰深的科学研究方法论的专著,它融合了历史和方法,兼顾了一般与提高,联系了教学与实际,突出了对中学物理教学的指导作用,文笔生

i

动、图文并茂,称得上是一套融史料性、科学性、实用性、趣味性于一体的优秀课外读物.无论对广大中学生(包括中等文化程度的读者)还是对中学物理教师以及高等师范院校物理专业的学生,都不无裨益.

科学研究是一项艰巨的创造性劳动.任何科学发现和科学理论的诞生都是在一定的背景下,科学家精心的实验观测、复杂的思维活动的产物.在攀登道路上充满着坎坷和危机,并不是一帆风顺、一蹴而就的.科学家常常需及时地(有时甚至是痛苦地)调整自己的思维航向,才能顺利抵达成功的彼岸.因此,任何一项科学新发现、一种科学新理论的诞生,绝不会仅是某种单一思维活动的结果.这也就决定了丛书各册在史料的选用上必然存在某些重复和交叉.虽然这是一个不足之处,却也可以使读者的思维层次"多元化".不过,作为整套丛书来说,如果在史料的选用上搭配得更精细一些、在思维活动的开掘上更深刻一些,将会使全书更臻完美.

我把这套丛书介绍给读者,首先希望引起广大中学生的兴趣,能从前辈科学家的思维活动中汲取智慧,活化自己的思维,开发潜在的智能;其次希望中学物理教师在此基础上继续开展对学生思维方法训练的研究,致力于提高学生的素质,以适应新时期的需要;最后我也真诚地希望这套丛书能成为图书百花园中一朵惹人喜爱的花朵.

阎金铎

序 2

"中学生物理思维方法"是一个很诱人的课题.如果从我比较自觉地关注这个课题算起,要追溯到20世纪80年代.开始时,朴素的动因就是激发学生兴趣,丰富上课内容;后来,通过对许多科学研究方法论著作、思维学著作等的学习和教学实践,认识上逐步从传授知识层面提高到了对学生的学习能力乃至思维品质进行培养的高度.于是,在90年代中期,经过比较充分的积累,策划编写了这套思维方法丛书.

《中学生物理思维方法丛书》问世后,受到了广泛的关注,被列入国家新闻出版总署"八五"规划重点图书,还被推介到台湾出版了繁体字版(中国台湾新竹"凡异出版社").因此,作者受到了很大的鼓舞.

光阴荏苒,如今已进入21世纪.科学技术飞速发展,教学理念不断更新,教学的要求也随着时代前进的脚步有了很大的变化.当前,国际教育界大力提倡"科学的历史、哲学和科学"教育,希望借此更好地提高学生的科学素质.我国从新世纪开始试行的《高中物理课程标准》也明确提出同样的要求.中外教育家一致的认识——结合物理教学内容,回顾前辈科学家创造足迹,无疑是了解科学本质、培养科学精神的一个重要途径.

本丛书的新一版继续坚持"科学史料、思维方法、中学教学"三结合的内容特色,并补充了科学技术方面的新成果、新思想,尤其在结

合中学物理教学方面有了很大的进展——删去或淡化了与当前中学物理教学联系不够紧密的某些枝叶,突出了主干知识;撤换了相对陈旧的某些问题,彰显了时代风貌;调整了某些内容,强化了服务对象.值得说明的是,在新一版中还选入了相当数量的近年高考题,这些问题集中反映了各地专家、学者的智慧,格外显得光彩熠熠、耐人寻味.因此,新一版内容更为丰满多彩,也更为贴近中学教学和学生实际,更好地体现了科学性、方法性、应用性、趣味性.希望能够继续被广大读者喜欢,也希望能够更好地使读者受到启发,有所得益,有所进步!

今后,随着时代的发展和中学物理教学要求的不断更新,新思想、新成果和教学中的新问题势必会层出不穷,但前辈科学家崇高的科研精神、深邃的思想和创造性思维方法的光辉,必将永远照耀着人们前进的道路!

在新一版问世之际,首先要衷心感谢我的良师益友、苏州大学物理系束炳如教授.从萌发编写丛书的想法开始,束先生就给予作者极大的鼓励、支持.编写过程中,作者与先生进行了难以计次的深夜长谈,他开阔的思路、活跃的创见和对具体问题深刻的分析指导,都给了作者极为有益的启发和帮助,让作者从中得到了强大的精神力量,也给作者留下了永不磨灭的记忆.借此机会,同时衷心感谢两位德高望重的原顾问周培源先生[*]和于光远先生[**]以往对本丛书的关爱;衷心感谢为本丛书作序的阎金铎教授[***]对作者的鼓励;衷心感谢吴保让先生、倪汉彬先生、贾广善先生、刘国钧先生等曾为丛书审读初稿并提出了宝贵的修改意见;衷心感谢曾为丛书绘制精美插图的朱然

---

[*] 周培源(1902~1993),著名物理学家,中国科学院院士,曾任中国物理学会理事长、中国科学技术协会主席、北京大学校长等.

[**] 于光远(1915~2013),著名经济学家,中国社会科学院哲学社会科学学部委员,曾任国家计划委员会经济研究所所长、中国社会科学院副院长等.

[***] 阎金铎,著名物理教育家,北京师范大学物理系教授、教科所所长,曾任中国教育学会物理教学研究会理事长等.

先生；衷心感谢被引用为参考资料的原作者们；衷心感谢曾经对丛书大力支持的大象出版社；衷心感谢广大读者朋友对本丛书的厚爱.

本丛书相当于一个"系统工程"，编辑、出版需要花费大量的人力、物力.新一版的问世，跟中国科学技术大学出版社的鼎力支持是分不开的.在此，也代表所有作者对中国科学技术大学出版社和有关编辑室表示衷心的感谢.

不知哪位作家说过这样的话：写作的最大乐趣首先是在写作的过程中，作者与读者心灵交流；其次是作品出版后，能够被读者认可.虽然这套丛书不是文学创作的作品，我们也只是站立三尺讲台的中学老师，但是在编写过程中，内心时时有着一种极为强烈的冲动，有一个声音呼唤着：把我们在长期教学实践中所积累和思考的有关中学物理教与学的点滴认识、心得与中学物理教学界同行，尤其是广大的中学生朋友们进行交流、分享与探讨.实际上，书中有许多地方都包含着从以往学生的思维火花中演绎的方法.

本丛书的新一版，尽管我们思考了比较长的时间，编写中也都作了努力，但仍然难免会有疏漏乃至错误的地方，请读者发现后予以指正.

王溢然

2014 年 2 月于苏州庆秀斋

前　言

在物质世界的不断运动过程中,一个具体系统中各个物体的某些物理特征量的总量,在满足一定条件时可以保持不变,即守恒.这是系统的一个重要特征.在现代粒子物理学中,守恒量与对称性密切相关.粒子的对称性表现为它们在反应过程中的守恒律.物理学家常根据方便,交替使用过程对称性和相应的守恒律.但这些较为艰深的内容,不属于本书的任务.

在这本小册子中,我们先简单阐释了守恒思想的产生、完善和发展;接着,以物理学史上某些典型事例指出守恒思想在人们科学认识上的作用;最后,联系中学物理教学实际,探讨了守恒思想的教学功能,并列举了较为丰富的例题,说明它在分析和研究具体物理问题中的应用.

如果广大读者,尤其是中学生朋友们,通过阅读本书,能加深对守恒思想的认识,有助于应用守恒思想去分析和研究有关的实际问题,作者将感到无比欣慰.

作　者

目　　录

序 1 ……………………………………………………（ⅰ）

序 2 ……………………………………………………（ⅲ）

前言 ……………………………………………………（ⅶ）

1　守恒思想的形成与发展 ……………………………（001）
  1.1　守恒思想的历史渊源 ……………………………（001）
  1.2　守恒思想的实验基础 ……………………………（003）
  1.3　守恒思想的完善发展 ……………………………（024）

2　守恒思想的科学意义 ……………………………（040）
  2.1　解释新现象 ………………………………………（040）
  2.2　预言新事物 ………………………………………（051）
  2.3　指导新理论 ………………………………………（059）
  2.4　启迪新发明 ………………………………………（067）
  2.5　开发新能源 ………………………………………（076）

3　守恒思想的教学功能 ……………………………（085）
  3.1　帮助理解概念 ……………………………………（085）

 3.2 揭示规律内涵 ………………………………………… (092)
 3.3 解释物理现象 ………………………………………… (107)
 3.4 辅助实验设计 ………………………………………… (115)
 3.5 澄清易混问题 ………………………………………… (121)
 3.6 指导解题实践 ………………………………………… (127)

4 守恒定律的物理学地位和应用特点、步骤 …………………… (137)
 4.1 守恒定律的物理学地位 ……………………………… (137)
 4.2 应用守恒定律解题的特点 …………………………… (138)
 4.3 应用守恒定律解题的步骤 …………………………… (150)

5 机械能守恒定律的应用 ………………………………………… (156)
 5.1 正确理解机械能守恒定律 …………………………… (156)
 5.2 机械能守恒定律应用中的几点认识 ………………… (159)
 5.3 机械能守恒定律的应用实例 ………………………… (167)

6 能的转化和守恒定律的应用 …………………………………… (187)
 6.1 能的转化与守恒的普遍性 …………………………… (187)
 6.2 摩擦生热与热力学第一定律 ………………………… (193)
 6.3 电场中的能量转化 …………………………………… (202)
 6.4 电流的功及其能量转化 ……………………………… (210)
 6.5 磁场中的能量转化 …………………………………… (217)

7 动量守恒定律的应用 …………………………………………… (228)
 7.1 正确理解动量守恒定律 ……………………………… (228)
 7.2 动量守恒定律的应用要点 …………………………… (235)
 7.3 动量守恒定律中的速度 ……………………………… (240)

  7.4 动量守恒定律中的"人船模型" …………………… (249)
  7.5 动量守恒定律中的临界问题 ……………………… (259)
  7.6 碰撞——动量守恒与动能守恒的综合应用 ……… (263)
  7.7 动量守恒与总能量守恒的综合应用 ……………… (278)

8 动量矩守恒定律的应用 ……………………………… (284)
  8.1 动量矩守恒定律 …………………………………… (284)
  8.2 动量矩守恒的实例分析 …………………………… (289)

9 电荷守恒和质量守恒的应用 …………………………… (294)
  9.1 电荷守恒 …………………………………………… (294)
  9.2 质量守恒 …………………………………………… (303)

10 守恒定律在核反应中的应用 ………………………… (309)
  10.1 质量、电量守恒 …………………………………… (309)
  10.2 质-能守恒 ………………………………………… (312)
  10.3 动量守恒、能量守恒 ……………………………… (317)
  10.4 质量、电量、动量和能量守恒 …………………… (322)

结束语 ……………………………………………………… (328)

主要参考资料 ……………………………………………… (330)

1 守恒思想的形成与发展

古希腊伟大的哲学家柏拉图(Plato)在 2300 多年前就说过:"真正爱好知识的人永远追求实在,不肯止于只是表面存在的种种现象."守恒思想以及作为其具体体现的守恒律,正是蕴藏于自然界色彩缤纷的表面现象之中的某种"实在",如同其他伟大思想一样,经过了漫长的孕育过程.

1.1 守恒思想的历史渊源

"守恒"思想最先是从物质不灭、运动永恒中开始萌芽的.中国战国时代的一个重要学派——墨家所著的《墨经》中已经含有朴素的物质不灭和运动永恒思想.《墨经》中说道:本来没有的就不会有;已经有的也不可能消灭.并且指出,具体事物可以有增减变化,但物质的总量却不会增加或减少,加起来的总量还与过去的一样多.《墨经》中还认为,当物体运动时,若要让它停止运动,就要对它施加作用,如作用不够强,物体的运动就不会停止.

到了中世纪*,中国科学一度非常繁荣.宋、元时期达到了高峰,出现了一大批杰出的科学家,对物质和运动也有了更加深入的认识.

---

* 欧洲通常把公元 5～15 世纪称为中世纪.

如王夫之(别号船山先生)就曾明确地指出,运动既不能创生,也不能消灭;并从燃烧、汽化和升华三种物质形态变化现象提出了物质不灭的观点。

英国著名科学史专家李约瑟在评价中世纪的中国科学时说:"在公元3世纪到13世纪之间,(中国)保持一个西方所望尘莫及的科学知识水平……"

不过,当时的中国科学,主要还只是零星的贡献,大多是定性的描述,缺乏定量的分析,没有提出科学的基本概念,也没有形成系统的科学理论;对物质不灭、运动永恒的认识同样如此,其中许多论点还停留在哲学的思辨上。

对于能的守恒和转化的认识,更是可追溯到距今四五十万年前我们祖先对火的利用。原始人学会摩擦取火,这个人工取火的过程就是把机械运动转化为热的过程。以后人们又学会了用风力、水力来运转机械、驱动车船,这些都是在机械能作用下实现势能与动能的转化。

在西方,特别是古希腊,由于它那时是一个城邦制国家,不像中央集权制的古老王国。相对来说,思想比较开放,各种学派共存,因此在古希腊出现了许多著名的哲学家,也诞生了许多很可贵的物理思想。"守恒"思想就是其中的一种物理思想。

"守恒"思想在西方古代的最初萌发,是人们出于对死亡的恐惧和对永生的企望,于是便创造了灵魂不灭的说法安慰自己。虽然它的初衷可以说跟物理学毫无关系,但是套用一句物理术语,可以把这种说法戏称为"灵魂守恒"。

到了古希腊时期,一些哲学家通过对自然界中万物的周而复始、循环往复的各种现象的思考,逐渐形成了物质不灭、运动永恒等各种守恒思想。

例如,克塞诺芬尼(Xenophanes)说:"世界不是产生出来的,而是永恒的、不可毁灭的."原子论者阿那克萨戈拉(Anaxagoras)曾说:"万物的生灭只是由于结合与分离,此外并无其他意义的生灭,万物是永恒存在的."可以说,几乎所有古希腊哲学家提出物质本源的同时,都认为这种本源应该是守恒不变的.对于物质、运动、变化的普遍性和永恒性,古希腊思想家赫拉克利特(Herakleitos)留下了至今脍炙人口的两句名言:

"太阳每天都是新的."

"人不能两次踏进同一条河流."

在人类文明史上称得上第一个有意义的守恒学说,是古希腊原子论学说的创始人留基伯(Leucippus)和他的学生德谟克利特(Democritus)提出的物质不灭说.他们认为,宇宙万物都是由看不见和不可分割的原子组成的.它们既不能创生,也不能消灭,亘古以来就在无限的虚空中永远运动着.除物质不灭外,他们还主张运动不灭——运动只能由一个物体向另一个物体转移,但绝不会完全消灭.

对后世科学发展有重要影响的亚里士多德,在他的名著《物理学》一书中,更为具体地运用了守恒思想作为论述的依据.他认为世界的基础是物质.他在批驳了"运动是产生出来的"和"运动能灭亡"的说法以后,明确主张运动是永恒的,自然界是永恒运动着的.* 这是非常难能可贵的.

由此可见,守恒思想在东、西方都有着悠久的渊源.

1.2 守恒思想的实验基础

爱因斯坦(A. Einstein,德国)说过:"纯粹逻辑思维不能给我们任何经验世界的知识;所有真实的知识都是从经验出发并在经验中

---

* 亚里士多德所说的运动有时也称为变化,包括实体的变化(产生和灭亡)、性质的变化、数量的变化(增加和减少)以及位置的变化等.

完成."

守恒思想也是这样,它绝不能只是哲学家的纯粹的思维,必须以物理学家坚实的实验为基础,才能成为真实的知识.

(1) 惠更斯对碰撞的研究与动量守恒

早期的认识

最早提出动量概念和动量守恒思想的是意大利的物理学家伽利略(G. Galilei).他在研究击打现象时首先认识到击打效果与锤子的质量和速度有关.他把物体的质量与速度之积称为"力",首次提出了近乎正确的动量概念.

为了研究击打力的作用,伽利略做了一个实验:在天平横梁的一端悬挂两个小桶,一个桶内盛水,桶底有一个可以启闭的小孔;另一个空桶挂在它的下面,天平横梁的另一端挂一个平衡物(图1.1).伽利略原来以为,当水从上面的小桶流出而落在下桶的底部时,冲击力将使天平横梁向着挂有小桶的一侧偏斜.他还设想可以通过加大平衡物质量的方法来恢复天平的平衡,从而可以测出水流冲击力的大小.但是,实验的结果却出乎伽利略的意料:当水开始从上面的小桶流出时,平衡物非但不上升反而下降;当水落到下面的小桶底部时,平衡物

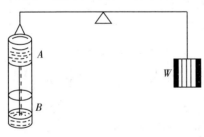

图 1.1

又逐渐上升到原来的高度,天平又呈平衡状态.

伽利略对这个实验结果是这样解释的:当水从上面的小桶底部流出还未到达下桶的底部时,好像水从天平上被拿走了一样,因此挂小桶的一边质量减小,于是另一侧的平衡物就下降.当水落到下桶的底部时,水的冲击作用又使平衡物上升.水的这个冲击作用的大小,

和水从上面桶底的小孔落到下桶的过程中所获得的速度有关.

虽然伽利略并没有给出定量的结果,也未曾考虑到水从小孔流出时的反冲作用,但伽利略的这个实验,无疑是关于动量守恒定律的一个例证.

继伽利略之后,法国数学家、哲学家笛卡儿(R. Descartes)受他的朋友贝克曼(I. Beeckman,荷兰)的影响,从对碰撞的研究中提出了动量守恒定律.他在1644年出版的《哲学原理》中写道:"物质有一个一定量的运动,这个量是从来不增加也不减少的.虽然在物质的某些部分有时有所增减."并提出了几条第二级的定律.笛卡儿把质量与速度的乘积(mv)作为"运动量"的量度.1644年,笛卡儿提出了运动守恒的结论,还具体地总结出七条碰撞定律.笛卡儿的动量守恒定律实际上也是他的哲学思考的结果,不过,他在对碰撞的研究中存在着严重的不足(如总结的七条碰撞定律中有五条是错误的),没有区分弹性碰撞和非弹性碰撞,同时也没有认识到动量的矢量性.

一个悬赏实验

动量守恒定律的确立可以说与荷兰物理学家惠更斯(C. Huygens)是分不开的.从1652年起,惠更斯就对笛卡儿碰撞定律的正确性产生了怀疑,而英国皇家学会上的一个悬赏实验,又促进了他的研究.

1666年,刚成立不久的英国皇家学会,在其例会上表演了这样一个实验:用两根细绳竖直悬挂着两个质量相等的钢球,静止时两球恰好互相接触靠在一起.使其中一个A球偏开一个角度后放下,撞击另一个B球,B球将上升到与A球原来偏离竖直线几乎相等的高度,而A球则静止;然后,B球下落又撞击A球,B球静止,A球又升到几乎是原来的高度.以后,两球将交替往复多次(图1.2).

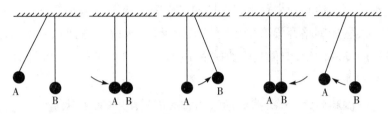

图1.2 皇家学会上的表演

这个实验引起了与会科学家的极大兴趣.但如何解释这一现象呢？当时莫衷一是.为此,皇家学会悬赏征文.

惠更斯的研究

英国数学物理学家瓦利斯(J. Wallis)和数学家、建筑师雷恩(C. Wren)都向皇家学会提交了关于碰撞的论文.但他们都不如惠更斯对碰撞问题研究得全面和深入.惠更斯细致地分析了弹性碰撞的各种情况(质量相等的和质量不等的;速度相同的和速度不同的以及三个物体的连续碰撞等),他还颇具匠心地运用相对性原理进行论证——惠更斯设想在做匀速直线运动的船上有两个质量相同的球以相对于船相同的速度做对心碰撞,碰后它们将以相对于船相同的速度弹开.对于站在岸上的观察者来说,这两个相同的球以不同速度发生对心碰撞后,将彼此交换速度.作为一个特例,一个运动球与另一个质量相等的静止球发生对心碰撞,必然是运动球立即静止,原来静止的球以运动球的速度运动.这正是在皇家学会上的实验的结果.*

惠更斯不仅纠正和发展了笛卡儿的动量概念,指出了动量的矢量性,而且对动量守恒定律作了完善的表述.惠更斯在论文中写道："两个物体所具有的运动量在碰撞中都可以增多或减少,但是它们的量值在同一个方向的总和却保持不变,如果减去反方向的运动量的

---

* 惠更斯在对这一结果的证明中还指出："两个物体的碰撞中,它们的质量和速度平方乘积的总和,在碰撞前后保持不变."这就是弹性碰撞中的动能守恒.

话."他还指出:"两个、三个或任意多个物体的共同重心,在碰撞前后总是朝着同一方向做匀速直线运动."

通过对碰撞实验的研究,动量守恒定律终于得到了严格的论证,而这一定律的建立也为牛顿建立作用与反作用定律准备了一定的条件,从而完成了伽利略以来为建立力学体系而做的奠基性工作.

(2) 拉瓦锡的煅烧金属实验与质量守恒

碰到鼻尖上的真理

定量证明物质不灭——质量守恒,是从对燃烧本质的认识上起飞的.

17世纪以来,已有不少人通过对燃烧和呼吸作用的研究,认识到空气中含有两种性质截然不同的气体.但当时盛行着燃素说*,阻碍着人们认识的进一步深化,即使对于已碰到鼻尖上的真理都无法抓住.

1773年,瑞典药剂师舍勒(C. W. Scheele)通过分解硝酸盐、氧化物、碳酸盐制得了氧气.舍勒把它称为"火空气"或"火气".他在实验中发现,把磷封闭在容器里燃烧时,得到磷酸酐,而容器里的空气体积减小了 1/5,剩下的 4/5 的气体都不能使物体继续燃烧.早在 1673 年,英国的玻意耳(R. Boyle)做了金属煅烧实验后就发现,封闭在容器内的金属被煅烧以后,质量均有所增加.如今舍勒发现了空气的减重.如果两个人的发现结合起来,燃烧的奥秘就能揭开了.遗憾的是,玻意耳没有称量容器中的空气和金属在燃烧前后的总质量,而是假设有一种火微粒跑进容器;舍勒则是燃素说的信徒,认为燃烧就是释放燃素,同样没有称一下磷酸酐的质量.真理已碰到鼻尖,终因思想

---

* 燃素说认为自然界中存在一种构成火的元素,即燃素.燃烧是物体同燃素分解的过程,物体失去燃素就剩下灰渣,灰渣吸收燃素后又变成可燃物.一切化学反应都是燃素的表现.

被旧观念所束缚,没有再往前一步而与其失之交臂.

无独有偶,1774年,英国化学家普里斯特里(J. Priestley)用一个直径为1英尺(1英尺=0.3048 m)的聚光镜加热氧化汞时也独立制得了氧气,但他并没有认识到自己制得的气体是一种新元素.虽然他将老鼠放在这种气体中,发现能比在等体积的一般空气中存活时间约长4倍;他自己也曾亲自尝试一下,"觉得这种空气使呼吸轻快了许多,使人感到格外舒畅".但他也是个极虔诚的燃素说信徒,认为从氧化汞分解出来的仅是一点燃素都没有的空气,因此它吸收燃素的本领特别强,格外助燃.

舍勒和普里斯特里制造了摧毁燃素说的武器,但他们却不会使用这件武器.

化学大革命

接过舍勒和普里斯特里制造的武器,彻底摧毁燃素说,引起一场化学大革命的是法国化学家拉瓦锡(A. L. Lavoisier).

拉瓦锡的工作特点是注重物质的量的研究,善于以天平作为研究化学的工具.

1774年,他用锡和铅做了著名的金属煅烧实验.不过他比玻意耳高明,不仅精确称量了锡和铅的质量,把它们分别放在曲颈瓶中密闭,又准确称量了金属与容器的总质量.然后加热煅烧,使锡和铅都变为煅灰(氧化物).当他确认加热前后的总质量不变后,立即发现金属煅烧后增加的质量刚好等于容器内空气减少的质量.可见,燃烧只能是物体同空气化合的结果,这样很快就得到了玻意耳和舍勒所不可能得到的结论.

接下来的问题是需弄清楚煅烧金属究竟是整个空气与金属化合,还是空气中的某种气体与金属化合.拉瓦锡认为,最有说服力的是设法从煅灰(氧化物)中把这种气体取出来.他先用铁煅灰进行试验,但没有成功.后来他在普里斯特里用聚光镜分解氧化汞实验的启发下,于1775年做了加热氧化汞制取氧气,以精确地定量研究空气成分的"十二天实验".他在一个氧化汞的合成与分解的实验中,将45份重的氧化汞加热分解后,恰恰得到41.5份重的金属汞和3.5份重的氧,严格证明了参与反应的物质的总质量在反应前后保持不变.以后,拉瓦锡又做了大量的燃烧试验,不仅有力地否定了燃素说,建立了正确的燃烧的氧化学说(即燃烧或金属变成氧化物是与氧化合的结果),被誉为"真正发现氧气的人",也精确地用实验证明了物质不灭定律.

人们说,18世纪法国有两次大革命.一次是政治大革命,另一次就是拉瓦锡所发起的化学大革命.虽然拉瓦锡一生没有发现过新物质,没有设计过新仪器,也没有改进过制备方法,然而拉瓦锡在化学史上的功勋是不朽的.拉瓦锡的伟大之处在于:他能够把别人的实验工作承担下来,并用自己的定量实验加以补充、修正与加强,通过严格的、合乎逻辑的步骤,阐明所得实验结果.拉瓦锡于1789年出版的名著《化学纲要》,完全可以和牛顿的《自然哲学的数学原理》相媲美.

因此,从某种意义上可以说,玻意耳、舍勒、普里斯特里等人只是制造了一批砖瓦,而用这些砖瓦建成化学大厦的则是拉瓦锡.

(3) 焦耳对热功当量的测定和能量守恒

机械的牛马特性

早在公元1～2世纪,古希腊的赫仑就从人们对力学的研究中提出了力的黄金原则:作用力减小到几分之一,速度也就减小到几分之一.后来,伽利略把这一原理表述为:在力方面得到的,必在速度方面失去.也就是说,任何一种机械,要省力必须降低速度.这个特性与牛和马的情况相似——牛耕地运动速度较小,但能产生较大的力;马拉车运动速度较大,但能提供的力较小.因此工程上把它形象地称为机械的"牛马特性".这正是机械能守恒的一个必然结果.

其实,伽利略早已走到了机械能守恒的大门口.他根据著名的斜

面实验作出推理,物体在自由下落中所达到的速度,能够使它跳回到原来的高度,却不会更高.只是当时还没有"能"的概念,当时科学的发展还没有达到充分揭示各种运动形式之间联系的地步,因此伽利略不可能得出机械能守恒定律,当时的科学家也不可能从机械能守恒引申出普遍的能的转化与守恒的结论.

三大障碍

能的转化和守恒思想,经过了许多艰难曲折历程,通过许多科学家的努力,直到19世纪才明确起来.它较晚才被人们所确认,是因为在能的转化和守恒的攀登路上有着三大障碍.

第一,各种运动形式很难找到一种统一的量度.在机械运动的量度问题上,从17世纪80年代起,就引起了莱布尼茨(G. W. F. V. Leibniz,德国)和笛卡儿的争论.笛卡儿继承伽利略的观点,以mv作为运动的量度.这个观点,后来也得到牛顿等一些物理学家的支持.莱布尼茨从对落体运动的分析中,指出在自由落体中守恒的不是mv,而是mv^2.他把mv称为"死力",把mv^2称为"活力".认为"死力"对杠杆、滑轮等简单机械的运动量度是有效的,而物体真正运动的量度,应该是"活力".

机械运动的量度尚且如此争论不下,对一般运动的量度自然更为困难了.

第二,热质说的流行妨碍了人们对能的转化和守恒的认识.热质说是18世纪广为流行的解释热的本质的一种错误学说.它认为热是一种特殊的、没有质量的、充满整个物体的流体.热现象是由热质的流动所造成的.既然热质说把热看作一种物质,也就不可能认识热和机械运动的相互转化了.*

---

* 关于热质说的产生背景、当时的地位以及后来伦福德实验对热质说的打击,读者可参阅本丛书《猜想与假设》.

1 守恒思想的形成与发展

第三,热衷于对永动机的追求.长期以来,许多科学家都有一个错觉,以为物质不可能源源不断地产生,运动却可以这样.当人们醉心于永动机的发明时,自然不会想到能的转化和守恒.

诞生条件

从伽利略提出动量守恒思想以来到 19 世纪 40 年代,经过漫长的孕育过程,理论概念到应用技术的转化才为能的转化和守恒定律的诞生准备了条件.

在理论上,随着动力学的发展,逐渐形成了"功"和"能"的概念.

从 1820 年起,"功"这个概念首先在工程技术论著中被逐渐确立. 1829 年,法国工程师彭塞利(J. V. Poncelet)明确推荐了"功"这一术语,并提出机械过程中的能量守恒原理:功的代数和的二倍等于活力 (mv^2) 的和.后来就演变为动能定理*.用公式表示为

$$2\sum W = \sum mv^2 \quad \text{或} \quad \sum W = \sum \frac{1}{2}mv^2$$

"能量"概念,最早是由英国物理学家托马斯·杨(T. Young)于 1807 年提出的.直到 1853 年才被汤姆孙(W. Thomson,英国)所采用.此时,"势"的概念也已得到了普遍的应用.

永动机的迷恋者已从"发明家"一次次失败中醒悟,热质说也因 18 世纪末伦福德(C. Rumford)实验而受到严重打击.这样,到了 19 世纪 40 年代,关于能的转化和守恒所必需的基本概念,大体已准备就绪.

在实践上,进入 19 世纪后,科学技术的发展已开始揭示了自然界各种运动的联系与转化.

1800 年,意大利帕维亚大学自然哲学教授伏打(A. Volta)制成了"伏打电堆"(图 1.3),实现了化学运动与电运动的转化.后来人们很快利用它所提供的稳定的持续电流进行电解,又实现了电运动向

---

* 动能定理的正确表达式为 $\sum W = \Delta E_k$,当初速度为零时,可表示为 $\sum W = \frac{1}{2}mv^2$.

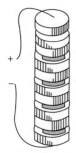

图 1.3　伏打电堆

化学运动的转化.

1820年,丹麦物理学家奥斯特(H. C. Oersted)发现了电流的磁效应,揭示了电和磁的联系,实现了电能向机械能的转化.

1821年,德国物理学家塞贝克(T. J. Seebeck)首先发现了"温差电"现象(当用铜导线与铋导线连成一闭合电路后,两个结点间出现了温差时,导线上会产生电流);1834年,法国物理学家佩尔捷(J. C. A. Peltier)发现了它的逆效应(当有电流通过两种金属结点处时,会发生温度变化).1840年和1842年,焦耳和楞次(H. F. E. Lenz,俄国)分别发现了电热定律,定量论证了电能与热能的转化关系.

1831年,法拉第(M. Faraday,英国)发现电磁感应现象并制成发电机,实现了机械能与电能的转化.

此外,紫外线化学作用的发现(1801年),用光照金属极板改变电池电动势的发现(1839年),光的偏振面的磁致偏转现象的发现(1845年)……都从不同侧面反映了各种自然现象间的联系与转化.

总之,到了19世纪40年代前后,欧洲科学界已经普遍蕴含着一种气氛,认为应该以一种相互联系的观点去认识自然.于是,在西欧的几个不同行业中出现了几位先驱者.

可敬的先驱者

第一个对能量转化和守恒定律作出重大贡献的是法国青年工程师卡诺(S. Carnot).他通过对热机的研究,于1830年在笔记本中明确提出了热的分子运动论与能量守恒和转化定律,比较准确地得出了热的机械当量的数值.可惜卡诺英年早逝,他的遗稿被长期搁置,直到1878年才公布于世.这时,能的转化与守恒早已是人们公认的一条

1 守恒思想的形成与发展

基本规律了.

卡诺之后,德国生理学家莫尔也曾于1837年在《论热的本质》一文中,表述了类似的思想.

1839年,法国的工业革命家 M·塞贯也算出了热的机械当量.

1840年,瑞士的赫斯(Hess)提出了化学反应中释放热量的重要定律:在化学反应中释放的能量是一个跟中间过程无关的恒量.它已揭示了化学变化过程中的能量守恒关系.

可惜,先驱者的这些结果,有的没有及时发表,有的发表后没有引起应有的重视.在科学的攀登道路上,不仅科学家常会蒙受巨大的精神创伤,科学发现也常会"蒙难".

不过,生产力的发展已发出强大的召唤力,欧洲已处于"山雨欲来风满楼"的境地,能量转化和守恒定律发现的时机已经成熟.

划时代的一年

第一个发表能量转化和守恒定律的是德国的青年医生迈耶(J. R. Mayer).1840年,迈耶随船从荷兰驶往东印度.一日,船行至爪哇岛,一些海员不幸生了病.迈耶根据他在德国治这种病的办法,在静脉管上扎针放血,偶然发现病员的静脉血比在欧洲时更为鲜红,这使迈耶感到很奇怪.经过思考,迈耶从拉瓦锡的氧化燃烧理论中得到启发,他认为,人的体温是靠氧在人体内产生的热来维持的,血液中的红色素是血液中进行氧化反应的产物.在赤道附近,气候炎热,人的体温不需用许多氧来维持,血液中的氧消耗不多,因此静脉管里的血更为鲜红.

由此,迈耶展开了联想:人体的热是怎样产生的呢?是由于心脏的运动吗?他计算了一下,一颗约500 g的心脏,由它的运动根本不能维持人的体温.迈耶认为,这一定是人体内的食物所含的化学能转变为热能的缘故.

回国后,迈耶继续进行研究.他在一家纸厂设计了一个实验,通

过搅拌纸浆,测出纸浆的升温,计算出一定量的机械功所产生的热.他还从空气的定压比热 c_p 和定容比热 c_v 的关系计算出 1 cal 热量相当于 3.58 J 的功(现在公认值是 4.184 J).他从机械能与热能的关系中,扩展到其他现象,逐步形成了一切能量都可以相互转化的思想.

1842 年,迈耶在他的论文《论无机界的力》中,明确提出"力是不灭的、能转化的、无重量的客体"的观点.* 所以恩格斯称 1842 年为划时代的一年.1845 年,迈耶在自费发表的另一篇论文中,进一步指出"物体的量,守恒不变,这是一条最高的自然法则,它既适用于物质,也适用于力".迈耶还借助各种机会到处热情洋溢地宣传他的能的转化思想.他大声演说:"你们看,太阳把力洒向地球,地球绝不会让这些力浪费掉,就到处布满了植物,它们生长着,吸收着阳光,并生出各种化学物质……"

迈耶的思想非常活跃,研究的范围很宽广,他还指出生命过程中所发生的只是物质和力的转换而不是它们的创造,并估算了太阳能量的消耗……可是,迈耶本人的遭遇却很不幸,不仅他的研究成果不被重视,还被关进了疯人院.科学史上许多伟大的发现者、发明家,往往连同他们的成果一起遭到厄运.

测了 40 年当量值的焦耳

如果说,迈耶首先提出的能量转化和守恒定律还较多地具有理论思维的话,那么,最先用实验确立能量转化和守恒定律的则是酿酒师出身的焦耳(J. P. Joule,英国).

焦耳最初是从磁电机做功的发热现象,开始对电流的热效应进行定量研究的.他在玻璃管中装入水银,通以强弱不同的电流,测定一定时间内水银温度的变化.在 1840 年写的论文《论伏打电所产生的热》中,焦耳得出了这样的结论:在一定时间内伏打电流通过金属导

---

* 迈耶所说的力,就是能量的意思.

体产生的热与电流强度的平方和导体电阻的乘积成正比.这就是后来以他的名字命名的焦耳电热定律.

焦耳在研究电流热效应时想到,磁电式发电机的感应电流应该与来自化学电源的电流一样产生热效应.于是,在1843年焦耳又设计了这样一个实验:使一个绕在铁芯上的小线圈在电磁铁的两极间转动产生感应电流,把线圈放在盛水的量热器内并测出水温的升高,他同样得到小线圈里感应电流产生的热量正比于电流强度平方的结论.焦耳从这个实验中领悟到一个具有普遍性的事实:热和机械功可以互相转化,在转化过程中遵从一定的当量关系.焦耳说:"在证明了热可以用磁电机生成……探求热和得到的或失去的机械功之间是否存在一个恒定的比值,就成了十分有趣的课题."这样,焦耳就开始走上了漫长的热功当量测定的研究历程.

应该指出,虽然进入19世纪后科学家们陆续发现了不同形式能量之间相互转化的许多事实,但是"转化"概念不能等同于"守恒"概念,仅凭能量的转化现象还不能导致科学家们发现能量守恒的定律.只有在确立了各种能量之间相互转换的当量关系,并且使这种当量具有统一的定量表达式时,能量守恒定律才能真正被确立起来.所以,焦耳接着开始的研究工作具有非常重要的意义.

焦耳第一次进行热功当量的测定实验是这样做的:在磁电机线圈的转轴上绕两条细线,跨过相距约30码(1码=0.9144 m)高处的两个定滑轮,细绳两端挂有几磅重(1磅=0.3732 kg)的砝码,线圈浸在量热器的水中.从砝码的质量和下落距离可以算出机械功,从温度计的读数变化可算出热量.焦耳共做了13组实验,得出了一个平均结果:能使1磅水的温度升高1华氏度(1华氏度等于1摄氏度的5/9)的热量,等于(并可以转化为)把838磅重物举高1英尺的机械力.热功当量用现在的单位表示为4.50 J/cal.这一结果总结在他于1843年8月21日在柯克举行的英国学术协会上宣读的论文《论磁电的热效应

和热的机械值》中.

遗憾的是,焦耳的研究并没有立即引起人们的注意.英国皇家学会拒绝发表他的两篇论文,焦耳申请的自然哲学教授候选人资格也因他的容貌缺陷而未获批准.于是,焦耳只能在酿酒生涯中继续进行业余研究.

1844年,焦耳又做了测定空气在压缩和膨胀时产生热量变化求得热功当量的实验.

1847年4月,焦耳在曼彻斯特作了一次通俗的学术讲演,介绍他用铜制翼轮搅动水,使水升温,用砝码下落提供的动力转动翼轮的新实验.6月,在牛津举行的英国科学促进协会的会议上,焦耳争取到了介绍他的最新实验的机会,报告了测得热功当量的实验结果.

1849年6月21日,焦耳通过法拉第向皇家学会递交了著名的论文《论热的机械当量》.他全面整理了用摩擦水、水银和铸铁测定热功当量的方法,宣布了他的最新实验结果.用现在通用单位表示如下:

用水的测定值为 4.154 J/cal;

用水银的测定值为 4.156 J/cal;

用铸铁的测定值为 4.165 J/cal.

焦耳经过对实验结果的分析,在论文的结论中,他取值(以现在的单位表示)为 4.155 J/cal.*这比现在的公认值仅小约7%,对一百多年前的实验条件来说,已是非常不容易了.

1850年,焦耳终于被选为英国皇家学会会员,这标志着能的转化和守恒定律已正式得到了公认.

以后,焦耳并没有停止这方面的工作,一直到1878年.焦耳从19世纪40年代起,经历40年沧桑,先后做了400多次实验,从一个二十

---

* 卡(cal),是早期使用的热量单位.1 cal 就是使 1 g 纯水在标准大气压下,温度由 14.5 ℃ 升到 15.5 ℃ 所需要吸收的热量.国际单位制明确热量的单位为焦(J)后,"热功当量"的数值也就没有意义了,不过,焦耳实验的功绩永不会磨灭.

多岁的年轻小伙子,直到变成一个六十多岁的白发老人,呕心沥血为着一个实验——测定热功当量.他以日益精确的数据,无可辩驳地证明了各种形式的能之间互相转化和守恒的普遍规律.焦耳这种孜孜不倦以毕生精力献身科学事业的精神,堪称科学界的楷模.

第三个最强音

　　能的转化和守恒的发现,宛如科学史上激动人心的一部奏鸣曲.如果说,迈耶最早的理论思维、焦耳坚实的实验测量是前两个最强音的话,那么亥姆霍兹严密的论证就是第三个最强音.而这第三个最强音在物理学界产生的影响也远比前两个大得多!

　　亥姆霍兹是从生理现象的研究转入能的转化和守恒这个课题的.当时,在生理方面流行着一种学说(活力说),认为在生物机体内存在着一种"生命力",生物机体依靠着这种"生命力"才得以几十年甚至上百年地生存下去.实际上,这样就赋予了生物体永动机的性质.

　　亥姆霍兹认为,应该完全摈弃"生命力"的说法,主张用化学力或食物的燃烧热解释生物活力的来源.经过几年的思考,在1847年,26岁的亥姆霍兹在德国新成立的物理学会上发表了著名的长篇论文——《论力的守恒》.

　　在这篇论文中,他先验性地认为,自然界应该存在一种"不变的"或"守恒的"量,因此科学研究的目的就是要探索"自然现象的终极的不再变化的原因".他首先提出了两个普遍性的原理,一个是"活力守恒原理"(动能定理),另一个是"力的守恒原理"(能量转化和守恒定律).

　　亥姆霍兹从永动机的不可能出发,先确定了力学中的"活力守恒原理"的表达式(相当于现在称为的"动能定理").他指出,把一个质量为 m 的重物提升高度 h 必须要做功或消耗掉功的量可以表示为 $W=mgh$;而为了使物体竖直上升到高度 h,抛出时需要获得的速度大小为 $v=\sqrt{2gh}$,当物体从这个高度下落时也可以获得同样大小的速

度.因此,可以得到

$$\frac{1}{2}mv^2 = mgh$$

然后,他根据牛顿定律用微积分方法,把这个原理推广到物体受到任意方向的作用力发生位移时做的功和活力(动能)变化的一般情况.最后,他把这个结果推广到质点系统,从而得到了更为普遍的"力的守恒原理".

显然,亥姆霍兹关于力的守恒原理属于机械能守恒的范畴——这是在当时物理知识水平的具体状况下所能作出的最完美的数学论证了.因此,紧接着他就通过演绎、归纳和类比,以"力的守恒原理"的应用,把它推广到物理学的各个领域(主要有以下六个方面):

(1) 在引力作用下的运动;

(2) 不可压缩的固体或液体传递的运动;

(3) 理想弹性固体和液体的运动;

(4) 热的力当量(即热功当量);

(5) 电过程的力当量;

(6) 磁和电磁现象的力当量.

最后,他还像迈耶那样指出了力的守恒原理应用于生物现象的可能性,认为植物的生长主要是化学过程,其力(能量)的来源是光,其"化学张力"(化学能)在植物氧化过程中转化为热量;动物的体热和机械力来自食物的化学反应,这些营养物燃烧(氧化)时可以产生与动物体发出的同样多的热量.

亥姆霍兹的工作完全是以理论物理的模式展开的.他通过对这些物理、化学和生物等现象的分析,几乎概括了当时自然科学各个不同领域的重要成果.他在论文中说:"从上述内容可以证明,这一定律与自然科学中任何一个已知现象都不矛盾,而大量的现象倒很明显地证实了它."他坚信,"这个定律的完全证实将是不远的将来物理学家们的基本任务之一."

因此,亥姆霍兹这篇影响深远的论文被认为是能量守恒定律的第一个最严谨、最全面的论证,为能的守恒和转化定律的确立,做出了不可磨灭的功绩.

共同发现的财富

能的转化和守恒定律,不仅孕育时间长,经受磨难多,而且还具有"同时发现"的特点.

早在1807年,英国物理学家托马斯·杨已经提出了"能量"的概念.尽管直到亥姆霍兹在德国物理学会上演讲的时候,人们对能的认识还是很模糊的,但并不阻碍人们对能的转化和守恒的探索.几乎与迈耶、焦耳、亥姆霍兹的发现同时,英国科学家兼律师格罗夫(W. R. Crove)、丹麦物理学家柯尔丁(L. A. Colding)等也都表述出了能的转化和守恒定律,测定了热功当量.还有如德国化学家李比希(J. Liebig)、英国物理学家法拉第等,不同国家、不同专业的十多位科学家,从不同途径去研究同一个问题,足见能的转化和守恒定律的诞生已是历史的必然.他们各自独立地发现这条定律,无疑是已经给了这条定律充分的证明.虽然包括焦耳和亥姆霍兹在内都愉快地承认了迈耶对发现这条定律的优先权,事实又说明了焦耳对这条定律奠定了最坚实的实验基础,但历史是绝不会忘记每一个为此做出贡献的人的.能的转化和守恒定律应该是前辈科学家们共同发现的财富.

重大的意义

1853年,英国物理学家W·汤姆孙重新恢复了"能量"的概念,并对能量给出了一个精确的定义.后来格拉斯哥大学的兰金教授首先把"力的守恒原理"表述为"能量守恒原理"(能量守恒定律).到了1860年前后,能量守恒定律才得到普遍承认.1885年,恩格斯首先指出了这种表述的不完善性,并把它改为"能量转化与守恒定律",更加

准确而深刻地反映了这条定律的本质内容.

能的转化和守恒定律是自然界的一条伟大的定律.一方面,它第一次在空前广阔的领域里把各种自然现象用定量的规律联系起来,以一个统一的公共量"能量"说明了不同运动形式相互转化过程中的关系,从而实现了物理科学的第二次大统一;另一方面,它还从质的方面指出了一种运动形式转化为另一种运动形式的可能性,表明运动形式的相互转化也是物质本身所固有的属性.

能的转化和守恒定律的确立为自然科学理论的发展,提供了一个坚实的基础.德国著名物理学家劳厄指出:"它很快就成为全部科学的基石.从此以后,特别是在物理学中,每一种新的理论首先要检查它是否跟能量守恒原理符合."

(4)富兰克林莱顿瓶实验和电荷守恒

莱 顿 瓶

荷兰莱顿大学的物理教授穆欣布罗克(P. V. Musschenbrock)在进行电学实验时,经常碰到一件讨厌的事:好不容易获得的电不多久就在空气中逐渐消失了.他迫切希望找寻一种能贮电的仪器.1745年穆欣布罗克做了一个实验,试图把电贮藏在盛水的瓶中.他将一支枪管悬挂在空中,把起电机与枪管连着,另用一根铜线从枪管中引出,浸在一个盛水的玻璃瓶中.他让助手一只手握着玻璃瓶,自己在旁摇动电机(图1.4).这时助手不小心将另一只手触到枪管上,猛然感到一次强烈的电击,不禁喊了起来.穆欣布罗克于是与助手互换了位置,他自己拿着装水的瓶子,让助手摇动起电机.这时他用另一只手去碰枪管,立即他的"手臂和身体产生一种无法形容的恐怖感觉".据说,穆欣布罗克发誓,即使把全法兰西帝国赠与他,他也不愿再做这个试验了.不过由此他得出了结论:把带电体放在玻璃瓶内可以把电保存起来.只是当时他还不清楚起到保存电作用的是玻璃瓶子,还是瓶内的水.法国电学家诺莱特(J. A. Nollet)把这个能蓄电的瓶子称为莱顿瓶.*

图 1.4　贮电试验

以后,莱顿瓶经过改进,在玻璃瓶的内外都贴上金属箔(锡箔或铝箔),瓶盖上插一根金属杆,它的顶端附一个金属球,金属杆通过弹性金属带和内层金属箔接触(图 1.5).这样的莱顿瓶实际上就是电容器的原始形式.

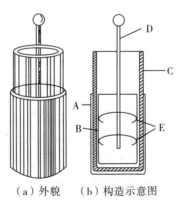

(a) 外貌　　(b) 构造示意图

A 和 B—锡箔　C—玻璃瓶　D—金属杆　E—接触用的弹性金属片

图 1.5　莱顿瓶

莱顿瓶的发明,为电学研究提供了一种有效的贮电方法,对电现

---

* 德国物理学家克莱斯特(E. G. V. Kleist)几乎与穆欣布罗克同时发明了这种有贮电功能的瓶子.

象的深入研究和对电知识的传播、应用都起了很重要的作用.

富兰克林实验

1746年,英国物理学家考林森(P. Coullinson)向美国费城的富兰克林(B. Franklin)赠寄了一只莱顿瓶,并介绍了使用方法.于是,富兰克林就用莱顿瓶做了一系列实验,在电学研究上做出了重要的贡献.

1747年,富兰克林用莱顿瓶做了一个实验,并在11月给考林森的信中作了详细的描述,大意是:甲、乙两人分别站在绝缘的石蜡板上,甲摩擦一根玻璃管,然后让乙用肘部接触这根玻璃管,并让甲、乙分别与站在地上的丙相互接触,结果发现,甲与丙及乙与丙之间都有火花.重做这个实验,但这次让甲、乙带电后先互相接触,然后再与第三者丙接触,结果都没有火花.

电荷守恒原理

可能是受到数学上正、负数相消的启发,富兰克林根据站在石蜡板上两人带电接触后,变为都不带电的现象,引入了正电和负电的术语,并提出了电的"单流质假设".富兰克林认为,电是一种没有质量的电流质,能渗透到一切物质实体之中,物体中的电流质比正常状态多,物体就带正电;物体中的电流质比正常状态少,物体就带负电.富兰克林认为,摩擦起电的原因就是使电流质从一个物体转移到另一个物体上,甲摩擦玻璃管时,使甲身上的某些电流质转移到玻璃管上,乙用肘部接触玻璃管,电流质又传到乙身上,因此甲和乙都带了电——甲缺少电流质带负电,乙多余电流质带正电,所以他们会与地上的丙之间产生火花.若甲与乙接触,使乙多余的电流质传回甲,从而使甲、乙恢复正常状态的电流质,两者就不显电性,再与丙接触时也就不会有火花了.所以,"电不因摩擦而生,只是从摩擦者转移到了玻璃管.摩擦者失去的电与玻璃管获得的电严格相同."也就是说,电是不能产生和消失的,在任何绝缘的系统里,电的总量是不变的.这就是通常所说的电荷守恒原理.

法拉第冰桶实验

第一个证明了电荷守恒原理的是法拉第.他于1843年做了一个有名的"冰桶实验".实验装置如图1.6所示.A是一个具有空腔的任意形状的金属体,上方开一小孔.A置于绝缘架上,并与一只验电器E相连接.

现在进行如下的实验.先让小球B带电,然后把它放进A的空腔中,但不与A接触,这时验电器E的金箔将张开(原来验电器不带电),如图1.7所示.这是因为放入B后,由于静电感应,A的内外两壁将带有异号的电荷.若把B从A中取出,则验电器闭合,说明A的内外两壁由静电感应而出现的电荷是等量异号的.从这一事实及电荷的可转移性说明:电荷既不能产生,也不能消灭,只能从一个物体转移到另一个物体上,或在电力的作用下在一个物体中运动.法拉第的这个实验,验证了电荷的守恒原理.

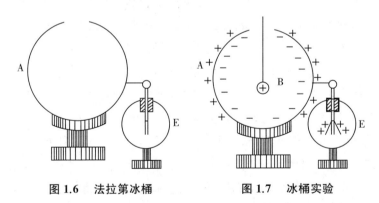

图1.6　法拉第冰桶　　　　图1.7　冰桶实验

如果把用丝绸摩擦过的玻璃棒放入A的空腔中,则验电器E的金箔将张开.若把丝绸与用它摩擦过的玻璃棒一起放进A的空腔中,验电器E的金箔仍是闭合的.可见摩擦的作用只能使电荷转移,并未

创造或消灭电荷,相互摩擦的两物体必带等量异号电荷,这与电荷守恒原理完全一致.

这个空腔金属体,称为"法拉第冰桶",其实还可以利用它做其他一些静电实验.

电学先驱

虽然从现代观点来看,富兰克林的电流质假设并不正确,电本质必须用1897年汤姆孙(J. J. Thomson,英国)发现的电子的运动才能解释清楚*,但富兰克林把当时人们认为存在着的两种电统一为一种电,并引入了正、负电的术语,为定量研究电现象提供了一个基础,从而使得人们第一次有可能用数学表示带电现象.富兰克林从实验中认识到的电荷守恒原理完全正确,并一直沿用至今.

富兰克林不愧为电学研究的先驱.

1.3 守恒思想的完善发展

正如婴儿坠地时的第一声啼哭绝不会是一首好诗一样,体现守恒思想的各条守恒定律最初问世时也难免带有不完善之处——有的概念不确切或相互混淆,有的表述不完整或条件不严谨,有的论文中缺少一定的实验工作,有的因历史原因还无法揭示其本质等.可贵的是这些先驱者们首先从纷繁变化的客观世界中理出了头绪,找到了线索,开始揭开了掩盖着真理的面纱.而真理是不可抗拒的,一旦被揭示,就会冲破任何艰难险阻,迅速成长、发展.守恒定律提出后,经过许多科学家的继续研究,很快得到完善,成为物理学中(乃至自然界中)最基本、最普遍的规律.并且,随着科学的发展,这些守恒定律又从宏观领域扩展到微观领域中,对这些守恒定律内涵的认识也日益深化.

---

* 关于电本质的历史及汤姆孙实验,读者可参阅本丛书《猜想与假设》一册.

1 守恒思想的形成与发展

(1) 守恒定律在微观领域中的检验

20 世纪 30 年代，β 衰变中的能量"失窃案"，一度曾使有些物理学家怀疑守恒定律在微观领域中的适用性，后来泡利（W. Pauli，奥地利）提出了中微子假设，挽救了守恒定律.* 不过，在宏观领域中适用的定律，在微观领域中却有不成立的. 弱相互作用下宇称不守恒已经给了人们一个有益的告诫：未经足够的实验验证的领域不能认为是当然成立的.** 穆斯堡尔效应，可以说是在基本粒子领域内，以很高的精确度检验了能量守恒和动量守恒.

两点准备知识

穆斯堡尔效应是一种原子核无反冲的 γ 射线共振吸收（或共振散射）现象. 它的原理并不复杂. 为了理解穆斯堡尔效应，先重温两点准备知识：

① 反冲运动的能量分配

如图 1.8 所示，一支质量为 M 的枪沿水平方向发射一颗质量为 m 的子弹，假设火药爆炸产生的能量为 E. 当枪身固定不动时，火药爆炸产生的能量全部转化为子弹的动能，即

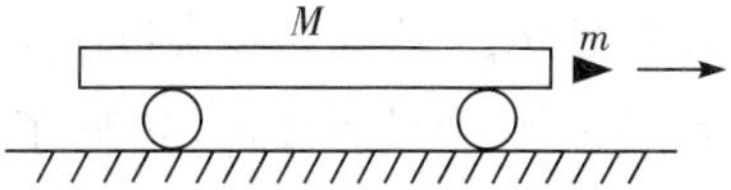

图 1.8

$$E = \frac{1}{2}mv^2$$

当枪身可以自由反冲时，根据动量守恒和能量守恒，有关系式：

$$MV = mv_1, \quad E = \frac{1}{2}MV^2 + \frac{1}{2}mv_1^2$$

显然，由于枪身的反冲要分去一部分能量，因此子弹的速度变小，即

---

* 关于泡利中微子假设的历史背景，读者可参阅下文和本丛书《猜想与假设》一册.
** 关于弱相互作用下宇称不守恒的情况可参阅本丛书《对称》一册.

$$v_1 < v$$

② 共振吸收

学习声现象时知道,如果敲击一支音叉发声时,近旁跟它同频率的音叉会发生共鸣.这个现象也可以解释为物体最容易吸收与其自身固有频率相同的声波,这就是声的共振吸收现象.在学习光谱时又知道,如果使钠灯发出的光通过洒有食盐(NaCl)的酒精灯火焰时,会在原来明亮的钠双线处出现两条黑线,它就是钠的吸收光谱.* 这就是光的共振吸收现象.可见,无论是声现象和光现象以及其他物理现象,都指出这样一个事实:物质容易吸收与自身固有频率相同的辐射.

核的辐射与反冲

现在回到原子核的辐射.假设有一个自由的静止原子核,当它从激发态(E_e)跃迁到基态(E_g),而伴随着发出 γ 射线时,根据动量守恒,原子核会发生反冲,正如子弹从枪口射出时枪身要反冲一样.根据能量守恒,有效的总能量(E_0)必定同时分配到 γ 光子和反冲核上.设原子核的质量为 M,核反冲速度为 v,辐射的 γ 光子能量为 $E_\gamma = h\nu$,动量为 $\dfrac{h\nu}{c}$,则由动量守恒和能量守恒

$$Mv = \frac{h\nu}{c} = \frac{E_\gamma}{c}$$

$$E_0 = E_e - E_g = \frac{1}{2}Mv^2 + E_\gamma$$

得核的反冲能量

$$E_R = \frac{1}{2}Mv^2 = \frac{E_\gamma^2}{2Mc^2}$$

所以,实际上跃迁中辐射的 γ 光子能量为

---

* 有关钠的吸收光谱可参阅《猜想与假设》一册的介绍.

$$E_\gamma = E_0 - E_R$$

或者说,辐射的 γ 谱线的中心位于 $E_0 - E_R$ 处,如图 1.9 中左边的曲线所示.

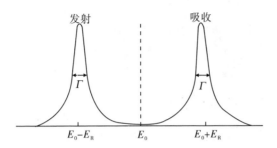

图 1.9 发射谱与吸收谱相隔遥远

原子核的共振吸收

那么,原子核的这种跃迁是否也具有共振吸收的特点呢?实际上,早在 19 世纪末英国物理学家瑞利就已经作出过预言,不过,从那时起,半个多世纪来从来没有人能够成功地直接观察到原子核的共振吸收现象.其原因是原子核跃迁时发出的 γ 射线,其能量比可见光光子能量大 10^3 倍以上,以致吸收谱与发射谱相隔太远,难以同时呈现出来.

我们知道,在发射和吸收过程中会引起原子核的反冲.由于核的反冲,被吸收的 γ 光子的能量 E'_γ 必须比 E_0 大 E_R,即

$$E'_\gamma = E_0 + E_R$$

如果用图像表示,并考虑到发射的 γ 射线实际应该有一定的宽度,其中心位于 $E_0 - E_R$ 处,为了使另一个同种原子核产生共振吸收,它所需要的 γ 射线的谱线中心则位于 $E_0 + E_R$ 处,相对于 E_0 对称分布在两侧,如图 1.9 所示.

由此可见,要实现共振吸收,被吸收的光子能量与发射的 γ 光子能量差为

$$\Delta E = E'_\gamma - E_\gamma = 2E_R \approx \frac{E_\gamma^2}{Mc^2}$$

例如,对于 ^{57}Fe 的 14.4 keV(千电子伏)的 γ 射线,$\Delta E \approx 3.8 \times 10^{-3}$ eV,而 14.4 keV 射线的自然宽度 $\Gamma = 4.65 \times 10^{-9}$ eV,两者相差竟达百万倍.由于发射谱和吸收谱相隔如此遥远(图 1.9 仅是示意说明),因此一般情况下是观察不到共振吸收的.

曾经有不少科学家尝试了多种不同方法,试图在实验中观察到原子核发出 γ 射线时的共振吸收,可惜都没有成功.

穆斯堡尔的发现与研究

1955 年,年仅 26 岁的鲁道夫·L·穆斯堡尔(R. L. Mössbauer,德国)正在攻读博士学位.他的导师梅厄-莱布尼茨教授(H. Maier-Leibnitz)建议他抓住核共振的课题进行研究.穆斯堡尔在测量 ^{191}Ir(铱 191)核的 γ 射线共振吸收时,把放射源和吸收体同时用液态空气冷却到 88 K,对于有反冲的共振吸收来说,这将减少共振吸收效应.但在实验中却出现了令人震惊的结果:吸收体冷却后的共振吸收效应不是按预期减小,而是猛烈增大.穆斯堡尔紧紧抓住这个"反常"现象,冷静地作了理论分析.他在兰姆(W. E. Lamb, Jr.美国)关于晶体中原子对中子的俘获论文启发下,领悟到降温后可能是由于原子核与晶体间的束缚增强的缘故.当原子核完全被晶体束缚住后,它在发射 γ 射线和吸收 γ 射线时,由于不能自由反冲,正像步枪发射子弹时枪身被牢牢地固定起来一样,大大地减少了原来的反冲能量.这时发射的 γ 光子实际上具有所有的有效能量和动量——正像枪身固定后,火药燃烧释放的有效能量完全转变为子弹出口时的动能,火药产生的推力对子弹的冲量值等于出口时子弹的动量.这种带有确定能量的 γ 光子也容易被发射它的同一种原子核再次吸收,因此,实验中能有效地观察到这种共振吸收.随着温度的降低,原子核的这种无反冲发射和共振吸收也应增强.这就完全解释了穆斯堡尔实验中的反常现象.

穆斯堡尔对实验现象作了理论解释后,还利用德国机械玩具工业发达的优越条件,在海德堡的玩具商店选购了零件,自己动手装配了简单的仪器设备,直接证明了无反冲核共振吸收谱线的存在.

重大的意义

1958年,穆斯堡尔的博士论文发表后,立即引起了轰动,很快得到了广泛的应用.穆斯堡尔也因发现这一效应的特殊贡献,荣获了1961年度诺贝尔物理奖,人们把这种现象称为穆斯堡尔效应.

由于穆斯堡尔效应中的谱线很窄,可以分辨极为微小的能量变化,相当于把能谱的测量精确度提到空前的高度,因此被广泛应用于核物理、固体物理、化学、冶金以及生物、医药等各种领域.

穆斯堡尔效应实际上也是一个很灵敏、很精密的γ光子的能量测量法.例如,一个同位素铁原子 ^{57}Fe 的晶体束缚原子核,发射出一个γ光子,它具有确定的能量.而这个光子又只能被另一晶体中的一个铁原子核 ^{57}Fe 所吸收.这说明在γ光子辐射中,光子没有能量损失,或者说,整个核和光子系统能量守恒.根据光的波粒二象性,光子的动量与其能量有密切关系,光子的能量保持不变,表示光子的动量也不变,即核和光子系统的动量守恒.

虽然穆斯堡尔实验的本意是研究核共振问题,但他的理论的重要支柱是动量守恒和能量守恒,因此,实验的成功无异于精确证明了在微观领域内守恒定律同样成立.

(2) 相对论对守恒定律的发展

静质量和动质量

在经典力学中,物体的质量为一恒量.物体受到一个恒力作用时,根据牛顿第二定律 $F=ma$,物体获得的加速度也是一个恒量.如果这个恒力持续地对这个物体作用下去,尽管物体的加速度可能很

小,但由于加速的时间足够长,物体的运动速度将无限制地增加下去.

爱因斯坦在相对论中指出,物体的质量为一变量,将随着速度的增加而迅速增加,因此运动速度愈大时将愈难被加速,任何物体都存在着运动速度的极限——光速.

究竟孰是孰非呢? 宏观物体在低速领域中已被实践检验过的牛顿第二定律,在微观粒子的高速运动中却必须让位于相对论.

例如,一个质子被直线加速器中的电场加速时,为了使质子获得 $a = 10^{16}$ m/s² 的恒定加速度,按牛顿第二定律,需要的电场强度

$$E = \frac{ma}{e} = \frac{1.67 \times 10^{-27} \times 10^{16}}{1.6 \times 10^{-19}} \text{ V/m}$$
$$= 1.04 \times 10^8 \text{ V/m}$$

它也是一个恒量,与质子的速度无关.

但实际情况并非如此. 为了保持质子的加速度大小($a = 10^{16}$ m/s²)不变,随着质子运动速度的增大,必须不断提高电场强度,如表 1.1 所示.

表 1.1

质子的速度 v(m/s)	电场强度 E(V/m)	质子的速度 v(m/s)	电场强度 E(V/m)
10^6	1.04×10^8	2.5×10^8	6.14×10^8
10^7	1.04×10^8	2.75×10^8	16.2×10^8
10^8	1.24×10^8	2.9×10^8	41.1×10^8
2×10^8	2.50×10^8	2.95×10^8	174×10^8

从表 1.1 中的数据可以看出,当质子的速度 $v \ll c$(光速)时,场强才保持相对恒定,这意味着此时质子的质量可认为不变. 当质子的速度很大时,加速电场的场强必须不断增加,说明质子的质量也在不断

增加.

爱因斯坦相对论指出,物体的质量与速度有关.一个速度为 v 的物体,其质量(总质量)为

$$m = \frac{m_0}{\sqrt{1-\dfrac{v^2}{c^2}}} = \frac{m_0}{\sqrt{1-\beta^2}} \qquad ①$$

或者可改写为

$$m = m_0 + m_0 \left(\frac{1}{\sqrt{1-\beta^2}} - 1\right) \qquad ②$$

式中 $\beta = v/c$(c 为光在真空中的速度).式②中第一项 m_0 是物体静止时的质量,也就是通常所指的质量,称为"静止质量"(或"静质量");第二项是物体以速度 v 运动时的增益质量,称为"动质量".因此,爱因斯坦方程中的质量(m)是广义的质量概念,它包含着静质量和动质量两部分.

由于

$$1 - \beta^2 = 1 - \frac{v^2}{c^2} < 1 \quad \Rightarrow \quad m > m_0$$

也就是说,物体运动时的质量总是大于静止时的质量.当物体运动速度与光速相比很小时,由运动速度决定的增益质量可以忽略,得 $m = m_0$.对于光子来说,其速率为 c,由于 m 是有限量,因此其静质量只能为零.

质量与速度的函数图像如图 1.10 所示.当物体运动速度不太大(如 $v \leqslant 0.1c = 3 \times 10^4$ km/s)时,动质量与静质量差不多,可以近似地看成是一个恒量.例如,一艘静质量 $m_0 = 100$ t 的飞船,以第二宇宙速度 $v = 11$ km/s 运动时,所增加的质量值仅约 0.07 g,与 $m_0 = 100$ t $= 10^8$ g 相比,只有它的 $\dfrac{1}{10^9}$,完全可以认为质量恒定不变.

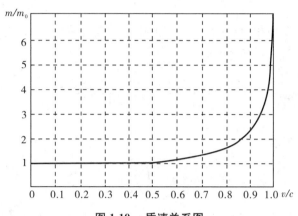

图 1.10 质速关系图

质-能关系

爱因斯坦在狭义相对论中得出的最为重要的结果,是关于质量的物理意义的新说明——物体的质量联系着一定量的能量.用公式表示为

$$E = mc^2 \quad \text{或} \quad \Delta E = \Delta mc^2$$

这就是说,物体的质量与能量间存在着一个简单的正比关系.物体的质量愈大,它所具有的能量也愈大.

例如,质量 $m = 1$ kg 的物体,它所蕴藏着的总能量为

$$E = mc^2 = 1 \times (3 \times 10^8)^2 \text{ J} = 9 \times 10^{16} \text{ J}$$

这是一个十分巨大的数量,比化学反应中释放的能量大 9 个数量级(一般汽油的燃烧值仅为 4.6×10^7 J/kg,煤的燃烧值为 $2 \times 10^7 \sim 3 \times 10^7$ J/kg).

又如,根据天文观测知道,1 s 内太阳光垂直地照射到每平方厘米地球大气层边缘上的能量为

$$E_0 = 0.14 \text{ J}/(\text{cm}^2 \cdot \text{s})$$

因此每 1 s 太阳辐射到空间的总能量为

$$\Delta E = E_0 \cdot 4\pi R^2 = 0.14 \times 4\pi \times (1.5 \times 10^{13})^2 \text{ J}$$

$$\approx 4 \times 10^{26} \text{ J}$$

式中,$R = 1.5 \times 10^{13}$ cm,为日地平均距离.

根据质-能关系式,可算出太阳因辐射每秒减少的质量为

$$\Delta m = \frac{\Delta E}{c^2} \approx \frac{4 \times 10^{26}}{9 \times 10^{16}} \text{ kg} \approx 4.4 \times 10^9 \text{ kg}$$

这固然是一个巨大的数值,但与太阳的总质量($M_0 = 2 \times 10^{30}$ kg)相比,又显得那么的微不足道了.

应该注意,质能方程只是揭示了质量与能量间的一种对应关系:凡是有质量的物体一定具有能量;凡是有能量的物体也一定具有质量.因此质能方程并不表示"质量可以转化为能量或能量可以转化为质量",更不能混淆成"质量就是能量或能量就是质量",自然也不是物体以光速 c 运动时的动能.

科学研究指出,物体内部存在着多种运动形式:有分子、原子的运动,原子中电子的运动,原子核内核子的运动等.每一种运动形式都跟一定形式的能量相对应.质能方程中的能量 E 是包含了物体内部各种运动形式相对应的能量.根据上面改写后的质量表达式 ②,质量为 m 时总能量的大小也可以表示为

$$E = mc^2 = m_0 c^2 + m_0 \left(\frac{1}{\sqrt{1-\beta^2}} - 1 \right) c^2 \qquad ③$$

式中第一项 $m_0 c^2$ 叫作静能,它是物体相对于参考系静止时的总能量;包括着分子动能、分子势能,使原子与原子结合在一起的核能等;第二项是因整体运动而增加的动能.通常,第一项静能远比第二项大.并且,静能和动能可以互相转化(如核反应中静能转化为新核子的动能和各种辐射能).所以,从理论上说,物体的静质量(m_0)全部以能量形式体现出来是可能的,但必须有一定的条件,例如,正负电子对的湮灭.也就是说,只有当找到了组成物体的某种物质的反物质时,才有可能实现这样的想法.

爱因斯坦的质-能关系式,已在核反应中得到了精确的验证,并启发人们努力寻求各种方法去"释放"这些"束缚"在物体内部的能量。

新的内涵

在相对论之前,物理学中普遍承认的两条根本性的重要定律——质量守恒(不灭)定律和能量守恒(不灭)定律,似乎是互不相关、彼此独立的。爱因斯坦的质-能关系把这两条定律统一为一项定律,即质量-能量守恒定律:物体的质量守恒意味着能量守恒;反之,物体的能量守恒意味着质量守恒。当然,这里的质量不单是指物体的"静质量"。例如,正、负电子对撞转化为一对高能光子(γ射线),电子对的质量(绝大部分是静质量)全部转化为光的运动质量,质量也是守恒的。

爱因斯坦在他所著的《相对论——狭义和广义的理论》一书中写道:

"所以我们可以说:如果一个物体吸收了E_0能量,那么它的惯性质量要增加E_0/c^2那么多;一个物体的惯性质量不是一个常数,而是随这个物体的能量变化而变化的。若干物体组成的体系的惯性质量甚至于可以当作其能量的量度。一个体系的质量不灭定律变成了与能量不灭定律相同……"

爱因斯坦的相对论赋予守恒定律以新的内涵,使它们得以在高速领域中自由驰骋。*

(3) 热力学第二定律完善了守恒思想

过程的方向性

千百年以来,人们每当读到李白著名的诗句"君不见黄河之水天

---

* 关于考虑到相对论效应的其他守恒定律,有兴趣的读者可参阅有关相对论力学的专著,本书中不再予以介绍。

上来,奔流到海不复回"时,总有着难以抑制的激情,赞叹诗人气势澎湃的意境.除此以外,不知是否想过,这里还包含着一个物理问题:为什么黄河之水只能奔腾而下,不会自动地返回呢?

同样,对伽利略的落体问题也可以从另一方面去发挥:石块从高处下落,它的重力势能转化为落地时的动能;当它跟地面碰撞后最后静止的过程中,又把这些动能转化为石块和地面的内能.那么,石块为什么不能再将这些内能自动地收集起来转化为动能,使它重新飞上去呢?

类似这样涉及过程方向性的问题可以有许许多多,它们并不违背能的转化和守恒定律,却都不可能实现.

这就是说,在自然界中发生的任何过程必然遵循的规则固然是不能违背能的转化和守恒定律,但是,符合能的转化和守恒的过程却未必都能够发生.可见,仅有能的转化和守恒定律尚不足以揭示自然过程的真谛,还必须结合过程的方向性予以补充和完善.这就是热力学第二定律的任务,克劳修斯和汤姆孙对此做出了重大贡献.

热力学第二定律

1850年,德国物理学家克劳修斯根据热传递的方向性,总结出一条规律:不可能使热量从低温物体传到高温物体,而不引起其他变化.这就是说,热量只能自发地从高温物体传到低温物体,如果要求"反其道而行之",就一定会引起其他变化.后来,人们把它称为热力学第二定律的克劳修斯表述.

定律中所说的"不引起其他变化",意思是说所发生的宏观的热力学过程,只能在本系统内完成,对周围环境不产生如吸热、放热、做功等热力学方面的影响.而所谓"自发",表示不需要借助外界提供能量的帮助.

例如,人们在夏天使用的"空调"(制冷机),能够使热量从低温的室内传递到高温的室外,完全是依靠压缩机做功的结果,并不是自发进行的,并且它向周围环境放出了热量,显然它不满足"不引起其他变化"这个条件.

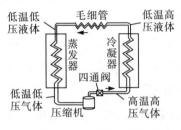

图1.11 空调工作原理

如图1.11所示,来自蒸发器的制冷剂蒸气,通过压缩机后变成高温高压的蒸气→在冷凝器通过向低温的环境放热(室外机吹出热风),变成低温高压的液体制冷剂→进入毛细管,变成低温低压液体→进入蒸发器后,在低压条件下液体制冷剂迅速汽化,变成低温低压的制冷剂蒸气;同时从外界吸收大量的热(室内空气从蒸发器穿过,就能从蒸发器中吹出冷风)→压缩机.如此往返循环.

1851年,英国物理学家汤姆孙(开尔文勋爵)另辟蹊径,他根据热机的工作特点,也总结出一条规律:不可能从单一热源吸热并把它全部用来做功,而不引起其他变化.

我们知道,任何热机(蒸汽机、内燃机、汽轮机、喷气发动机、火箭发动机等)根据其工作原理都可以简化为如图1.12所示的结构:一定联系着两个热源.工作物质从高温热源吸热,除了做功外,还必须向低温热源(冷凝器)放热(图1.12).所以,热机的效率可以用一个普遍的公式表示,即

$$\eta = \frac{Q_1 - Q_2}{Q_1} < 1$$

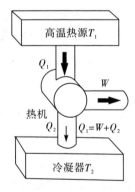

图1.12 热机工作原理

显然,如果只有一个热源,工作物质从这个热源吸收的热量就可以全部用来做功,热机的效率就可能达到100%.因此,汤姆孙总结的规律,意味着任何热机的效率不可能达到100%.后来,人们把这个规律称为热力学第二定律的开尔文表述.

克劳修斯和开尔文虽然从两个不同的事实出发,总结出两种不

1 守恒思想的形成与发展

同的表述,但后来人们通过进一步的研究,证明了两者的说法是等价的,它们都揭示了同一个实质:一切跟热现象有关的实际宏观过程都是不可逆的,都有着自发进行的方向.例如以下过程:

$$\text{高温物体} \underset{\text{不能自发传递热量}}{\overset{\text{能自发传递热量}}{\rightleftarrows}} \text{低温物体}$$

$$\text{功} \underset{\text{不能自发转化}}{\overset{\text{能自发转化}}{\rightleftarrows}} \text{热}$$

$$\text{放在一起的两种不同气体} \underset{\text{不能自发分离}}{\overset{\text{能自发混合}}{\rightleftarrows}} \text{混合气体}$$

过程方向性的微观意义

那么,热力学第二定律所揭示过程方向性的原因究竟是什么呢?由于热力学的研究对象是由大量分子所组成的系统,它们在整体上所表现的宏观方向性,还得从微观上去寻找原因.

我们考察一个简单的扩散现象.如图 1.13 所示,一个容器被中间的隔板分成两部分,左边有气体 A,右边有气体 B.抽去隔板后,由于气体分子的无规则运动,两种气体很快就均匀地混合在一起充满了整个容器(假设两种气体不会发生化学反应).

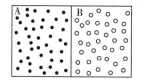
扩散前,不同气体分子分处两边,显示分布有序

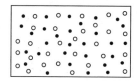
扩散后,两种气体分子均匀充满整个容器,显示分布无序

图 1.13

这个结果,从微观角度也可以这样说,由于分子的运动,使得系统的有序分布程度变差了,或者说,微观的无序分布程度增加了.

这样的扩散完全是一种自发的过程,或者说,从有序变化到无序完全是一种自发的过程.显然,这个过程是不可逆的,不会出现整个容器内的气体又自动分成 A、B 两部分,分居两边.运用数学中的概率知识,可以对这个结论更有信心.

假设这个容器内只有一个分子,它退回左边的概率为 $1/2$;如果容器内有 2 个分子,它们全部退回左边的概率是 $(1/2)^2=1/4$……假设容器中有 1 mol 气体,它包含的分子数有 6.02×10^{23} 个,这些分子全部处于容器中左边部分的概率为

$$\frac{1}{2^{6.02\times 10^{23}}}\approx 0$$

也就是说,实际上是不可能的了.正如一个不懂计算机的人,用双手在键盘上乱按一通,恰好能打出一部《笑傲江湖》一样是不可能的.

因此,热力学第二定律所揭示的方向性可以理解为:宏观过程总是向着无序程度增加的方向发展,而不可能是相反的.

熵增原理

为了描述系统的无序程度,在物理学中引入一个概念——熵.系统的熵高,表示系统的无序程度大,显得"混乱"和"分散";系统的熵低,表示系统的无序程度小,显得有序、"整齐"和"集中".例如,质量相同、温度相同的水分子,分别处于固态、液态和气态时,由于固态的分子排列比较有序、液态次之、气态分子排列最混乱,因此处于气态时的熵最大、固态时的熵最小.

"熵"是一个非常抽象、艰深的概念,也许是物理学中最难理解的一个概念.但熵的概念又很实在,人们每天从起床、穿衣、吃饭、乘车到学校等,它时时处处伴随着我们.无论是一本书、一瓶水、一个苹果、一辆自行车,也无论是正在烹饪的菜肴、飞行中的飞机、工厂流水线上的产品……任何宏观物质系统都有熵,而且,熵也可以在物理过程中传递.

利用熵的概念,热力学第二定律所揭示的内容可以概括为:一切自发的、不可逆的过程总是向着熵增加的方向(即无序程度增加的方向)发展.这就是熵增加原理.

例如,常见的机械功转化为热的过程中,机械功是一种有序运动,热是一种无序运动.从机械功转化为热就是从有序运动转化为无序运动,系统的无序程度增加了,熵增加了,这样的过程是可以自发进行的,就像石块从高空落下砸到地上时,机械能转化为内能一样.反过来,热运动转化为机械运动是从无序转化为有序,将导致系统的熵减少,这样的过程就不可能自发地进行,因此落到地面上的石块也不可能自发地将内能转化为机械能,使它重新飞上去.

能的转化和守恒定律和熵增加原理,堪称自然界最根本的法规.两者珠联璧合,一起制约着自然过程的发生和演变——自然界里的任何现象在发生和演变过程中的总能量不会变化,总熵必定不会减少.

2 守恒思想的科学意义

守恒思想是人类科学认识活动中的一份极为宝贵的精神财富.守恒律已被无数事实证明了是描述自然界的一种客观规律.运用守恒思想可以在各种科技活动中做出巨大的贡献.下面,我们分五个方面说明守恒思想在科学认识中的意义.

2.1 解释新现象

各种物理现象——无论是宏观的还是微观的——都有其产生的原因,其中有许多物理现象的产生原因,都可以从守恒思想(表现为具体的守恒定律)上得到阐释或从守恒思想上找到依据.下面,以物理学史上几个著名的实现现象为例进行说明.

(1) α粒子散射*

卢瑟福(E. Rutherford,英国)根据α粒子散射实验中发现的大角度偏转现象,首先从理论上探讨了产生大角度偏转的简单原子结构,认为必须把原子的电荷集中在很小的一个中心上.然后,他将由

---

* 参阅本丛书《猜想与假设》一册.

这一理论算出在某一偏转角 δ 方向上、每单位时间在荧光屏单位面积内观察到的 α 粒子数与实验数据进行比较,从而验证他的核式结构.

计　算

图 2.1 是卢瑟福的理论推导用图.设 α 粒子沿 PC 方向以速度 v_0 射向原子,离开原子时沿 CP' 方向运动,速度为 v'_0. α 粒子在原子中心 O 的电场力作用下沿双曲线运动,A 为双曲线的顶点.入射速度 v_0 的方向和出射速度 v'_0 方向所夹的偏向角 δ 就是双曲线的两根渐近线的夹角.入射方向与中心 O 的垂直距离 b 称为瞄准距离.

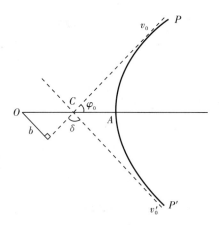

图 2.1　α 粒子的轨迹

因为 α 粒子受到原子中心的静电力始终沿着 α 粒子与原子中心的连线(称有心力),就像行星受太阳的引力作用一样,这个力对中心的力矩恒为零,可见 α 粒子必在一个平面内运动,并且它对通过中心 O 垂直该平面的 z 轴的动量矩守恒*.

α 粒子以 v_0 入射时对 z 轴的动量矩为

$$L_0 = bmv_0$$

α 粒子运动到轨迹上某处的位置用坐标 r、φ 表示,在该处对 z 轴的动量矩为

$$L = rm\left(r\frac{\Delta \varphi}{\Delta t}\right)$$

---

* 有关动量矩的概念等,可参阅本册第 8 章.

式中,$r\dfrac{\Delta\varphi}{\Delta t}$ 为 α 粒子在该处的线速度(图 2.2).

根据动量矩守恒定律有

$$bmv_0 = rm\left(r\dfrac{\Delta\varphi}{\Delta t}\right) \qquad ①$$

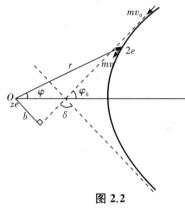

图 2.2

α 粒子的电量 $q=2e$(e 为基本电荷电量),原子中心电量 $Q=ze$(z 为原子序数),α 粒子运动至坐标 (r,φ) 处时的电势能为 $\varepsilon = qU = 2e\cdot\dfrac{kze}{r}=\dfrac{2kze^2}{r}$.根据能量守恒又有关系式

$$\dfrac{1}{2}mv_0^2 = \dfrac{1}{2}mv^2 + \dfrac{2kze^2}{r} \qquad ②$$

联立①、②两式,经数学推导得偏转角 δ 满足关系式*

$$\cot\dfrac{\delta}{2} = \dfrac{mv_0^2}{2kze^2}b \qquad ③$$

式中 $\delta = \pi - 2\varphi_0$.

利用上式进一步可求出在 δ 方向上、每单位时间在荧光屏每单位面积内所观察到的 α 粒子数.卢瑟福发现它与实验计算的结果符合得很好.守恒思想帮助卢瑟福成功地解释了散射现象,奠定了原子有核模型的基础.

估算核的大小

如果 α 粒子正对着原子中心射去,则离原子核的距离越近,α 粒子的速度越小,动能越小,电势能增大.速度等于零时它与原子核的距离(即所谓最近距离)设为 r',此时 α 粒子的动能完全转化为电势

---

* 点电荷的电势公式为 $U = \dfrac{kQ}{r}$,偏转角 δ 关系式推导需用高等数学的知识,这里从略.

能.因此由能的转化和守恒定律可知

$$\frac{1}{2}mv_0^2 = \frac{2kze^2}{r'}$$

得

$$r' = \frac{4kze^2}{mv_0^2}$$

这个数值反映了原子核的大小.

把上述结果与式 ③ 比较后可知

$$\cot\frac{\delta}{2} = \frac{2b}{r'}$$

例如,实验中用初速 $v_0 = 1.92 \times 10^7$ m/s 的 α 粒子射向金箔($z = 79$),当 α 粒子正对着金原子核时,最接近距离为

$$r' = \frac{4kze^2}{mv_0^2} = \frac{4 \times 9 \times 10^9 \times 79 \times (1.6 \times 10^{-19})^2}{6.6 \times 10^{-27} \times (1.92 \times 10^7)^2} \text{ m}$$

$$\approx 3 \times 10^{-14} \text{ m}$$

当换用其他散射材料时,同理可算出 α 粒子对不同物质的最接近距离,它们的数量级为 $10^{-14} \sim 10^{-15}$ m.这个结果与后来对原子核半径的测量数值在数量级上是相符的.

这样,我们用能的转化和守恒思想,不仅估算出了原子核的大小,也间接支持了有核模型对 α 粒子散射现象的解释.

(2) 康普顿效应

发 现

1922 年,美国物理学家康普顿(A. H. Compton) 在研究 X 射线照射物质时,发现了一个重要的现象.

如图 2.3 所示的是康普顿的实验装置示意图.R 为发出波长为 λ_0 的单色 X 射线源,它发出的 X 射线通过光栏 D 变成一束狭窄的射线,投射到石墨 C 上后射线便发生散射,由摄谱仪 S 可测定散射射线的

波长.实验显示,散射射线中除了含有与入射线波长(λ_0)相同的射线外,还有比入射线波长更长的射线,并且波长的变化($\Delta\lambda = \lambda - \lambda_0$)与散射角$\theta$(散射线与入射线之间的夹角)有关.当散射角$\theta$增加时,波长的改变也随之增加,在同一个散射角下,对于所有散射物质,波长的改变都相同.

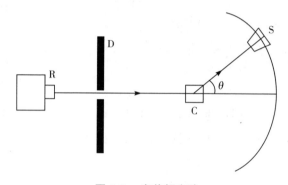

图 2.3　康普顿实验

解　释

这种现象用经典的概念无法解释.因为 X 射线是一种电磁波,按照经典的电磁理论,当电磁波通过物质时,它将引起物质中带电粒子的受迫振动,每个振动着的带电粒子又向四周辐射电磁波,就成为散射的 X 射线.由于带电粒子做受迫振动的频率等于入射 X 射线的频率,所以散射的 X 射线的频率(或波长)应该和入射的 X 射线的频率(或波长)相等,不应该出现比入射线波长更长(或频率较低)的散射线.

康普顿为了解释自己在实验中发现的现象,摒弃了传统的观点,应用了爱因斯坦提出的光子的概念,并假设组成 X 射线的光子和实物粒子一样,能与电子发生弹性碰撞,于 1923 年作出了一个定性的解释:

① 当光子与散射物质原子中束缚得很紧的电子碰撞时,光子将

与整个原子之间交换能量.由于原子的质量比光子大得多,光子就像一个乒乓球碰到巨大的铅球一样,按照弹性碰撞理论,这时光子不会显著地失去能量,因而散射光的频率也不会显著地改变(可以认为不变),所以在散射线里包含有与入射线波长(或频率)相同的射线.

② 如果一个光子与散射物质中的一个自由电子或束缚较弱的电子发生碰撞,这时光子就有一部分能量传给电子,因此向某一方向散射的光子的能量将比入射光子的能量少些,正像一个乒乓球撞到一个质量不太大的木球上后被弹出时一样.由于光子的能量与它的频率有关($\varepsilon = h\nu$),散射光子的能量变小了,因此散射光的频率比入射光的频率低,即散射光的波长变长.这就是实验中出现比入射线波长更长的射线的原因.

接着,康普顿又根据能量守恒和动量守恒,并考虑到爱因斯坦刚提出不久的相对论效应,导出了波长的改变与散射角的关系式

$$\Delta \lambda = \lambda - \lambda_0 = \left(\frac{2h}{mc}\right)\sin^2\left(\frac{\theta}{2}\right)$$

式中,h 为普朗克常数,c 为光速,m 为电子的静止质量,θ 为散射角(图 2.4).

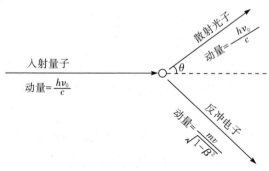

图 2.4 康普顿理论用图 $\left(\beta = \dfrac{v}{c}\right)$

意 义

对现代物理学家来说,做出康普顿对散射的解释及其理论并非难事,但在当时,这类现象的研究历经了一二十年时间,康普顿自己也曾走了五年的弯路才于1923年得出正确的结果,由此可见,一个科学理论产生的不平坦.

康普顿的理论解释与实验的一致性,不仅对X射线学,而且对现代物理学的发展都有极为重要的意义.

首先,它对普朗克(M. Planck,德国)于1900年提出的量子理论——辐射能量量子化和爱因斯坦于1905年提出的光子说的正确性提供了一个确凿的证据,证明光子具有一定的质量、能量和动量.

其次,由于康普顿的散射公式采用了当时还没有被科学界普遍接受的相对论效应,因此,这个实验的圆满解释也就成了狭义相对论的一个十分有力的例证.

第三,康普顿的实验和理论也阐明了电磁辐射与物质相互作用的一个基本规律,即在单个散射事件中,光子和电子同样遵守能量守恒和动量守恒,这无疑也是守恒思想的又一个重大胜利.

最后,康普顿的实验与理论也推进了光的波粒二象性的发展.因为劳厄(M. V. Laue,德国)的X射线衍射实验已测定了它的波长,康普顿的X射线散射实验,又必须假设X射线类似于粒子.关于X射线究竟是波还是粒子的问题自然地摆在物理学家面前了.康普顿说:"散射问题与反射和干涉是如此紧密地联系在一起,对它的研究很可能给干涉现象与量子理论的关系这一难题投入一线光明."爱因斯坦还提醒物理学家注意:不要仅仅看到光的粒子性,康普顿在实验中也是依靠了X射线的波动性测量其波长.正由于爱因斯坦等人的努力,光的波粒二象性的研究得以迅速发展.

为了表彰康普顿对散射现象所进行的系统研究,他荣获了1927年诺贝尔物理奖.后人便把这个著名实验现象称为"康普顿效应".

附注:关于散射公式的推导

图 2.5 表示一个光子和自由电子做弹性碰撞前后的情况.

设碰前电子是静止的,即 $v_0=0$,频率为 ν_0 的光子沿 x 轴方向入射.碰撞后,光子沿着 θ 角的方向散射,频率为 ν.电子获得了速度 v,沿 φ 角方向运动.碰撞前后光子的能量分别为 $h\nu_0$ 和 $h\nu$,光子的动量分别为 $\dfrac{h\nu_0}{c}$ 和 $\dfrac{h\nu}{c}$,电子的静止质量和运动质量分别为 m_0 和 m,由相对论的质能关系知,对应的能量为 m_0c^2 和 mc^2.

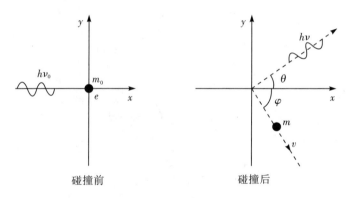

图 2.5　光子与电子的碰撞

根据光子和电子做弹性碰撞时的能量守恒有关系式

$$h\nu_0 + m_0c^2 = h\nu + mc^2$$

即

$$mc^2 = h(\nu_0 - \nu) + m_0c^2 \qquad ①$$

根据碰撞时的动量守恒,光子的入射动量 $\dfrac{h\nu_0}{c}$,它沿着散射光子动量 $\dfrac{h\nu}{c}$ 和电子动量 mv 组成的平行四边形的对角线方向,因此有关系式

$$(mv)^2 = \left(\frac{h\nu_0}{c}\right)^2 + \left(\frac{h\nu}{c}\right)^2 - 2\frac{h\nu_0}{c} \cdot \frac{h\nu}{c}\cos\theta$$

即

$$m^2 v^2 c^2 = h^2 \nu_0^2 + h^2 \nu^2 - 2h^2 \nu_0 \nu \cos\theta \qquad ②$$

将①式平方后减去②式,得

$$m^2 c^4 \left(1 - \frac{v^2}{c^2}\right) = m_0^2 c^4 - 2h^2 \nu_0 \nu (1 - \cos\theta) + 2m_0 c^2 h(\nu_0 - \nu)$$

考虑到相对论效应的质量关系 $m = \dfrac{m_0}{\sqrt{1 - \dfrac{v^2}{c^2}}}$,上式变为

$$m_0^2 c^4 = m_0^2 c^4 - 2h^2 \nu_0 \nu (1 - \cos\theta) + 2m_0 c^2 h(\nu_0 - \nu)$$

有

$$\frac{c(\nu_0 - \nu)}{\nu_0 \nu} = \frac{h}{m_0 c}(1 - \cos\theta)$$

即

$$\frac{c}{\nu} - \frac{c}{\nu_0} = \frac{h}{m_0 c}(1 - \cos\theta)$$

或

$$\lambda - \lambda_0 = \frac{2h}{m_0 c}\sin^2\left(\frac{\theta}{2}\right)$$

这就是康普顿的散射波长改变公式,式中 $\dfrac{h}{m_0 c}$ 称为电子的康普顿波长,是一个常数,其值为

$$\frac{h}{m_0 c} = \frac{6.63 \times 10^{-34}}{9.11 \times 10^{-31} \times 3 \times 10^8} \text{ m} = 2.43 \times 10^{-12} \text{ m}$$

可见,在康普顿效应中,波长改变的数量级仅为 10^{-12} m.因此只有波长较短的光(如X射线,其波长的数量级为 10^{-10} m),发生散射后波长的改变量与入射光波长相比,在数量级上相近,才能观察到康普

顿效应.*

(3) 俄歇效应

1925年,法国物理学家俄歇(P. Auger)用X射线研究电离惰性气体的光电效应.事先他根据光电效应理论作出了设想:X射线光子的能量越高,逸出的光电子初动能越大,在云室中形成的径迹长度也会越长.可是实验结果除了发现他预期的径迹外,还发现另一条径迹.测量结果表明,这条径迹的长度并不随入射X射线光子的频率(能量)变化,却跟被照射原子的种类有关.显然,这个现象无法用光电效应的理论进行解释.那么,这是从哪里来的粒子所形成的径迹呢?

其实,这个现象早在1920年就被奥地利女科学家迈特纳(L. Meitner)发现过,可惜没有进行深入研究.后来,俄歇通过进一步的实验和理论研究,终于揭开了这个谜团.原来这是原子的内层电子产生了无辐射跃迁的结果.

根据玻尔的原子理论,物质原子可以处于一系列不连续的能量状态.通常情况下,原子受到激发时,位于较高能级的电子将跃迁到较低能级并同时发射光子.但是,当入射光子的能量很高时也可能出现这样的情况:内层电子跃迁到较低能级时,留下一个空位被高能级的电子填补,同时辐射能量(发射光子);或者,当原子内层的电子跃迁到较低能级时,并没有发射光子,而是将能量转移给更高级能态的

---

* 应该指出,早在1921年,德拜(P. J. W. Debye,荷兰)就将X射线的散射作为爱因斯坦光量子理论的一个练习题得出了正确的结果,只是没有用实验检验波长的变化,也就没有发表自己的结果.直到1922年10月康普顿发表实验结果以后,德拜才发表自己的结果.因此有人认为,应该把这一效应称为康普顿-德拜效应.但德拜非常谦虚,他表示:工作做得最多的是康普顿,把这个效应称为康普顿效应是理所当然的.这充分表现了一个科学家高尚的情操和谦虚的美德.

同时,也应指出,在康普顿效应的实验研究上,中国著名科学家吴有训(康普顿当时的研究生)曾对康普顿效应的进一步研究和检验做出了很大贡献,除了针对美国当时科学委员会主席杜安(W. Duane)对康普顿的否定做了许多有说服力的实验外,还证实了康普顿效应的普遍性.

电子,使它脱离原子(相当于发生电离).这种第二次发射的电子,后来就称为俄歇电子.这样的现象称为俄歇效应.实验中出现的异常径迹之谜终于揭开了,它只是原子内部能的转化和守恒的表现.

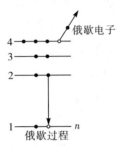

图 2.6 俄歇效应示意图

根据能的转化和守恒,很容易算出俄歇效应中所发射的电子动能.以铬原子为例*,假设铬原子的 $n=2$ 能级上的电子跃迁到 $n=1$ 能级上时不发射电子,而是将相应的能量转交给 $n=4$ 能级上的电子,使之脱离原子(图2.6).因为铬原子的能级公式可简化表示为 $E_n=-\dfrac{A}{n^2}$,式中 $n=1,2,3,\cdots$ 表示不同能级,A 是正的已知常数.因此,铬原子在 $n=1,2,4$ 的能级值分别为

$$E_1=-A, \quad E_2=-\dfrac{A}{2^2}=-\dfrac{A}{4}, \quad E_4=-\dfrac{A}{4^2}=-\dfrac{A}{16}$$

铬原子从 $n=2$ 能级跃迁到 $n=1$ 能级上时放出能量为

$$\Delta E_{2\to1}=E_2-E_1=-\dfrac{A}{4}-(-A)=\dfrac{3}{4}A$$

铬原子的电子从 $n=4$ 的能级脱离原子所需要的能量为

$$\Delta E_{4\to\infty}=E_\infty-E_4=0-\left(-\dfrac{A}{16}\right)=\dfrac{A}{16}$$

发生俄歇现象时,铬原子 $n=4$ 能级的电子吸收的能量 $\Delta E_{2\to1}=\dfrac{3}{4}A$,付出的能量代价是 $\Delta E_{4\to\infty}=\dfrac{A}{16}$,剩余的能量就转化为俄歇电子的动能,即

$$E_k=\dfrac{3}{4}A-\dfrac{1}{16}A=\dfrac{11}{16}A$$

---

* 本例实际上就是 2003 年全国高考物理新课程卷试题.

俄歇效应再一次启发了人们:异常中往往会有新的奥秘,能的转化和守恒无论对正常现象或异常现象都是普遍适用的.俄歇效应在原子物理研究中有着重要的价值.它与光电效应、光电离现象、光生伏特效应、康普顿效应等都属于物质(气、液、固)吸收了电磁辐射(可见光、紫外线、X射线或γ射线)后引起物质的电性质发生变化的现象.

 2.2 预言新事物

科学家的预言与巫师占卜的一个根本区别是,科学预言往往有一种客观的理论指导,绝不是胡言乱语.在物理学史上的许多惊人预言中,其中不少就是在守恒思想指导下作出后再被实验所验证的.

(1) 卢瑟福预言中子

核结构的 e-p 假设

1919年,卢瑟福发现质子后,原子核内包含质子的看法很快被物理学家所公认,关于原子核的结构问题自然地摆到了物理学家面前.

当时人们认为,原子核是由带负电的电子和带正电的质子所组成的(e-p假设).一个质量为A、电荷数为Z的原子核,被认为核内应该有A个质子,$A-Z$个电子.例如,^{14}N(氮核)应该有14个质子,7个电子.

但是,人们很快发现,用原子核的"质子-电子"结构去说明α粒子时就遇到了困难.因为α粒子(氦原子核)的质量数是4,即质子质量的4倍;带电量为+2,即质子带电量的2倍.若α粒子由4个质子组成,其带电量应该为+4;若α粒子由2个质子组成,其质量只应为2.

预言中子

为了从质量数守恒和核电荷数守恒上圆满解释α粒子以及其他

重元素的原子核的结构问题*,1920年6月3日卢瑟福在法国贝克利讲座的著名报告中,提出了在原子核内可能存在一种中性粒子的假设.卢瑟福在报告中说:"在某些条件下,一个电子有可能更紧地同H核相结合,从而形成一个中性偶极子……"他说:"这种原子(指中性粒子)的存在对于解释重元素的原子核的组成看来是必不可少的."

卢瑟福关于原子核内存在中性粒子的假设,是一个大胆的预言.尽管当时的物理学家都十分钦佩卢瑟福的才华,但大多数人对这个预言持怀疑态度,只有在卢瑟福所领导的卡文迪许实验室中的工作者被强烈地感染着.1932年,卢瑟福的学生查德威克(J. Chadwick,英国)果然在卡文迪许实验室中用α粒子轰击铍核,发现了质量与质子相当的中性粒子.他根据美国化学家哈金斯(W. D. Huggins)的建议,将它命名为中子.卢瑟福的预言终于得到了证实.**

(2) 泡利预言中微子**

β衰变的困惑

早在1914年,查德威克在研究放射现象时,发现α射线和γ射线的能谱是分立的,放射性元素发出的α粒子和γ粒子的能量恰好等于原子核初态与终态的能量差.然而,β射线的能谱却不是这样,呈现出一条连续的曲线.这意味着,放射性元素发出的β粒子(电子)的能量,从零到最大值间都有分布.人们不禁会问:造成β射线连续能谱的原因是什么呢?更令人困惑的是,被β粒子带走的能量小于原子核衰变前后初态与终态的能量差,还有一些能量到哪里去了呢?

两种选择

允许β射线的能谱有连续的分布,只能有两种可能的选择:
一种可能是在此范围内应该放弃能量守恒的概念.包括丹麦著名

---

* 原子核的"质子-电子"结构,在自旋和测不准原理上同样遇到严重的困难.
** 有关中子的发现和中微子假设,均可参阅本丛书《猜想与假设》一册.

的物理学家玻尔(N. Bohr)在内的几位物理学家就曾建议在原子核范围内放弃能量守恒定律,认为能量守恒只是在统计意义上成立,对每一次衰变并不一定成立.这也许是玻尔等人未经严密考虑而提出的.

另一种可能就是,当原子核从一个确定的能量状态向另一个能量状态跃迁时,设β粒子所带走的能量只是这两个状态能量差的一部分,其余部分能量被某种未知的粒子所带走.年轻的奥地利物理学家泡利选择了后者.

泡利预言

泡利不相信在自然界中唯独β衰变能量不守恒.1930年12月4日,他写信给参加德国杜平根物理会议的朋友,表明他试图通过确立新的中性粒子的概念而不放弃能量守恒原理去解决β衰变能谱的连续分布问题.当时,他把这种中性粒子称为"中子".泡利指出:这种"中子"的运动速度不同于光子,其质量与电子质量的数量级相同,无论如何也不会大于质子质量的1%.在β衰变中,每释放一个电子时,同时发射一个"中子",电子和"中子"的能量之和为恒量,等于原子核两个状态能量之差.这就是说,β衰变中所"损失"的那一部分能量是被当时没有观测到的、质量很轻、穿透力很强的"中子"带走了,于是,β能谱的连续性也就得到了解释.

在1933年10月举行的第七届索尔威会议上,泡利正式提出了存在这种中性微粒的建议,并明确指出:在一切基本过程中,不仅能量守恒,而且动量、角动量和统计性都守恒.

守恒思想强烈地支持着年轻的泡利,使他作出了这一大胆的预言.他得到了著名的物理学家费米(E. Fermi,意大利)的赞赏,并建议把这种中性粒子称为"中微子".接着,费米又成功地提出了β衰变的量子理论.1956年,美国洛斯-阿拉莫斯实验室的两位物理学家雷乃斯(F. Reines)和柯万(C. L. Cowan)终于从实验中直接验证了中微子的存在,泡利的预言得到了证实,这无疑也是守恒思想的重大胜利.

(3) 爱因斯坦预言激光

光的吸收和辐射

光的吸收和辐射,都是原子能级跃迁的过程.假设某个原子最初处于基态能级 E_1,用一束光照射后,原子有可能吸收光子的能量从基态 E_1 跃迁到某一激发态 E_2(图2.7),这个过程就是光的吸收(也称原子的激发).当然,能被原子吸收的光子有一定的条件:光子能量必须等于原子的两个能级的能量差,即 $h\nu_{21}=E_2-E_1$.

原子吸收了外来光子能量后跃迁到激发态,是不稳定的,原子在激发态停留的时间极短,一般仅 10^{-8} s 的数量级.它们会很快地在没有任何外界作用的情况下,自发地辐射出光子,又从激发态回到基态.这种现象就是光的辐射(自发辐射),如图2.8所示.

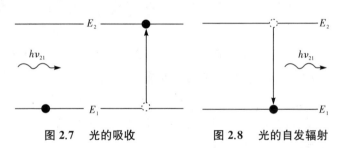

图 2.7　光的吸收　　　　图 2.8　光的自发辐射

原子的自发辐射不仅与外界作用无关,而且各个原子都是独立进行的,所辐射的各个光子的发射方向和初相位都不同.对于处在不同激发态的大量原子,可以发出各种不同频率的光,这就是普通光源的发光原理.因此,普通光源发出的光,具有很广的频率范围和不同的初相,单色性极差,彼此不能相干.

受激辐射

如果处于激发态上的原子,在发生自发辐射前,恰好被外来的能量为 $h\nu_{21}=E_2-E_1$ 的光子打中,那么处于激发态的原子就有可能从激发态跃迁到基态,同时辐射出一个与外来光子频率相同、相位相同、方向相同、偏振态也相同的光子.也就是说,原来只有一个光子,现在变成两个完全相同的光子(图 2.9).这两个光子又可击中处于激发态的其他原子,从而再释放出两个光子,所有这四个光子又可使原子释放出另外四个新的光子……这样,从最初的一个光子可以导致一大批光子雪崩似地释放出来,而且所有这些光子的频率、方向、相位等都完全相同,具有非常好的相干性.这一过程称为受激辐射,受激辐射时发出的光称为激光.

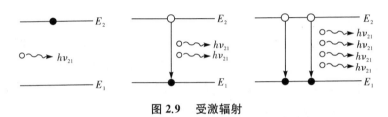

图 2.9 受激辐射

爱因斯坦于 1905 年提出光量子假设,成功地解释了光电效应后,在 1917 年,又从纯粹的热力学方法出发,用具有分立能级的原子模型推导了普朗克辐射公式,并且预言了受激辐射.如果把被激原子与所辐射的光子作为一个系统,显然,这就是能的转化和守恒的反映.

粒子数反转

表面看来,从能的转化和守恒预言受激辐射是很轻而易举的事,其实不然.因为人们从长期的探索中认识到,原子系统中原子按能级分布有一定的规律*.在通常的热平衡情况下,处于低能级上的粒子数远大于高能级上的粒子数,因此通常情况下光的吸收占优势[图 2.10(a)].为了使受激辐射取得支配地位,必须设法使高能级的粒子数超过低能级上的粒子数,才能实现光的放大[图 2.10(b)].使高能级上的粒子数超过低能级上的粒子的分布,称为"粒子数反转",这时的工作物质处于非热平衡状态下.爱因斯坦正是通过对原子系统的

---

* 称玻尔兹曼分布律.

热力学研究才预言了受激辐射的存在.

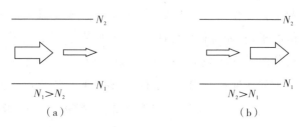

图 2.10　光的吸收与放大

激光器

不过,要在室温下实现粒子数反转、产生受激辐射并非易事,直到 1951 年才由美国物理学家汤斯(C. H. Townes)想出一个实现受激辐射的方法.1954 年,汤斯和他的研究生戈登(J. P. Gordon)制成了第一个氨分子微波振荡器,称为"脉塞"(Maser).以后,许多物理学家都苦心探索,试图把"脉塞"扩大到光波段.*1960 年,才由美国物理学家梅曼(T. H. Maiman)制成了世界上第一台红宝石激光器.至此,爱因斯坦的预言终于实现了.

(4) 由铀核裂变预言原子弹

世界震惊了

1938 年,德国放射化学家奥托·哈恩(O. Hahn)和他的助手斯特拉斯曼(F. Strassmann),在约里奥·居里夫人(I. Curie,法国)和她的合作者萨维奇(Savitch,南斯拉夫)的实验报告刺激下,连续经过几个星期的实验,发现铀核被中子轰击后,生成两个中等质量的核.同年 12 月 22 日,他们把实验报告寄给了德国《自然科学》杂志.虽然哈恩对实验的结论还犹豫不决,后来经梅特纳(L. Meitner,奥地利)及弗利胥(O. R. Frisch)的反复计算,终于对铀核经中子轰击后

---

* 后来把工作在光波段的"脉塞"改称为"莱塞"(Laser).

的变化作出了解释,并把它与细胞的分裂相类比,称为核的分裂.*

　　1939年1月26日,来自世界各地的二十多位著名物理学家济济一堂,参加在美国华盛顿大学召开的理论物理讨论会.次日,当玻尔在会上宣布了哈恩的这一重要发现并经过梅特纳与弗利胥的解释后,整个会议室几乎沸腾起来,对核分裂的讨论立即取代了原来对低温物理的讨论.费米建议立即用物理方法进行论证,许多物理学家都给自己的实验室打电话,安排实验.当晚11时,玻尔、费米、罗森菲尔德(L. Rosenfield)、布雷特(G. Breit)等都汇集在卡奈奇学院观看了原子核裂变实验的表现.与此同时,哥伦比亚大学、霍普金斯大学等也都得到了同样的结果.原子核裂变的发现就这样在几小时内得到了公认,成为震惊世界的一件大事.

物理学家的忧虑

　　当人们还沉浸在原子核被分裂的喜悦中时,物理学家已清醒地预见到铀核裂变放出巨大能量的一种可怕后果.因为铀核裂变时放出一个或一个以上中子,这些中子又能引起其他铀核的裂变,从而产生链式反应(图2.11).这一想法很快被约里奥·居里夫妇、费米及流亡到美国的匈牙利物理学家西拉德(L. Szilard)等人证实了,而且链式反应的时间极短,两次反应的时间间隔只有五十万亿分之一秒.

　　这就是说,铀核的链式反应一旦实现了,将在极短时间内释放出巨大的能量.以1磅铀235计算,它含有1.16×10^{24}个铀核,完全发生裂变时,将产生3.44×10^{13} J的能量.这些能量相当于9.55×10^{6} kW·h的电能,或相当于1000 kW的动力厂连续工作一年以上所输出的能量,十分可观.

　　原子核的裂变固然是一项划时代的发现,为人类开辟了一种新的能源——原子能.但是如果不加控制地让它在极短时间内释放能

---

　　* 参阅本丛书《猜想与假设》或《类比》.

量,可成为一种毁灭性的杀人武器.物理学家们从能量转化中已预见了这一点,强烈的社会责任感也同时使他们产生了忧虑.

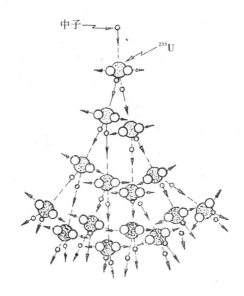

图 2.11　链式反应示意图

曼哈顿工程

当时正值第二次世界大战爆发的前夕,风传纳粹德国正加紧进行链式反应的研究,许多科学家焦急万分,担心法西斯抢先制造原子弹.1939 年 7 月,西拉德和另一位匈牙利流亡美国的物理学家维格纳(E. Wigner)一起找到爱因斯坦,希望借助爱因斯坦的名望给美国总统写信,敦促美国赶在纳粹法西斯之前造出原子弹.爱因斯坦于 1939 年 8 月 2 日签发了给罗斯福总统的信.罗斯福总统在一位机智的顾问萨克斯的启发下*,终于采纳了爱因斯坦等人的建议,后又拟定了一个研制原子弹的庞大的工程计划,代号为"曼哈顿工程"(Manhattan Engineer District).在费米、奥本海默(J. R. Oppenheimer)等一大批

---

*　参阅本丛书《类比》一册.

2　守恒思想的科学意义

有才干的物理学家的努力下,于1945年7月16日,在美国新墨西哥州离阿拉莫戈多(Alamogordo)约96 km的特里尼蒂荒漠上成功地爆炸了第一颗原子弹.

德国著名的物理学家、诺贝尔奖获得者劳厄评价道:"从物理学的观点看来,这是人类所做的前所未有的最大的实验.这是以对物理学的客观真理性的信仰为基础的大胆预言的最好的证实."

2.3 指导新理论

守恒思想称得上是自然科学的一块基石.物理学中许多新的理论,都是(或部分地是)建立在它的基础上的.例如,爱因斯坦的光电理论和玻尔的原子理论,无不折射着守恒思想的光辉.

(1) 爱因斯坦的光电理论

经典理论的困难

1887年,德国物理学家赫兹(H. R. Hertz)在研究电磁波的发射与接收实验时,首先发现光电效应现象.* 后来经他的学生莱纳尔(P. Lenard,德国)的仔细研究,总结出几条实验规律.其中有一些实验事实,用经典电磁理论解释时遇到很大的困难.主要是下列两点:

① 光电效应中的金属板被光照射到电子逸出,两者之间几乎不存在能分辨的时间延迟.

② 对每一种金属表面的照射光都存在一个截止频率(称为阈值频率).只有当照射光频率大于这个阈值频率时,金属板才有电子发射.

按照经典电磁理论,一束光照射到物体上时,它的能量将分布到大量的原子上,怎么可能在极短时间内把足够的能量集中到一个电子上而使它逸出呢? 同时,光的能量由光的强度决定,跟频率无关,

---

* 关于赫兹实验及光电效应的实验规律等,可参阅本丛书《类比》和《猜想与假设》两册.

因此,不论任何频率的光,只要光的强度足够大或照射时间足够长,都能使电子获得足够的能量逸出表面,似乎不应该存在阀值频率.

光量子理论

爱因斯坦认为,解决困难的关键是处理连续性和间断性的关系.经典电磁理论能圆满地解释各种纯光学现象,是因为"光学观测所得出的是对时间的平均值,而不是瞬时值".爱因斯坦从普朗克(M. Planck,德国)的能量子假说中得到重要的启发,他认为,对于光的产生与转化的这种瞬时现象,必须假设光的能量是不连续的.他进一步发展了能量子假设,提出了杰出的光量子理论.他在1905年撰写的著名论文《关于光产生和转化的一个启发性观点》中说:"在我看来……从一点发出的光线传播时,在不断扩大的空间范围内能量不是连续分布的,而是由一个数目有限的局限于空间的能量量子所组成,它们在运动中并不瓦解,并且只能整个地被吸收或发射."这也就是说,不仅能量的发射和吸收确实像普朗克提出的是以分立的能量量子形式发生的,而且电磁场能量本身也是量子化的,辐射场也不是连续的,而是由一个个集中存在的、不可分割的能量子组成.他把这一个个能量子称为"光量子",后来被称为"光子"*.

接着,爱因斯坦从维恩(W. Wien,德国)的辐射公式出发**,得出了光量子的能量表达式,即

$$E = h\nu$$

光电方程

爱因斯坦把他的光量子理论用于光电效应,根据能的转化与守恒,立即得出了爱因斯坦光电方程

$$h\nu = W_0 + \frac{1}{2}mv_m^2$$

---

* "光子"是美国物理学家刘易斯(C. N. Lewis)于1926年定名的.

** 从维恩的辐射公式得出 $E = h\nu$ 公式时还需应用热力学的一般原理,这里从略.

2 守恒思想的科学意义

这个方程的物理图景是非常清晰的.金属表面的电子犹如一群井底之蛙,它们只能一次整个地吞食一个光子.只有当它们吸收了足够能量(至少为 W_0)的外来光子后,它们才能跃出井底.若光子的能量大于 W_0,它们跃出时就会具有一定的初动量(图 2.12).

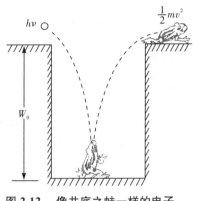

图 2.12　像井底之蛙一样的电子

爱因斯坦用它的光量子和光电方程,可以很成功地解释光电效应的一系列实验结果.

密立根的验证

然而,许多伟大的理论并不是一下子就能被大家接受的.爱因斯坦的光量子理论提出后,同样没有被物理学家所承认.因为他的理论与非常成熟的光的波动理论完全相违背,甚至连量子观念的创始人普朗克也认为"太过分了".他在 1907 年给爱因斯坦的信中说:"我认为基本作用量子(光量子)所寻找的不是它在真空中的意义,而是它在吸收和发射地方的意义.并且我认为真空中的过程已由麦克斯韦方程作了精辟描述."显然,普朗克对辐射场能量本身的量子化是抱怀疑态度的.

美国著名的实验物理学家密立根(R. A. Millikan)起初也认为爱因斯坦的光量子假设是"粗枝大叶""不可思议"的,他试图用实验推翻这个理论.因为从光电效应实验中发现,截止电压 U_a(又叫遏止电压,是光电流等于零时的反向电压)与光电子的最大初动能有如下关系式:

$$eU_a = \frac{1}{2}mv_m^2$$

根据爱因斯坦光电方程 $h\nu = W_0 + \frac{1}{2}mv_m^2$,得到

$$eU_a = h\nu - W_0 \quad \text{或} \quad U_a = \frac{h}{e}\nu - \frac{W_0}{e}$$

可见,截止电压 U_a 与频率 ν 呈线性关系,在 U_a-ν 的直角坐标中画出的是一条直线,其斜率应等于 $\frac{h}{e}$ (e 为电子电量),如图 2.13 所示.我们只需从实验中得出 U_a-ν 的图线后,就可根据其斜率求得普朗克常数.由此就可检验光电方程及光子理论的正确性了.

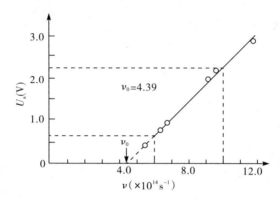

图 2.13　截止电压与频率的关系

沿着这个思路,密立根从 1905 年开始,花了整整十年时间,克服了重重困难,设计了巧妙而复杂的装置进行实验.然而密立根的实验结果却违背了他的本意,不仅没有否定爱因斯坦的光量子理论,反而证明了这一理论的正确性.密立根从光量子理论得到的 h 值和普朗克公式得出的值完全一致.1915 年密立根在公布他的实验成果时说:"结果和我所有的预期相反."这也同样意味着,在光与物质作用时,能的转化和守恒思想的胜利.

(2) 玻尔的原子理论

巴尔末初探氢光谱之谜

在科学史上,可以认为牛顿的三棱镜实验打开了光谱研究的大门,从而引发了一代又一代科学家浓厚的兴趣,并使其纷纷投入到对光谱的研究中.到了 19 世纪初,随着红外线(1800 年)、紫外线(1801 年)和太阳光谱不连续性(1802 年)的相继发现,以及杨氏干涉所提供的测量谱线波长的方法(1803 年)和夫琅和费衍射光栅的研制成功(1814~1815 年),使得科学家对光谱线得以开展精细的定量研究后,对光谱研究的热情更为高涨.

科学家在研究中发现,不同物质的原子会辐射不同的光谱.例如,铁原子在可见光区域内有 6000 多条不同波长(或不同频率)的光谱线.可以想象,在这样的原子辐射光谱中,一定蕴藏着有关不同原子结构的重要信息.因此,人们对光谱的研究除了直接的应用外(如应用光谱分析方法鉴定物质等),还期望由此能够揭示原子内部的运动规律.

为了这个目的,先应该知道不同原子所辐射的光谱线的分布规律.那么,在这浩如烟海的光谱线数据中,从何着手呢? 科学家很自然地想到首先选择最简单的氢原子作为突破口进行研究.

在氢光谱的研究中,瑞典阿普沙拉大学教授埃格斯特朗作出了很大的贡献.他首先从气体放电的光谱中找到了氢的红线(即 H_α 线).后来,又发现了氢在可见光区域的其他几条谱线,并精确地测定它们的波长,如表 2.1 所示.*

表 2.1

氢光谱线	埃格斯特朗给出的波长(10^{-8} cm)
H_α(红色)	6562.10
H_β(绿色)	4860.74
H_γ(蓝色)	4340.10
H_δ(紫色)	4101.20

---

* 为纪念埃格斯特朗的功绩,后来把 10^{-8} cm 命名为埃(写作 Å).

1880年，哈金斯(W. Huggins)和沃格尔(H. C. Vogel)又成功地拍摄到了恒星的光谱，发现这几根氢光谱线还可扩展到紫外区，组成一光谱系，它们具有鲜明的阶梯性，很有规律。

当时许多物理学家囿于传统观念，习惯于搬用对力学系统的研究方法，试图找出各光谱线之间的关系，可是，在氢光谱这些谜幻的波长数据面前一筹莫展。1882年，舒斯特(A. Schuster)悲观地说："在目前的精度内，要找到谱线的数量关系是没有意义的。"

正当许多物理学家感到沮丧、失望的时候，走来了一位瑞士的中学数学教师巴尔末(J. J. Balmer)。他从几何图形的对比中领悟到谱线波长会趋于某一极限值，从而找出了一个公式。也许正是由于他没有物理学家传统观念的束缚，另辟蹊径，才发现了氢光谱波长之谜。

1884年6月25日，巴尔末在瑞士的巴塞尔市向全国科学协会报告了自己的发现：氢光谱的波长分布可以用公式表示为

$$\lambda = B \frac{n^2}{n^2 - 4} \quad (n = 3, 4, 5, 6)$$

式中 B 是一个共同因子，从埃格斯特朗对氢光谱波长的测定，他推出 $B = 3645.6 \times 10^{-8}$ cm。

后来瑞典的光谱学家里德伯(J. Rydberg)改用波长的倒数（波数）表示得更为简单，即

$$\frac{1}{\lambda} = \frac{4}{B}\left(\frac{n^2-1}{4n^2}\right) = R\left(\frac{1}{2^2} - \frac{1}{n^2}\right)$$

式中 R 称为里德伯常数。每一个 n 值对应着氢光谱的一条谱线。符合这一公式的线系称为巴尔末系。人们曾从日全食时观察太阳光谱发现了35条以上符合上述公式的谱线，在实验室氢放电管中也观察到21条属于该系列的谱线。表2.2给出了测量值与根据公式计算的波长值，两者符合得很好。当 $n \to \infty$ 时即得波长的极限值，即这一谱系中波长最短的谱线：

$$\lambda_{\min} = 3645.98 \times 10^{-8} \text{ cm}$$

表 2.2 巴尔末线系的测量值与计算值对照表

n	测量值(Å)	计算值(Å)
3	6562.79	6562.76
4	4861.327	4861.30
5	4340.47	4343.45
6	4101.74	4101.72
7	3970.0740	3970.06
8	3889.0575	3889.04
9	3835.397	3835.38
10	3797.910	3797.89
…	…	…
28	3664.69	3664.67
29	3663.42	3663.40
30	3662.24	3662.25
…	…	…
∞		3645.98

巴尔末公式已打开了原子光谱奥秘的大门,找到了诠释原子"密码"的依据.巴尔末在1884年曾写道:"氢是目前已知物质中原子量最小的……看起来注定要靠它打开研究物质本性的道路."然而,原子光谱究竟与原子内部运动规律有何联系呢?依然像达·芬奇的蒙娜丽莎的微笑一样,是一个难解的谜.

玻尔理论的成功

英国物理学家卢瑟福(E. Rutherford)在 α 粒子散射实验基础上曾提出原子的有核模型,但它与经典理论相矛盾.因为原子不仅是一个稳定的系统,而且能辐射出分立频率的线光谱,并不像经典理论指出的那样,电子在绕核运动过程中会因辐射能量最终将落到原子核上,并且随着能量减小只能辐射连续光谱.

被卢瑟福称为"是我遇到的最有才智的小伙子"的玻尔(N. Bohr,丹麦),曾在卢瑟福的实验室参加过α粒子散射实验的工作.他坚信原子有核模型是符合客观事实的,同时也看到了卢瑟福模型的困难.他认为,不能把经典理论用在原子这样的微观客体上,对于像原子这样的微观客体必须用崭新的理论来描述它们的规律.

正当玻尔在日夜苦苦思索这种新理论的时候,他的一位叫汉森的朋友向他介绍了氢光谱的巴尔末公式和斯塔克关于价电子跃迁产生辐射的理论,玻尔的思维闸门一下子被打开了,智慧的激流滚滚直泻,很快写出了著名的"三部曲",即《原子构造和分子构造》,共分三部分.

玻尔把普朗克-爱因斯坦的量子理论推广到原子系统,作了两个基本假设:

① 原子只能处于一些不连续的能量状态,在这些状态中电子绕核运动不会辐射能量,这些状态称为定态.

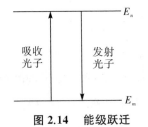

图 2.14 能级跃迁

② 原子发光或吸收光子是两个能量状态间跃迁的结果(图2.14).光子的频率与两状态的能量差有关,即

$$h\nu = E_n - E_m$$

玻尔认为,普朗克常数 h 是描述微观力学量的基本单元.氢原子中的核外电子在原子核的中心力场下绕核运动的动量矩 $L(L=mvr)$ 是守恒量.玻尔认为这个量也是量子化的,并假设它是普朗克常数的整数倍,即

$$mvr = n\frac{h}{2\pi} = n\hbar \quad \left(\hbar = \frac{h}{2\pi}\right)$$

这个条件称为轨道量子化.

由此,玻尔很容易算出氢原子在各定态的能量也是量子化的,即

$$E_n = -\frac{2\pi^2 k^2 e^4 m}{n^2 h^2}$$

这样,玻尔就可以用他的假设很成功地解释了氢光谱的巴尔末公式,并预言还能得到远紫外区和远红外区的谱线系.难怪玻尔后来回忆道:"当我一看到巴尔末公式,我对整个事情就豁然开朗了."*

很明显,玻尔的成功,是由于他在旧的经典理论和新的实验事实的矛盾面前能坚定地以事实为根据,勇于冲破旧理论的束缚,全面地、创造性地继承和综合了前人的工作.玻尔理论的成功之路可简略表示为

在玻尔理论中,整个原子系统及放出(或吸收)的光子间的能量守恒和转化、电子在有心力场作用下的动量矩守恒,都有着具体的体现.从思想方法上我们是否也可以这么说:玻尔理论的成功植根于量子论和守恒思想.

 启迪新发明

(1) 永动机的启示

守恒思想不仅有着深远的理论意义,也有着重要的实践意义.许多理论固然要受守恒思想指导,技术上许多新的发明、新的设计,同样得益于守恒思想的启迪.尤其是当19世纪能的转化和守恒定律确立以后,首先要检验它与能的转化和守恒定律是否相符.回顾一下物

---

* 本节内容同时可参阅本丛书《模型》一册.

理学和技术史上曾名噪一时的永动机的设计,也许会有更深的体会.

巧妙的方案

如果能设计一种机械,它不消耗任何燃料或动力,却可以不停地运转,不知疲倦地为人类服务,那该多好啊!历史上有不少具有杰出创造才能的人,曾经为了实现这一美好的愿望——设计永动机而付出了巨大的劳动.*

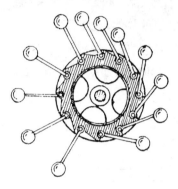

图 2.15　亨内考的永动机

早期一个很著名的永动机设计方案,是 13 世纪一个名叫亨内考的法国人提出来的.他在一个轮子的边缘等距地安装 12 根活杆,杆端装以重锤(图 2.15).他设想,当轮子转动起来后,由于右侧的重锤距轮心更远些,就会驱使轮子永不停息地沿着顺时针方向转动下去,至少要转到轮轴磨坏时为止.但实际上轮子仅转动了 1～2 圈后就停下来了.

17 世纪,英国的一个被关在伦敦塔下的名叫马尔基斯的犯人,做了一台转轮永动机(图 2.16).转轮的直径约为 4.3 m,有 40 个质量均为 23 kg 的重球沿转轮辐条向外运动,轮流驱使转轮不断转动.据说他曾向英国国王查理一世表演过这一装置,国王见了十分高

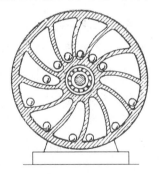

图 2.16　马尔基斯的永动机

---

* 这种不消耗能量能不断做功的永动机称为第一类永动机.另一种把燃料释放的热能全部转变为机械能的机器,称为第二类永动机,实践和理论证明,这两类永动机都不可能.

兴,就释放了他.其实,这台机器由于有较大的自重,经推动后能依靠惯性维持一段时间,终究还是要停止转动的.

也有人设计了如图2.17所示的永动机,企图利用弹簧代替气缸里的蒸汽,利用弹力推动活塞永不停息地做功.但

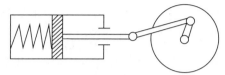

图2.17　用弹簧代替蒸汽的永动机

由于摩擦和机轴转动时所受的阻力,即使一开始用力使弹簧振动,它也会很快地停下来.

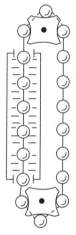

图2.18

又有人设计了如图2.18所示的永动机,希望利用成串的浮桶在水里受到的总浮力使左侧浮桶向上运动时,带动轴转动使发电机转动发电,被称为"静水发电".实际上,由于浮桶上升时所受水的摩擦力和轴转动时所受的阻力的影响,根本无法连续不停地运转.

……

一个个巧妙的永动机的设计方案,都像美丽的肥皂泡一样很快地破灭了.然而,人们对永动机的设计热情依然很高,一些人依旧在编织着彩色的梦幻……

失败的觉醒

就在一些人热衷于制造永动机的同时,有些科学家已从一个个永动机设计方案的破灭中开始觉醒.

意大利著名科学家、艺术家达·芬奇(Leonardo da Vinci)从自己早在15世纪制造过类似于马尔基斯永动机的失败中开始醒悟,认识到永动机的尝试注定要失败.达·芬奇劝告永动机的设计者们:"永恒运动的幻想家们!你们的探索是何等徒劳无功,还是去做淘金者吧!"

法国科学院针对愈来愈多的投送审查永动机的设计方案,在1775年郑重地通过了一项决议,拒绝审理永动机.并且解释说:"永动

机的建造是绝对不可能的,即使中间的摩擦和阻力不致最终破坏原来的动力,这个动力也不能产生等于原来的效果;再如设想动力可以连续起作用,其效果在一定时间内也会是无限小.如果摩擦和阻力减小,初始的运动往往得以继续,但它不能与其他物体作用,在这种假设(自然界不可能存在)中,唯一可能的永恒运动对实现永动机建造者的目的将毫无用处.这些研究的缺点是极度昂贵,不止毁了一个家庭;本来可以为公众提供大量服务的技师们,往往为此浪费了他们的工具、时间和聪明才智."

庄严的判决

达·芬奇的劝告、法国科学院的解释,虽然已教育了一批"永动机迷",但似乎还是缺乏"法律根据",未免显得苍白.直到19世纪关于能的转化和守恒思想的确立,才对永动机的设计作出了庄严的判决:任何不消耗能量不断对外做功的机器是不可能的,永动机的妄想永远不能实现!

在能的转化和守恒思想确立以后,19世纪中叶,英国有一位工程师德尔克斯收集了大量资料,写成一本名为《十七、十八世纪的永动机》的书.他在序言中写道:"我将这部书奉献给公众,一方面这是一部有趣的、也许是忧伤的历史,另一方面这里提出了严重的警告:切勿妄想从永恒运动的赐予中获取名声和好运."

以后,虽然还有些人并不听从德尔克斯的金玉良言,还想"以身试法"——继续在设计着各种各样的永动机.不过,他们绝不会有损于自然界中这条神圣的法律——"能的转化和守恒定律"的光辉,不论过去、现在或将来,一切违背能的转化和守恒思想的现象是绝不可能发生的.

(2) 发明的基础

能量转化和守恒的思想,称得上是一切科学技术发明的基础.例如,许多新发明、新技术往往都是一种对能量新颖、巧妙地转化和利用,从而提供了动力的源泉;或者,利用守恒思想,实现对运动的控制等.从下面几例中,已经可以有所感悟了!

自动手表之谜

手表是大家熟悉的计时工具,主要有电子表和机械表两大类.机械手表内有许多大小和齿数不同的齿轮.传统的机械表需要先用手卷曲弹簧(发条),将人做的功转化为弹簧的弹性势能储藏起来,以后,弹簧在逐步恢复形变的过程中不断释放储存的弹性势能,转化为表内各个齿轮的运动动能并带动指针运动,从而显示出一定的时间.

有一种自动手表,不需要天天用手上发条的,这是怎么回事呢?实际上,所谓自动手表,就是设法代替用手扭转发条的动作(上弦).如果打开表的后盖,就可以发现它的奥秘了:原来在表内增加了一个称为"自动陀(或自动重锤)"的附件.这是一个半圆形的偏心块,可绕表的中心旋转.人走路时甩动手臂,带动自动陀旋转,由它驱动一组齿轮卷紧发条,于是,在人们的不知不觉中完成了上发条的动作.这里的能量转化关系如下:

人体(手臂)的动能 —→ 自动陀的动能 —→ 发条的弹性势能

看来,自动手表不自动,这个上弦动作还是依靠戴表人自己完成的.如果戴了自动手表卧床不动,表内的自动陀不会旋转,这个自动手表就变成"不动手表"了.

有一种叫"人动电能表",相当于自动电子表,它不需要附加电池,可以将人体(手臂)运动时的动能转化为电能储藏起来,然后逐步释放出来带动表内机件运动,从而显示出一定的时间.

知道了这个奥秘后,无论直接使自动陀储存能量或者用其他方式产生电能后储存起来,然后通过机械或电子装置去推动手表的机件运行,都可以实现手表的"自动化".例如,有一种新颖的光动能手表,它可以通过任何光源的光照射后,依靠手表内的太阳能晶体片吸收光能转化为电能,从而推动手表的机件运行.

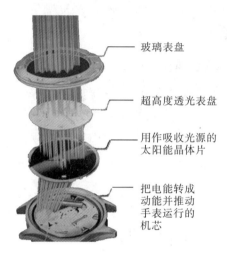

图 2.19 光动能手表

由此可见,所谓的各种"自动表",都是利用了人们自身做功或通过其他方式实现有关的能的转化,并非没有代价的.

新型的大炮——电磁炮

我们知道,普通的火炮是依靠火药爆炸产生的高温高压的气体把炮弹发射出去的.这里能的转化过程如下:

火药的化学能 ⟶ 气体的内能 ⟶ 炮弹的动能

它的缺陷是产生的气体过猛,对炮弹的加速时间短,而且不够稳定,还会产生烟雾、冲击波等.

电磁炮是利用电磁力(安培力)推动炮弹发射的新颖武器.它的结构很简单,如图 2.20 所示,主要由能源、加速器、开关三大部件组成.

电磁炮的工作原理,还可以进一步简化如图 2.21 所示.待发射弹体可在两平行轨道之间自由移动,并与轨道保持良好接触.电流 I 从

2 守恒思想的科学意义

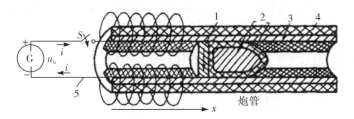

图 2.20　电磁炮的工作原理示意图

G—高功率脉冲电源　S—开关　1—电枢　2—弹丸

3—导轨　4—绝缘筒　5—馈电母线

一条轨道流入,通过导电弹体后从另一条轨道流回.轨道电流可在弹体处形成垂直于轨道面的磁场(视为匀强磁场),磁感应强度的大小与 I 成正比.通电的弹体在轨道上受到安培力的作用而高速射出.这里的能量转化关系很简单:

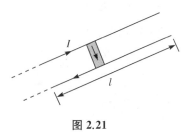

图 2.21

$$\text{电磁能} \xrightarrow{\text{通过安培力做功}} \text{炮弹的动能}$$

若磁感应强度表示为 $B=kI$(k 为比例系数),轨道间距为 d,长度为 l,则导电的弹体受到的安培力为

$$F=BId=kI^2d$$

发射时,推动弹体做功为

$$W=Fl=kI^2dl$$

设安培力的功全部转化为炮弹的动能,则由

$$Fl=kI^2dl=\frac{1}{2}mv^2$$

得炮弹发射的速度为

$$v=I\sqrt{\frac{2kdl}{m}}$$

由此可见,发射速度与电流强度、轨道间距和轨道长度、炮弹的质量等有关.*

为了进一步获得具体的认识,请读者结合下面的问题自行练习:

练习题

(2007 海南)据报道,最近已研制出一种可投入使用的电磁轨道炮,其原理如图 2.22 所示.炮弹(可视为长方形导体)置于两固定的平行导轨之间,并与轨道壁密接.开始时炮弹在导轨的一端,通以电流后炮弹会被磁力加速,最后从位于导轨另一端的出口高速射出.设两导轨之间的距离 $d = 0.10$ m,导轨长 $L = 5.0$ m,炮弹质量 $m = 0.30$ kg.导轨上的电流 I 的方向如图中箭头所示.可以认为,炮弹在轨道内运动时,它所在处磁场的磁感应强度为 $B = 2.0$ T,方向垂直于纸面向里.若炮弹出口速度为 $v = 2.0 \times 10^3$ m/s,求通过导轨的电流 I.忽略摩擦力与重力的影响.

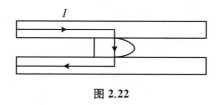

图 2.22

参考答案:6.0×10^4 A.

从 20 世纪 70 年代以来,对电磁炮的研究取得了突破性的进展.目前,电磁炮的射速已经可以达到海军炮舰的 3 倍,射程可达 160 km 以上.

电磁炮与普遍的火炮相比较,具有的优势是很明显的,主要表现为这样几个方面:电磁炮的推力大,加速时间长,炮弹的发射速度大;

---

* 这里的电磁炮原理和发射速度计算均取自 2011 年全国高考物理新课标卷试题.

2 守恒思想的科学意义

由于电磁力比较均匀和容易控制,炮弹的稳定性好;电磁炮发射时不产生火焰和烟雾,不产生冲击波,隐蔽性好;电磁炮可以快速调节电磁力的大小,从而使炮弹的能量也便于调节;电磁炮也比较经济,火炮产生每焦能量大约是电磁炮每焦能量的 100 倍.可以预料,电磁炮有着非常广阔的前景.

抽水蓄能电站

在电力系统中,如何调节用电平衡是一项非常重要和复杂的技术.通常,夜晚用电量少、出现低谷,白天用电量多、达到高峰.那么,能否把低谷时多余的电储存起来,补充给高峰时使用呢?

这个想法非常有意义,但是,直接储存"电"是很困难的,于是人们就设法通过能量的转换,间接地把"电"储存起来.抽水蓄能电站就在这样的指导思想下应运而生了.它的基本原理就是在用电低谷时(如深夜),电站利用电网多余的电能把水抽到高处蓄水池中,待到用电高峰时,再利用蓄水池中的水发电.即

$$电能 \xrightarrow{用电低峰时} 水的势能 \xrightarrow{用电高峰时} 电能$$

如图 2.23 所示,如果把蓄水池(上游水库)可视为长方体,设有效总库容量(可用于发电)为 V,蓄水后水位高出下游水面 H,发电过程中上游水库水位最大落差为 d. 统计资料表明,这样的一个电站年抽水用电为 2.4×10^8 kW·h,年发电量为 1.8×10^8 kW·h.* 设水的密度为 ρ,重力加速度为 g,以下游水平面为计算势能的参考平面,那么不难算出这个抽水蓄能电站能用于发电的水的最大重力势能为

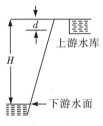

图 2.23　蓄水池

---

* 这里采用了 2006 年江苏省高考物理试题对抽水蓄能电站所作的简化处理方法及有关数据.

$$E_{\text{p}} = \rho V g \left(H - \frac{d}{2} \right)$$

电站的总效率为

$$\eta = \frac{1.8 \times 10^8}{2.4 \times 10^8} = 75\%$$

抽水蓄能电站虽然在国际上已经有100多年历史,但我国在20世纪60年代后期才开始研究开发,也称得上是一项新技术.起步虽晚,却由于后发效应,起点较高,也就是说,可以充分借鉴和运用最先进的技术.从20世纪90年代起,为了适应国民经济的快速发展,我国迎来了抽水蓄能电站建设的高潮,如今已成为新能源发展的一个重要组成部分.

由此可见,守恒思想真称得上是一件无价之宝,它可以指导人们从根本原理上去检验发明创造的合理性,启迪人们从不同事物的相互联系中打开思路,获得成功.

2.5 开发新能源

有句俗话:"天上不会掉下馅饼."能量也是不可能无中生有的.由于社会发展对能源需求的不断提高,能量转化和守恒思想必然会义不容辞地担当起指导开发新能源的任务.

(1) 能源与社会的关系

能源是人类赖以生存和发展的重要物质基础.当今社会的生产、生活都离不开能源.一旦能源"中断",整个社会秩序就乱了套.

2003年8月14日,美国东北部和加拿大部分地区曾发生过一次大面积的停电事故.一瞬间,核电站被迫关闭,工厂停止作业,机场暂停航行,道路交通信号灯全部熄灭,通信服务中断,成千上万的人们被困在地铁、电梯内……突如其来的电力中断已经使人们措手不及,如果其他能源也中断的话,造成社会生活的混乱不可想象.

2 守恒思想的科学意义

人类对能源的利用,从茹毛饮血的原始社会以来,很长一段时间主要依赖于柴薪,直到工业化开始转向了对煤炭的利用,二战后至今则主要是石油.目前,煤炭、石油、天然气就是人类消耗的主要能源.它们都是史前时期地壳变迁,经历了千万年后才形成的.这些能源都属于不可再生能源.随着人类文明的迅速发展和一段时间过分的贪婪,能源的消耗也以惊人的速度增长.按照目前世界能量消耗量以每年2.7%的增速增长,据估计,到21世纪后期将首先面临石油资源的枯竭.如图2.24所示.

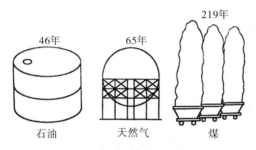

图 2.24 化石燃料估计使用年限

我国的能源情况同样不容乐观.由于人口众多,人均资源占有量不到世界平均水平的一半,而且优质能源资源(石油、天然气等)严重短缺,能源结构不合理,目前主要还是以煤为主,给环境和交通运输等都带来极大的压力.

因此,能源的现状与可持续发展的矛盾日益突出,如今世界各国都意识到地球已经向人类敲响了能源危机的警钟.所以,能源的开发、利用已经成为各国都得严肃面对的现实问题了.

(2) 丰富多彩的新能源

相对于常规的能源煤、石油、天然气,通常把核能、太阳能、氢能、风能(图2.25)、海洋能(包括潮汐能、波浪能、海水温差能等)、地热能、生物质能等能源统称为新能源.它们都有各自的优势和局限性.

图 2.25 风能的利用

例如:风能很廉价、方便,架设了风力发电机后就可以获得一定的电能.根据功-能的转换关系很容易算出通过截面积为 S、速度为 v 的风(设空气密度为 ρ),能够获得的最大电功率(风的动能全部转化为电能)为

$$P = \frac{W}{t} = \frac{E_k}{t} = \frac{\frac{1}{2}\rho S v t \cdot v^2}{t} = \frac{1}{2}\rho S v^3$$

以 $v = 20 \text{ m/s}, S = 20 \text{ m}^2, \rho = 1.3 \text{ kg/m}^3$ 代入,得

$$P \approx 1 \times 10^5 \text{ W}$$

这已经是一个很可观的数量了.我国的风能资源很丰富,据科学家估算,总储量为每年 1.6×10^9 kW.但风能不稳定,而且往往要受到地理条件的限制.

氢能就是利用氢气燃烧放出的能量(热量).氢的热值为 1.21×10^8 J/kg,是汽油热值的 2.8 倍.氢燃烧后生成水,对环境的污染极小.因此,氢能是前景非常广阔的新型能源.但是,目前获得氢的主要方法是电解水,需要消耗大量的能量,成本很高.因此,如何获得廉价的氢,就成了制约氢能发展的难题.

生物质能是太阳能以化学能储存在生物中的一种能量.人们运用各种技术可以将生物质转化为常规的固态、液态和气态燃料加以利用.例如,采用生物转化技术,可以将粪便等生物质通过沼气池发酵生成沼气使用.显然,这里也存在着收集、运输、储存以及占地面积大等一系列困境.

核能是重的原子核裂变和轻的原子核聚变时所放出的能量.自从 1942 年美国建成了世界上第一台可控核裂变反应堆,揭开人类利用核能的新篇章以来,经过半个多世纪的努力,世界上已有 40 多个国家,建成了 450 多座核电站投入使用.核电总量约占世界发电总量的 15% 以上.

目前核裂变的控制和利用技术已经比较成熟,对可控热核反应(聚变)还处于实验研究阶段.受到科学家比较一致青睐的实验装置称为"托卡马克"(Tokamak),这是一种利用强磁场约束等离子体的环流器.其主体是一个环状真空室,内部充以氘气或氘氚混合气,作为核燃料.当线圈内通电后,在环流器内感应出强电流,加热等离子体,同时形成一个螺旋状磁场将等离子体约束在环状真空室内,使它们相互碰撞发生聚变反应.

1984 年,由核工业部西南物理研究所历时 14 年设计制造了我国第一座受控热核聚变研究实验装置——中国环流器 1 号(HL-1).这是一台中型"托卡马克"装置(图 2.26),大环半径为 1.02 m,等离子体截面半径为 0.20 m,环流磁场场强为 5 T,等离子体电流为 400 kA.中国环流器 1 号的建成,标志着我国对受控热核反应的研究有了新的进展,为今后的实验研究奠定了良好的基础.

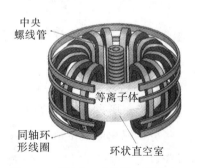

图 2.26 "托卡马克"的环状真空室

核能在短短几十年内迅速崛起的一个主要原因是释放的能量巨大.根据爱因斯坦质能方程很容易算出它们释放的能量相当于燃烧煤的质量数(取煤的热值 $q=2.9\times10^7$ J/kg):

$$1\ \text{kg 铀核完全裂变} \rightarrow 2.80\times10^6\ \text{kg 煤} = 2800\ \text{t 煤}$$

1 kg 的氘和氚全部聚变 → $1.16 \times 10^7 \text{ kg}$ 煤 = 11600 t 煤

因此，核能的明显优势是核燃料消耗少，相应的运输方便，获得的能量大，同时不会污染大气．不过它存在核废料处理比较麻烦的问题，有时还会让人们有核泄漏的担心．

此外，还有地热能、海洋能等也都是储存量很大的清洁能源，但它们不仅受地理条件的限制，目前在某些技术上也还有待进一步研究．

在形形色色的新能源中，目前已经具备了应用条件，并且可以被普遍采用、前景非常宽广的就是太阳能．

(3) 最宝贵的太阳能

太阳能的特点

太阳是人类最宝贵的能源．人们都把太阳看成宇宙万物的生命之源．人们也总是用最美好的语言描绘太阳、歌颂太阳．如今，当人类面临日益严重的能源危机之时，太阳正慷慨地向人们指引着一条光辉的康庄大道．

太阳能有着其他能源所无法可比的特点：

① 巨大．太阳是个巨大的天体，也是个巨大的能量宝库．据天文学家测算，太阳的直径约为 $1.39 \times 10^6 \text{ km}$，其体积相当于地球体积的 130 万倍，太阳的质量约为 $2 \times 10^{30} \text{ kg}$，中心温度高达 $2 \times 10^7 \text{ ℃}$，表面温度为 6000 ℃，太阳每分钟输出的能量可达 $2.35 \times 10^{28} \text{ J}$，其中到达地球大气层的能量大约只占其中的二十二亿分之一．因此，利用太阳能的前景非常宽广．

② 永久．太阳的寿命估计 100 亿年，如今还只度过半生光景．相对于人类仅几千年的发展史，太阳完全称得上是个"取之不尽、用之不竭"的能源．

③ 清洁．使用太阳能不像石油、天然气那样会产生严重的废气．

④ 安全.使用太阳能也不会像核电那样有着需要严格处理的废料.

⑤ 公允."阳光普照"历来是人们对太阳最好的评价.太阳能不像水能、风能、地热能、海洋能等那样受到地理条件和环境条件的限制,可以说,在地球上各处都有可以利用的条件.

为了直观地认识太阳能的巨大,可以做一个小实验估算太阳的辐射功率.取一个截面积 $S=3\times10^{-2}$ m² 的圆桶,桶内装有质量 $m=1$ kg 的水,让太阳光垂直照射 $t=15$ min,测得水温升高 $\Delta T=3.9$ ℃.设大气顶层的太阳光只有 $45\%(\eta)$ 到达地面.已知光线从太阳射到地球的时间 $t_0=500$ s,水的比热容 $c=4.2\times10^3$ J/(kg·℃).

桶内的水吸热为

$$Q=cm\Delta T=4.2\times10^3\times1\times3.9 \text{ J}=1.638\times10^4 \text{ J}$$

地面上 1 m² 面积、1 s 内吸热为

$$Q_1=\frac{Q}{St}=\frac{1.638\times10^4}{3\times10^{-2}\times15\times60} \text{ J/(m}^2\cdot\text{s)}=6.07\times10^2 \text{ J/(m}^2\cdot\text{s)}$$

太阳到地球的距离为

$$r=ct_0=3\times10^8\times500 \text{ m}=1.5\times10^{11} \text{ m}$$

设太阳总功率为 P,太阳辐射的全部能量可以认为分布在半径为 r 的球面上,因此由

$$Q_1=\frac{\eta P}{4\pi r^2}$$

得

$$P=\frac{4\pi r^2 Q_1}{\eta}=3.8\times10^{26} \text{ W}$$

太阳能的利用方式

目前,人们对太阳能的开发利用主要有三种方式:

一是直接利用太阳能加热.现在广泛使用的热管就是一种直接

图 2.27　太阳能热水器

利用太阳能的集热节能器件(图 2.27).它的基本结构是在外层玻璃管内装有一根可储水或空气的吸热管,两管之间抽成真空,就像平时使用的热水瓶.吸热管的表面涂以特殊的涂层,能有效地吸收太阳能并将它转化为内能,使管内的水或空气的温度升高,供生产和生活使用.用热管还可以构成太阳灶等装置.

对热管的研究历史并不长,当前还有许多技术问题亟待解决.例如,如何提高集热本领和保温效果,提高转换效率、增大功率,有效储存热量等.

二是把太阳能先转化为热能,再转化成电能,如太阳能电站.这是利用太阳能的一种典型方式,其基本结构如图 2.28 所示.

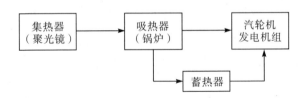

图 2.28　太阳能转化热能结构

实际应用中,为了更有效地汇集太阳能,通常需要安装许多块抛物面形状的聚光镜,并可以自动跟踪太阳光.如美国在 2014 年投入运行的、位于加州莫哈韦沙漠附近太阳能发电站——伊万帕(Ivanpah)太阳能发电站,用了 173500 块聚光镜,发电能力达到 1000 MW,是目前世界上最大的太阳能发电站,如图 2.29 所示.

太阳能发电站的不足之处,一是占地面积大,二是受天气和太阳照射情况的影响大.因此,有的科学家已经提出一个大胆的想法:把太阳能热电站建在太空中,人们正拭目以待.

三是把太阳能直接转化为电能,如光电池.它是一种特殊的半导体二极管,它的工作原理如图 2.30 所示.太阳光照射后,被光激活的电子(即吸收了光能的电子)从 N 区流出,经过外部电路回到 P 区,从而在外电路中形成电流(俗称光生伏特效应).虽然单个光电池提供的电流并不大,但如果将一组光电池连接起来,就可以提供非常大的电流.这样的电池组既可以向集中的电网供电,也可以直接向单个建筑或电气设备供电.因此,它对于那些很难与中央电网连接的边缘地区,在未来大规模的发电中特别具有竞争力.

图 2.29　位于美国加州的一座太阳能热电站

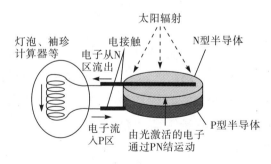

图 2.30　光电池的工作原理

在纯净的硅材料内掺入三价或五价元素,就可以形成空穴型(P 型)和电子型(N 型)两类不同导电方式的半导体.如果将空穴型半导体和电子型半导体做在一起,在它们接触的地方,会形成一个特殊的薄层,称为 PN 结.在结的一边聚集着电子(负电荷),另一边聚集着空穴(相当于正电荷),因此,PN 结就像一个电池.光电池就是利用了 PN 结的特性制成的.

2010 年 5 月 1 日到 10 月 31 日,在上海举办了第 41 届世博会(图 2.31),也是由中国举办的首届世博会.在以"城市,让生活更美好"的主题下,上海世博会(Expo 2010)以太阳能为代表的新能源技术得到大量的应用.主题馆屋面太阳能板面积达 3 万多平方米,是目前世界上最大单体面积的太阳能屋面.主题馆和中国馆年均可利用的光伏组件发电 284 万度,相当于上海 4500 多万居民一年的总用电量,每年可减少二氧化碳等气体和烟尘的排放量约 3500 t,相当于每年节约标准煤 1000 多吨.

图 2.31　上海世博会会徽

上海世博会对太阳能的利用除了发电外,还充分将其应用到景观设计和公共设施建设的细节中.世博会内设计有形态各异的太阳能景观灯、太阳能指示牌、太阳能喷泉、太阳能长廊、太阳能停车场和充电站、太阳能分类垃圾桶等,让人们随时随地体验到太阳能技术给生活带来的新变化.

3 守恒思想的教学功能

提出量子论的德国物理学家普朗克早在中学时代就对能量守恒定律着了迷,觉得它"宛如一个救世福音",是他所接触到的"第一个独立于人而绝对有效的定律".他记叙了在中学读书时物理老师讲的这样一则事例.大意是:泥瓦匠很吃力地把砖块一块块从地上搬到高处,他们没有白白做功,而是把能量一份份地贮存了起来,当砖块从高处落下时,这些砖块重又把原来贮存的能量一份份地释放出来了.据说,普朗克在提出量子论时曾得益于该事例的启发.

如果这则传闻确凿的话,那就称得上是守恒思想教学功能的一大奇葩了.

但不管怎样,守恒思想不仅有巨大的科学价值,它在中学物理教学中确实有着极为重要的指导意义.下面分六个方面加以说明.

3.1 帮助理解概念

如果把物理学比喻为一座知识大厦的话,那么,物理概念就是这座大厦的基石.对概念认识的深浅可以直接反映出对物理知识理解的程度.运用守恒思想,可以帮助我们从物理实质上加深对某些概念的理解,从而更好地掌握物理知识.我们用下面两个概念加以说明.

(1) 功的概念

定　　义

考察一下升旗、推车、起吊货物、用犁耕地等生活和生产实践中的现象,可以发现,它们都有两个共同的因素:有力的作用,并在力的作用下发生一段位移.为了概括这些现象,物理学上引进了机械功的概念.定义为"物体受力的作用,如果在力的方向上发生了一段位移,称为这个力对物体做了功".由此得出量度恒力做功大小的公式为

$$W = Fs\cos\alpha$$

式中,α 表示力 F 和位移 s 方向的夹角.这个公式可以理解为位移方向的分力($F\cos\alpha$)与位移(s)的乘积,或力(F)与力方向上的位移($s\cos\alpha$)的乘积,如图 3.1 所示.

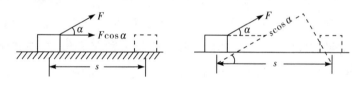

图 3.1

实　　质

上述关于机械功的说法和量度公式,其实并没有反映出做功的物理本质.如果我们也局限于表面的理解,分析某些具体问题时往往会产生谬误.

例如,汽车是依靠地面对主动轮(通常是后轮)的摩擦力为牵引力使汽车前进的,一些学生就认为,汽车在运动过程中,地面不断对汽车做功,于是得出了地球应不断消耗能量的结论.

这显然是荒唐的.车轮做纯滚动时,车轮与地面接触的部分就是地面对车轮产生摩擦力的作用点.当摩擦力作用在它们上面时,这些点相对地面是不动的,因此地面并没有做功.正像我们攀着竹竿往上

爬,竿对手的摩擦力并没有对人做功一样.

上面是从功的定义中对位移 s 的理解上说明的,许多学生难免感到困惑.*如果我们从能的转化实质上去说明就一清二楚了.汽车在前进过程中,燃料燃烧释放的化学能转变为发动机驱动主动轮的动能,通过摩擦力转化为汽车前进过程中克服阻力的功.所以,归根结底,是发动机做了功,是燃料燃烧释放出化学能的结果.正像我们攀竿而上,是肌肉消耗了能量的结果.

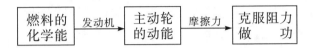

由此可见,功的概念与能量是紧密相关的.机械功是物体间以宏观位移方式所转移的能量的量度,这才是功的物理实质.

如图 3.2 所示,一块质量为 m 的物体,在合外力($F_合$)作用下沿力的方向发生位移 s 后,速度从 v_0 变为 v_t,由牛顿第二定律

$$F_合 = ma = m \frac{v_t^2 - v_0^2}{2s}$$

得

$$W = F_合 s = \frac{1}{2}mv_t^2 - \frac{1}{2}mv_0^2 = \Delta E_k$$

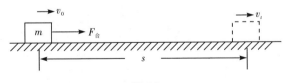

图 3.2

也就是说,合外力在位移过程中对物体作用的效果(消耗的机械功)

---

* 功的计算式 $W = F s \cos \alpha$ 中的 s,应该是力的作用点的位移,它与物体的位移不尽相同.

转化为物体动能的增量.它被称为动能定理.所谓功(确切地说是机械功)是力在位移过程中的积累作用,也是针对能的转化意义所说的.

|功的普遍含义|

机械功的概念只是功的概念的一部分,它仅仅反映了"力的使物体移动的特性".功的普遍意义可以表述为:功是能量变化的量度.因此,做功是能量传递和转化的一种方式,功就是被传递和转换的能量的量度.我们用常见的子弹打木块的例子很容易说明.

如图3.3所示,在光滑水平地面上,放有一块质量为 M 的木块,一颗质量为 m、以水平速度 v_0 飞行的子弹击中木块,当子弹进入木块的深度为 d 时,木块滑行了距离 s,两者共同速度为 v.设子弹与木块间的摩擦力为 f,则由动能定理

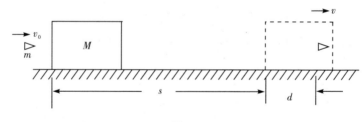

图 3.3

对木块

$$fs = \frac{1}{2}Mv^2$$

对子弹

$$-f(s+d) = \frac{1}{2}mv^2 - \frac{1}{2}mv_0^2$$

联立两式得

$$\frac{1}{2}mv_0^2 = \frac{1}{2}mv^2 + \frac{1}{2}Mv^2 + fd$$

或

3 守恒思想的教学功能

$$fd = \frac{1}{2}mv_0^2 - \left(\frac{1}{2}mv^2 + \frac{1}{2}Mv^2\right)$$

这就是说,在子弹深入木块的过程中,子弹克服木块摩擦力的功(即转化为热的这部分功),等于"子弹-木块"系统机械能的变化.掌握了这个物理实质,就可以直接从做功跟能量转化和传递上找出上面的关系:

| 子弹的初动能 | = | 子弹的末动能 | + | 木块的动能 | + | 子弹克服阻力的功 |

                                                        ↓
                                                       热能

或

| 子弹克服阻力的功 | = | 子弹的初动能 | − | 子弹的末动能 | − | 木块的动能 |

↓
热能

(2) 电动势

电源的非静电力

如果你有兴趣向周围的高中学生做一次测试:什么叫电动势? 也许会有 80% 以上的学生认为,电动势就是外电路开路时电源两极间的电压(路端电压).这些学生把电动势的简易测量方法当作了它的定义,显然是不正确的.

电动势是直流电路中最为重要、也较难理解的一个概念,只有从电源内部非静电力移动电荷时做功引起的能的转化上,才能透彻理解电动势的概念.

什么叫非静电力呢? 我们从电源的作用说起.如图 3.4 所示,虚线框内表示电源,A 板为正极,B 板为负极,它们分别积累了等量的正、负电荷,使得 A 板电势高于 B 板电势.接通外电路后,在电场力作用下 A 板上积聚的正电荷通过外电路流到 B 板*,与 B 板上的负电荷中和,A 板的电势会逐渐降低,B 板的电势会逐渐升高,最后当两板电势相等时,电路中也就停止了电荷的流动,电流随之消失.

为了在电路中得到持续的电流,必须设法将流到 B 板的正电荷"强行"从负电荷身边夺走,并把它送回 A 板,从而保持 A、B 两板间有恒定的电势差,外电路才可得到持续的电流(图 3.5).

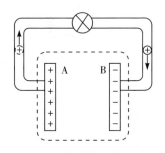

图 3.4　正电荷从 A 板流向 B 板,两板电势差降低

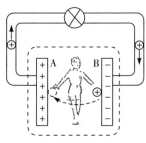

图 3.5　不断把流到 B 板的正电荷送回 A 板,就可保持 A、B 两板间有一定的电势差

这种把正、负电荷分开的力,不可能是静电力,只能是某种非静电性质的力.从这个意义上说,电源仿佛是一个勤劳的"运输工人",它依靠非静电力,在电源内部搬运电荷,从而在两极间建立稳定的电势差.

不同的电源,产生非静电力的方式不同.导线在磁场中做切割运动时,由磁场对运动电荷的作用力(洛仑兹力)作为非静电力;闭合电路中磁场发生变化时,由感应电场对电荷的作用力作为非静电力;图

---

* 金属导体中实际上移动的是自由电子,为便于说明,文中改用正电荷的运动代替电子的反向运动.

3.6中为温差电偶示意图,当使A、B两种不同金属的接触点处于不同的温度T和T_0时,热端和冷端之间会产生电势差,此时依靠热端和冷端的温度差产生对电子气的压强形成非静电力;化学电池(干电池或蓄电池)则依靠化学反应提供非静电力.

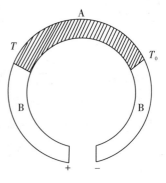

图 3.6　温差电偶

电动势的定义

非静电力在电源内部搬运电荷时需要做功,做功的结果是把其他形式的能量转化为电能.不同电源的非静电力,同样把1C正电荷从负极板搬到正极板做功的多少不同,表示它们转化为电能的多少不同,因而建立的电势差不同.这正像不同能力的人搬运同样一袋米,由于转化为米的重力势能不同,达到的高度不同一样(图 3.7).

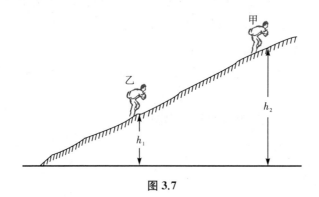

图 3.7

因此,从这个意义上说,电源就是一种能量转换装置.它依靠非静电力搬运电荷,把其他形式的能量转化为电能.

为了表征不同电源搬运电荷时的这种能的转换特征,于是引入电动势的概念.定义为:在电源内部从一极到另一极搬运电荷时非静

电力做的功($W_{非}$)与搬运电量(q)的比值.用公式表示为

$$E = \frac{W_{非}}{q}$$

数值上等于从一极到另一极搬运 1 C 电量的电荷时非静电力做的功,也等于外电路开路时电源两极间的电压.

由此可见,电源电动势反映了电源的能的转换特性,如果撇开能的转换,是无法真正理解电动势概念的.

揭示规律内涵

物理规律(定律、定理、公式、法则等)是以实验为基础、联系相关物理概念(物理量)的客观规律,它仿佛是物理知识大厦的骨架,由它构成了物理学的基本内容.其中有许多物理规律,可以看成是从守恒思想上衍生出来的.如从质量守恒衍生出流体动力学中的连续性方程、气体状态变化的分态式;从电量守恒衍生出基尔霍夫第一定律等.而从能量转化和守恒上衍生出来的规律更是遍及物理学的各个领域(参考 4.1 守恒定律的物理学地位).

对于物理学中这些从守恒思想上衍生出来的规律,也只有结合具体的守恒定律,才能深刻揭示出它们的物理内涵,领会它们的精髓所在.

下面,我们选择几条规律加以剖析.

(1) 连续性方程

流 体

经验告诉我们,河水在狭窄的河道流速大,在宽阔的河道流速小.这种流速差异实质上是质量守恒的反映.

假设流体不可压缩、无黏滞性*，并且做稳恒流动（即各处的流速不随时间变化），在流体中任取一细流管，设垂直于流管的截面 S_1 和 S_2 处的流速分别为 v_1 和 v_2，如图3.8所示。由于流体不可压缩，流动过程中位于截面 S_1 和 S_2 之间的流体体积和质量都应不变，因此在某段时间 t 内通过截面 S_1 流进这一区域的流体质量应等于同一时间内通过截面 S_2 流出的质量，即流量

$$Q = \rho v_1 t S_1 = \rho v_2 t S_2$$

由此得

$$\frac{v_1}{v_2} = \frac{S_2}{S_1}$$

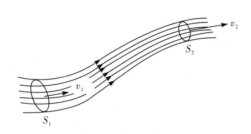

图3.8 流管

这就是说，理想流体在稳定流动时，通过流管的流速与流管的截面积成反比。这个关系称为流体的连续性方程。根据连续性方程，河道不同截面处流速不同是一目了然的。

电　荷

如果在管道中流动的是带电的质点（如自由电子），就形成了电流。如图3.9所示的电路，有四个分支点 A、B、C、D（三条或三条以上通电导线交会的点称分支点或节点），则对任一节点来说，某段时间

---

* 液体的压缩性很小，如水，每增加 1 atm，体积减小仅为原来的 $\frac{1}{20000}$。流体各层间相对运动时的摩擦作用即为黏滞性。忽略压缩性和黏滞性的流体称为理想流体。

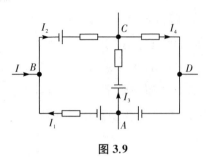

图 3.9

内流入节点的自由电子数必等于同一时间内流出节点的自由电子数(否则将造成自由电子在电路某处的堆积和中断).从电流的意义上说,就是任一节点处,流向节点的电流之和等于流出节点的电流之和.如对图中 B、C 两节点,可得关系式

$$I + I_1 = I_2, \quad I_2 + I_3 = I_4$$

或

$$I + I_1 - I_2 = 0, \quad I_2 + I_3 - I_4 = 0$$

这个规律就是电流的连续性方程,也称为基尔霍夫第一定律.它的一般形式常写成

$$\sum I = 0$$

显然,它就是质量守恒或电量守恒在电路中的反映.把握住这个实质后,也就不必为电路计算中流进或流出节点电流的正、负号规定所牵制,并且可以从守恒的意义上统一流体的连续性方程和电流的连续性方程.

(2) 伯努利方程

吹不落的小球

我们先做一个有趣的小实验:取一个化学实验中常用的玻璃漏斗,漏斗口朝下,如果要求把一个乒乓球放在这个漏斗口,那是任何人都办不到的.倘若你使劲从漏斗管口向下吹气(图 3.10),奇迹出现了——乒乓球非但不被吹落,反而会稳稳地悬空在漏斗口.

图 3.10 吹不落的球

这个实验的道理,需要用伯努利方程去解释.

伯努利方程

伯努利方程是流体动力学的一条基本规律,它指出了理想流体做稳定流动时的速度、高度和压强三者间的关系.如图 3.11 所示,取理想流体稳定流动中某一流管,设截面 S_1、S_2 处的流速分别为 v_1、v_2,压强分别为 p_1、p_2,对参考平面的高度分别为 h_1、h_2,可以证明*

$$\frac{1}{2}\rho v_1^2 + \rho g h_1 + p_1 = \frac{1}{2}\rho v_2^2 + \rho g h_2 + p_2$$

即

$$\frac{1}{2}\rho v^2 + \rho g h + p = 恒量$$

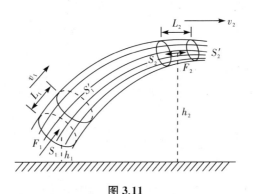

图 3.11

上面的两个关系式都称为伯努利方程.这是瑞士数学、力学家伯努利(D. Bernoulli)首先得出的.

实质与应用

方程中的 ρ 为流体的密度,因此 $\frac{1}{2}\rho v^2$ 表示单位体积流体的动能,$\rho g h$ 表示单位体积流体相对参考平面的势能.当体积 V 为 1 个单

---

* 具体证明参阅本丛书《图示与图像》一册.

位时,压强 $p=pV=pSvt$,它同样具有能量的量纲(单位),可以看成是体积为 V 的流体在压强 p 时所具有的一种与流体的弹性有关的能量.所以,伯努利方程说明了在稳定流动中,理想流体单位体积的动能、势能和压强能的总和保持不变.它就是能的转化与守恒在流体动力学中的具体反映.抓住这个物理实质,一旦忘记原始公式,也可以对伯努利方程作灵活变通的应用.

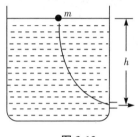

图 3.12

图 3.12 为一广口容器,靠近底部的侧壁有一小孔,容器中水面离小孔深 h.为求从小孔喷出水流的速度,可从液面取质量为 m 的水质点,假设它从水面降落至小孔喷出,由能的守恒和转化方程:

$$mgh = \frac{1}{2}mv^2$$

直接可得小孔处流速为 $v = \sqrt{2gh}$.

这个结果跟应用伯努利方程:

$$\frac{1}{2}\rho v_1^2 + \rho g h_1 + p_1 = \frac{1}{2}\rho v_2^2 + \rho g h_2 + p_2$$

当式中 $p_1 = p_2 = p_0$(大气压), $h_1 = h$, $h_2 = 0$, $v_1 = 0$(容器内液面缓慢下降的速度可忽略),所得的结果 $v = \sqrt{2gh}$ 一致.

对于水平流动或忽略高度变化时,伯努利方程变为

$$\frac{1}{2}\rho v^2 + p = 恒量$$

从而得出流速大处压强小、流速小处压强大的关系.

在如图 3.10 所示的实验中,释手后,球在重力作用下会下落.由于吹气,气流流过管颈处截面小,流速大,气体的压强小;气流流过球下部时截面骤增,流速小,气体的压强大(图 3.13).于是形成了由下向上的压力,由它平衡重力,所以球能悬空在漏斗口,越是使劲吹,越

不会下落.

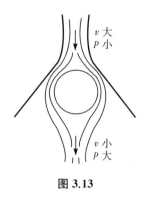

图 3.13

(3) 热力学第一定律

物理实质

热力学第一定律表示了热量(Q)、功(W)和内能变化(ΔE)之间的关系,它的表达式是

$$\Delta E = W + Q$$

通常对式中各物理量正负号的规定如表 3.1 所示.

表 3.1

	+	−
W	外界对物体做功	物体对外界做功
Q	物体从外界吸收热量	物体向外界放出热量
ΔE	物体的内能增加	物体的内能减少

一些学生往往由于记错了各物理量的正、负号规定,造成计算中的失误.其实,热力学第一定律的实质就是包括内能在内的能量转化和守恒定律.把握住这个实质,可以由能量转化关系对系统的"收入、支出"分析,直接找出三个量的关系,完全不必拘泥于公式的形成和符号法则.

应用说明

例如,一定质量理想气体由状态 A_1 变化到状态 B_1,从外界吸收热量 Q_1,外界对气体做功 W_1,在这个过程中气体只有"收入",没有"支出",根据能的转化和守恒,气体内能的净增值为

$$\Delta E_1 = E_{B1} - E_{A1} = Q_1 + W_1$$

这种情况可形象地表示出来,如图 3.14(a) 所示.

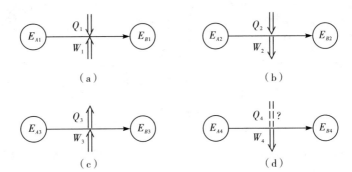

图 3.14 内能变化与做功、吸(放)热的关系

如果在某个过程中,气体从外界吸热 Q_2,对外界做功 W_2,如图 3.14(b) 所示.气体内能的变化为"收入"与"支出"之差,即

$$\Delta E_2 = E_{B2} - E_{A2} = Q_2 - W_2$$

若 $Q_2 > W_2$("收入"大于"支出"),则 $\Delta E_2 > 0$(内能增加);若 $Q_2 < W_2$("收入"小于"支出"),则 $\Delta E_2 < 0$(内能减少).

同样,如果气体接受外界的功 W_3,对外界放热 Q_3,如图 3.14(c) 所示.气体内能的变化也由"收入"与"支出"的差决定,即

$$\Delta E_3 = E_{B3} - E_{A3} = W_3 - Q_3$$

若 $W_3 > Q_3$,则 $\Delta E_3 > 0$,内能增加;若 $W_3 < Q_3$,则 $\Delta E_3 < 0$,内能减小.

如果发生内能变化 $\Delta E_4 = E_{B4} - E_{A4}$ 时对外界做了功 W_4[图 3.14(d)],那么气体是放热还是吸热呢?从"收支"所引起的变化很

容易判知:

若内能增加($E_{B4} > E_{A4}$),则必然吸热.因为既增加自身内能,又付出了功,只有依靠吸热,且吸收的热量应为

$$Q_4 = \Delta E_4 + W_4 = (E_{B4} - E_{A4}) + W_4$$

若内能减少($E_{B4} < E_{A4}$),则可能有三种情况:

① $\Delta E_4 = E_{B4} - E_{A4} = W_4$,即气体依靠自身内能的减少,恰好转化为对外界做的功,不需吸热,也无多余的热量放出,$Q_4 = 0$.

② $\Delta E_4 = E_{B4} - E_{A4} > W_4$,即气体自身内能的减少中只需用一部分转化为对外界做的功,其余部分便转化为热量放出,放出的热量为

$$Q_4 = \Delta E_4 - W_4 = (E_{B4} - E_{A4}) - W_4$$

③ $\Delta E_4 = E_{B4} - E_{A4} < W_4$,即气体用降低自身的内能还不足以支付对外界做的功,气体必须从外界吸热,吸收的热量为

$$Q_4 = W_4 - \Delta E_4 = W_4 - (E_{B4} - E_{A4})$$

由此可见,只要把握住热力学第一定律的能量转化和守恒的实质,完全可以不管符号法则,公式的形式也可灵活改变.*

(4)法拉第电磁感应定律

切割公式的能量意义

如图 3.15 所示,磁感应强度为 B 的匀强磁场中放置一个光滑的金属框架,上面垂直放置一根长 l 的金属导线 MN.当 MN 沿框架以速度 v 匀速向右滑动时,因切割磁感线在导线中产生感应电流,其方向从 N 流向 M.同时导线将受到一个向左的磁

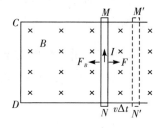

图 3.15

---

* 大学物理中,常把热力学第一定律写成 $Q = \Delta E + W$.

场力(安培力)F,且

$$F_B = BIl$$

为了维持导线匀速右滑,作用在 MN 上的外力 F 必须与 F_B 大小相等、方向相反,即

$$F = |F_B| = BIl$$

外力 F 在时间 t 内使导线 MN 向右移动的距离 $d = v\Delta t$,在这段时间内外力对导线做的机械功(即消耗的机械能)为

$$W = Fd = BIlv\Delta t$$

设导线 MN 匀速切割磁感线时在回路中产生的感应电动势为 E,则在时间 t 内感应电流的电能为

$$W_电 = EIt$$

根据能的转化与守恒定律,应有关系式

$$W = W_电$$

即

$$BIlvt = EIt$$

得

$$E = Blv$$

这就是匀强磁场中的导线,以速度 v 垂直切割磁感线时产生感应电动势的计算公式.

普遍公式

从磁通量变化的意义来看,导线从原来位置右移一段距离 $v\Delta t$ 后,由导线和框架组成的闭合回路内的磁通量发生了变化,其大小为

$$\Delta\varphi = B\Delta S = Blv\Delta t$$

磁通量的变化率为

$$\frac{\Delta\varphi}{\Delta t} = \frac{Blv\Delta t}{\Delta t} = Blv$$

这样就得到了法拉第电磁感应定律的普遍表达式,即

$$E = \frac{\Delta\varphi}{\Delta t} \quad \text{或} \quad E = n\frac{\Delta\varphi}{\Delta t}^*$$

由此可见,法拉第电磁感应定律,实质上就是能的转化和守恒定律在电磁现象中的体现.法拉第(M. Faraday,英国)发现的电磁感应现象和他所建立的电磁感应定律的伟大意义在于实现了获得电能的方法——使导线运动(平动或转动),切割磁感线,就可实现机械能与电能的转化.

如果说,普罗米修斯把火种带到了人间**,人类从此有了光明和温暖,那么,法拉第则把人们带进了电的时代,使人们的生活变得更加绚丽多彩.

(5) 楞次定律

不顺口的定律

在电磁感应现象中,判断感应电流方向的普遍法则是楞次定律:感应电流的方向,总是使它的磁场要阻碍引起感应电流的磁通量的变化.由于这条定律要求先找出感应电流的磁场方向,然后确定感应电流的方向,初学者常会感到不习惯,读起来也觉得不那么顺口,从而使许多初学者形成"感情上的抵触",不能很快就接受.

把握能的转化与守恒实质

实际上,并不需要把楞次定律像《圣经》一样去背诵,我们只需要从能的转化和守恒上去理解,就显得非常顺理成章了.

如图3.16所示,当条形磁铁靠近闭合线圈时,通过闭合线圈的磁通量发生了变化,闭合线圈中产生了感应电流.它的方向只有两种可能,如图3.16(a)、(b)所示.

---

* 考虑到楞次定律的结果,应表示为 $E = -\frac{\Delta\varphi}{\Delta t}$ 或 $E = -n\frac{\Delta\varphi}{\Delta t}$.

** 古希腊神话.

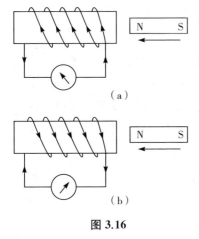

图 3.16

如果感应电流方向如图 3.16(a) 所示,感应电流的磁场使闭合线圈的右端呈现 S 极.它将吸引磁铁向它靠拢,也就是说,不需用外力推进磁铁做功,不需要消耗其他任何形式的能量,就能在闭合线圈中获得电能.这显然是违背能的转化和守恒规律的.可见,闭合线圈中的电流方向只能如图 3.16(b) 所示,感应电流的磁场使闭合线圈的右端呈现 N 极,它反抗条形磁铁 N 极的靠近,即阻碍线圈中磁通量的增加.因此,只有用外力反抗感应电流磁场的这种作用,不断消耗其他形式的能做功,才能在闭合线圈中获得电能.这才符合能的转化和守恒定律.

所以,楞次定律实质上是用能的转化和守恒思想判定感应电流方向的一种表述形式.深刻理解了定律中"阻碍"的这个实质,就不会感到楞次定律的"别扭",并且可以非常轻松地运用楞次定律,判断感应电流方向时也就不容易发生错误了.

例如,如图 3.17 所示,ab 是一个可绕垂直于纸面的轴 O 转动的闭合矩形导线框,当滑动变阻器 R 的滑片 P 自左向右滑动时,线框 ab 将( ).

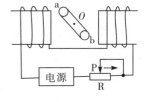

图 3.17

A. 保持静止不动

B. 逆时针转动

C. 顺时针转动

D. 发生转动,但因电源极性不明,无法确定转动方向

一些同学被题中电源极性不明所困惑,于是分别假设电源左端为正或右端为正,费了很大周折.其实,只要根据楞次定律"阻碍引起

感应电流的磁场的变化"这个实质,很容易判断:变阻器的滑片右移 → 接入的电阻增大 → 通过线圈的电流减小 → 穿过导线框的磁通减小 → 导线框必须顺时针转动,利用增大垂直磁场方向的有效面积,才能阻碍穿过它的磁通量减小.所以正确的是 C.

下面的两个问题完全可以从楞次定律"阻碍"的物理实质出发,无需先找出感应电流的方向,可作为对楞次定律实质理解的检验,不妨试试.

练习题

(1)(2010 海南)金属环水平固定放置,现将一竖直的条形磁铁,在圆环上方沿轴线从静止开始释放,在条形磁铁穿过圆环的过程中,条形磁铁与圆环( ).

    A. 始终相互吸引   B. 始终相互排斥
    C. 先相互吸引,后相互排斥   D. 先相互排斥,后相互吸引

(2)(2010 上海)如图 3.18 所示,金属环 A 用轻绳悬挂,与长直螺线管共轴,并位于其左侧.若变阻器滑片 P 向左移动,则金属环 A 将向 _____(填"左"或"右")运动,并有 _____(填"收缩"或"扩张")趋势.

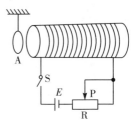

图 3.18

参考答案:(1) D;(2) 左,收缩.

(6) 变压器公式

变压器是一种常用的电器设备.它的两个基本公式——原、副线圈之间的电压比与电流比和原、副线圈匝数比之间的关系,同样可从能的转化和守恒关系上推导出来,并且,也只有从能的转化和守恒上,才能深刻认识这两个公式的适用条件及其近似特性.

图 3.19 为变压器的示意图.用 n_1、r_1、I_1、U_1 分别表示原线圈的匝数、线圈电阻以及输入交流电流、电压的有效值,用 n_2、r_2、I_2、U_2 分

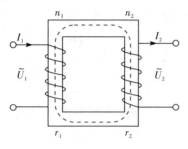

图 3.19 变压器

别表示副线圈的相应量.

对原线圈,根据能的转化和守恒,有关系式

$$I_1U_1 = I_1E_1 + I_1^2 r_1$$

它表示了每秒输入的交流电能(即电功率)转化为产生感应电动势(E_1)的电能和线圈中的焦耳热能.它相当于电动机电路,由此得

$$U_1 = E_1 + I_1 r_1 \quad \text{或} \quad E_1 = U_1 - I_1 r_1$$

对副线圈,它相当于发电机电路,设感应电动势为 E_2,根据能的转化和守恒有关系式

$$I_2 E_2 = I_2 U_2 + I_2^2 r_2$$

由此得

$$E_2 = U_2 + I_2 r_2 \quad \text{或} \quad U_2 = E_2 - I_2 r_2$$

因为铁芯中的交变磁通同样穿过每一匝原、副线圈,根据法拉第电磁感应定律 $E = n\dfrac{\Delta \varphi}{\Delta t}$,所以

$$\frac{E_1}{E_2} = \frac{n_1}{n_2} \quad \text{或} \quad \frac{U_1 - I_1 r_1}{U_2 + I_2 r_2} = \frac{n_1}{n_2}$$

当不计线圈电阻时($r_1 = r_2 = 0$),才得出原、副线圈电压与其匝数成正比的关系式,即

$$\frac{U_1}{U_2} = \frac{n_1}{n_2}$$

同样道理,也只有当不计变压器工作中的各项损失*(这样的变压器称为理想变压器),并认为原、副线圈电压与电流之间相位差相

---

* 线圈通电后的发热损失,称铜损;铁芯中因产生涡流引起的损失和铁芯反复磁化时产生的磁滞现象引起的损失,称为铁损.

同时,由能的转化和守恒得

$$I_1U_1\cos\theta = I_2U_2\cos\theta$$

才能得出原、副线圈电流强度与其匝数成反比的关系,即

$$\frac{I_1}{I_2}=\frac{U_2}{U_1}=\frac{n_2}{n_1}$$

因此,变压器的两个基本公式:

$$\frac{U_1}{U_2}=\frac{n_1}{n_2}, \quad \frac{I_1}{I_2}=\frac{n_2}{n_1}$$

仅适用于理想变压器.而对于多绕组的理想变压器(图 3.20),任何两个线圈之间电压比的关系式仍然成立,原、副线圈之间电流的关系,必须从能的守恒关系上去确定,即

$$U_1I_1 = U_2I_2 + U_3I_3 + \cdots$$

原、副线圈电流之间已不再有简单的比例关系.

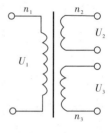

图 3.20

如果认识清楚了变压器的原、副线圈依靠磁通联系在一起,变压器公式都是建立在能的转化和守恒基础上的,那么当看到不同于常见的"口"字形铁芯变压器时,也就能够得心应手地处理了.

练习题

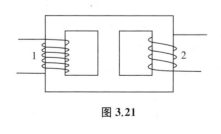

图 3.21

如图 3.21 中所示为"日"字形铁芯变压器,两侧线圈 1、2 的匝数比为 $n_1:n_2=2:1$.当通以交流电时,每个线圈产生的磁通量都只有一半通过另一个线圈.那么在不接负载的情况下,试问:

(1) 当线圈 1 输入电压 220 V 时,线圈 2 输出电压为 _____;

(2) 当线圈 2 输入电压 110 V 时,线圈 1 输出电压为 _____.

参考答案:(1) 55 V;(2) 110 V.

(7) 远距离输电

在远距离高压输电中,一些同学常有疑问:输电线电阻一定时,根据欧姆定律,升高电压后电流增大,输电线上的损失应该增大,为什么说采用高压输电后可以减小输电线的损失呢?

这是学习远距离高压输电时经常会发生的问题.其原因是这些同学混淆了不同部分的电压,疏忽了欧姆定律中的电压、电流和电阻这三个物理量都必须针对同一个导体而言.

应该注意,在远距离输电中采用"高压输电",指的是升高输送电压,也就是升高输送端两根电线之间的电压,从而达到降低输电电流,减少输电损失的目的.因此,对每根输电线而言,由于通过的电流减小,其两端的电压降低而不是升高,这正是欧姆定律的结果.

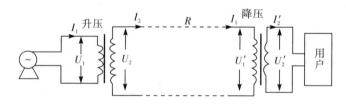

图 3.22 远距离输电原理图

根据能的转化和守恒,可以对远距离输电有更深刻的理解.如图 3.22 所示.发电机输出的电压和电流可以认为等于升压变压器原线圈的电压和电流,分别设为 U_1 和 I_1,升压变压器副线圈的电压和电流,分别设为 U_2 和 I_2,理想变压器没有各项功率损耗,升压变压器原线圈的输入功率等于其副线圈的输出功率,即

$$P_1 = P_2 \quad 或 \quad U_1 I_1 = U_2 I_2$$

这里的 U_2 是副线圈输出端两根输电线之间的电压,I_2 就是通过输电线的电流.采用高压输电,就是升高 U_2,当输电功率一定时,就可

以降低 I_2(即降低通过输电线的电流).

副线圈输出的功率分配到两部分:一部分是输电线上损失的功率 $P_{线}$,另一部分是降压变压器原线圈的输入功率 P'_1,即
$$U_2 I_2 = P_{线} + P'_1$$
式中
$$P_{线} = I_{线}^2 R_{线} = I_2^2 R_{线}$$
因此,降压变压器得到的功率为
$$P'_1 = U_2 I_2 - I_{线}^2 R_{线} = U_2 I_2 - I_2^2 R_{线}$$
可见,降低了输电电流 I_2(即 $I_{线}$),就可以使降压变压器得到更多的功率.

在研究远距离输电的问题中,由于涉及几个不同部分的电压、电流,常常容易混淆,画出如图 3.22 这样的示意图并标出相应的物理量会有很大的好处.

3.3 解释物理现象

守恒思想不仅在科学研究上常被用来解释许多新现象的原因,在中学物理教学中,运用守恒思想,也往往可以对许多物理现象(包括周围环境中的现象)作出简捷、圆满的解释.尤其是当理论计算很繁复或难以用理论作严密的计算时,这种解释更易显出它独特的魅力.

(1) 不停车自动加水

早期,以蒸汽为动力的燃煤列车中的用水,通常是利用到站停车时补充的.一些物理书中介绍一种列车不停车的自动加水法.如图 3.23 所示,用一根弯成直角的管子,在列车行进中把这根管子浸到沿着轨道设置的水槽

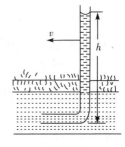

图 3.23

里,水就可升到一定高度给列车自动添加.

这个装置的道理就是机械能守恒.由于列车的运动(设速度为 v),进入管子水平部分中质量为 m 的水得到相对管子的速度也为 v,它所具有的功能 $E_k = \frac{1}{2}mv^2$.这些动能后来转变为进入竖直部分时的势能 $E_p = mgh$.由机械能守恒定律

$$\frac{1}{2}mv^2 = mgh$$

得

$$h = \frac{v^2}{2g}$$

如果列车的速度 $v = 36$ km/h $= 10$ m/s,理论上在竖直管中的水可上升高度约为 5 m.

(2) "猫旋"和运动员的旋空翻

人们从实践中看到,猫无论以什么姿态不慎从高处跌下时,总能保证先用它的脚着地而不致受到损伤.这个现象称为"猫旋",很早就引起科学家浓厚的兴趣.1894 年,法国科学家马雷(Marey)首次用高速摄影机拍摄了猫的下落过程,发现仅需 $\frac{1}{8}$ s 猫就可以在空中从四脚朝天完成转体动作,进而平安着地.

从物理学原理来说,猫下落过程中,只受到重力的作用(阻力可以忽略不计),它对于通过猫重心的水平轴的力矩恒为零,因此猫下落过程中对通过水平轴的动量矩守恒.

当猫处于四脚朝天、背部对着地面下落时,机灵的猫咪意识到背部着地时的危险非同小可,立即本能地扭转它那特殊结构的脊椎,让它同时朝两个不同的方向转动——当猫的前半身旋转 180° 时,就能使猫的后半身产生一个大小相等、方向相反的动量矩,从而使猫的整个身体翻转过来,获得背部朝上、四脚着地的姿势(图 3.24).

可爱的小猫咪不会懂得动量矩守恒定律.它只是在长期的生存斗争环境中,通过不断地进化,形成了得天独厚的脊椎结构,使它能够自如地根据动量矩守恒定律用"猫旋"保护自己的安全.人们不禁惊叹小猫咪的"天资".

图 3.24 猫下跌时通过扭转脊椎的方法使身体反向旋转

现在的跳水、体操、花样滑冰、绷床等比赛项目中常常会看到的高难动作"旋空翻"——在绕身体横轴(自左至右)旋转的同时,又绕身体的纵轴(自头至脚)旋转,就是受到"猫旋"的启示而移植过来的.

关于"猫旋"的研究

"猫旋"的原理是十分显然的,曾经困扰物理学家的是:猫在空中受到的重力通过重心,那么它怎样才能获得使躯体旋转所需要的角动量呢?为此,作为一个有趣的课题,科学家进行了多年的研究,其间形成了几种不同的理论.

① 收缩伸展论——这是19世纪末法国科学家古龙提出的.他认为猫下落时先收缩前肢,伸开后肢,并转动前半身,然后伸开前肢,收缩后肢并转动后半身.这个理论在力学原理上是行得通的,但并不符合猫下落时的实际情景,因此很快就被人们放弃了.

② 转尾巴论——这是苏联的洛强斯基(Loytsiansky)教授提出的.他在所著的《理论力学》教材中写道:"只要急速转动尾巴,猫就能使身体朝相反方向翻转,而动量矩仍保持为零".这个理论在很长时期内一直被作为讲述动量矩守恒定律的一个有趣例证.其实,仔细分析一下应该可以看出其不合理性了——因为猫尾巴的质量与其躯

体相比非常悬殊,如果要求两者产生同样大小的动量矩,猫的尾巴得转上很多圈,显然是不可能的.1960 年,英国医生麦克唐纳(McDonald)成功地完成了无尾巴猫也能实现"猫旋"的实验,对"转尾巴论"从根本上给予了否定.

③ 弯脊椎理论——这是上世纪 60 年代后期,美国斯坦福大学的力学教授凯恩(Kane)提出的.他在前人提出的"猫下落过程中依靠脊椎的弯曲使前半身相对后半身做圆锥运动"的基础上,用两个圆柱形刚体代表猫的前后半身,建立了一个力学模型.通过数值计算表明,当两个圆柱体之间做圆锥运动时,整体的翻转过程与实验记录基本符合.至此,"猫旋"之谜可以认为基本上已得到了满意的解决.

后来,美国科学家发现,猫眼和猫的内耳机制,都会对"猫旋"产生一定的影响.这样,又从生理学上对"猫旋"原理进行了补充.看来,一个生物体远远比一台最精致的机器微妙!

(3) 电容放电的"能量亏损"

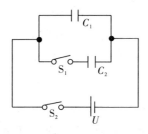

图 3.25 截止电压与频率的关系

如图 3.25 所示电路,先合上电键 S_2、断开 S_1 时,对电容 C_1 充电.由静电学知识知道,达到稳定状态后,C_1 两端电压等于 U,储存的电场能为

$$E = \frac{1}{2}C_1U^2$$

如果再断开 S_2,合上 S_1,则电容器 C_1 对 C_2 放电,达到稳定状态时两者电压相等,相当于两电容器并联,电压值为

$$U' = \frac{Q}{C_1+C_2} = \frac{C_1U}{C_1+C_2} *$$

---

* 电容量为 C_1、C_2 的两个电容器并联后的总电容为 C_1+C_2.

此时两电容器储存的电场能之和为

$$E' = \frac{1}{2}C_1 U'^2 + \frac{1}{2}C_2 U'^2 = \frac{1}{2}(C_1+C_2)U'^2$$

$$= \frac{1}{2}\frac{C_1^2 U^2}{C_1+C_2} = \frac{C_1}{C_1+C_2} \cdot \frac{1}{2}C_1 U^2$$

$$= \frac{C_1}{C_1+C_2}E$$

显然 $E' < E$.

怎么会产生这种不符合能量守恒的结果呢？一时确实会使不少学生感到困惑."解铃还需系铃人",表面上的这种不符合能量守恒的结果,还得从能的转化上去查找原因.

原来,在放电过程中有了能量的损耗:一是短暂的放电电流通过导线时,产生焦耳热,造成一部分电场能转化为导线的内能;二是放电过程中由于在周围空间形成变化的电磁场,造成一部分电场能辐射出去了.

所以,以能的转化和守恒思想就可以圆满解释电容放电中的"能量亏损".

(4) 断电自感中的光能来源

图 3.26 是中学物理教学中常见的断电自感演示仪的电原理图.合上电键S,小灯D能正常发光.当突然打开S时,小灯还会延续发光一段时间才熄灭.也许有的学生会想:既然已切断了电源,小灯继续发光的能量来自何处呢？

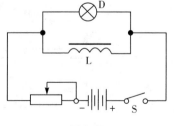

图 3.26

原来,当合上S时,通过线圈的电流从无到有地在增加,线圈中的磁通量也在增加,线圈中产生自感电动势阻碍电流的增加.此时线圈呈现的极性如图 3.27(a) 所示,这种情况相似于电源对蓄电池充电,如图 3.27(b) 所示,线圈在吸收电能.所以合上 S 时,电源提供的电能一部分转化为小灯 D 的热能(转化为光能),另一部分转化为线圈的磁场能,贮藏在线圈内、外的空间.

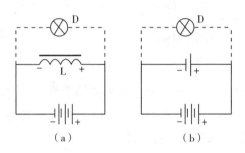

图 3.27

电路断开的瞬间,线圈中的电流从有到无在减小,线圈中的磁通量也在减小.这时线圈中产生自感电动势的极性如图 3.28(a) 所示,相当于蓄电池的放电[图 3.28(b)].此时线圈在释放能量——把线圈中原来贮藏的磁场能重新转化为电能对小灯供电,因而小灯能继续发光一段时间.必须注意,电键 S 断开前后通过小灯 D 的电流方向是不同的 —— 电键 S 断开前,由电源对小灯供电,电流从右 → 左通过小灯;电键 S 断开后,由线圈 L 对小灯供电,电流从左 → 右通过小灯.

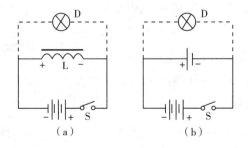

图 3.28

由此可见,自感现象实质上是电能和磁场能互相转化的过程.

(5) 高山顶上的气温

一位同学去泰山旅游,凌晨观看日出时接到通知说,要求大家去借棉衣.这顿然引发他产生一个问题:山顶离太阳比地面近,而且白天阳光温暖了大地,地面辐射又对地面附近的空气加热,形成暖气团升往高空,似乎山顶上的气温应该比地面的高,为什么实际情况恰好相反呢?

这位同学善于思考和提出问题的精神很可贵,而且这个问题也很有意义.实际上,大气的温度并非是由于太阳通过大气被直接"晒热"的,而是由地面的热辐射所控制的.也就是说,太阳先晒热地面,通过地面释放热量使空气变得温暖起来.地面附近空气稠密,高空的空气稀薄,所以地面的辐射主要被附近的空气所吸收,离开地面越高的地方,得到地面反馈的热量越少,温度自然就低了.

如果从上升的气团来说,它在地面附近受热膨胀、密度变小,在逐渐上升的过程中,如果忽略其边缘部分和外界空气的热交换,那么由于上升过程中体积的膨胀,不断推开周围空气做功,根据热力学第一定律,其结果必然使气团的内能减小,气团的温度降低.气象学上的研究指出,平均每升高 100 m,气温要降低 0.6 ℃,称作"垂直递减率".

所以,越高的地方,空气的温度越低,山顶自然就比山下冷了.

(6) 减速剂的选择

在原子反应堆里用的燃料是天然铀或浓缩铀.天然铀中 99.3% 是铀 238(^{238}U),0.7% 是铀 235(^{235}U).我们知道,当一个铀 235 的核受到中子轰击发生裂变时,同时放出 1~3 个中子.这些中子又可击轰击其他铀 235 核,实现所谓链式反应.但铀 235 裂变时产生的中子速度很大(称快中子),它容易被铀 238 俘获而中止裂变.铀 235 却只能吸收速度较小的中子(称慢中子).为了使核反应继续下去,必须设法

使得从铀 235 裂变时放出的快中子减速,以便于让铀 235 吸收.为此,在原子反应堆中的铀棒周围需放置减速剂.

选用什么物质做减速剂最为合适呢?显然,除了这种物质不吸收或很少吸收中子外,还必须能最有效地降低中子的速度.物理学家根据由动量守恒和动能守恒得出的碰撞规律领悟到,应选择质量数与中子相接近的物质.因此,氢的同位素——氘最受青睐.氘和氧化合的水叫重水(天然水中的重水含量约为 $\frac{1}{5000}$),所以目前常用重水做减速剂,它比石墨的效果更好.

(7) 太阳能之谜

太阳是人类最大的能源.它慷慨、无私地把温暖和光明洒向人间.千万年来,它的热情、它的光辉未见有丝毫的减弱.那么,如此巨大和持久的太阳能来自何方?

最初,人们曾设想太阳是一只大煤炉,靠煤的燃烧释放的化学能维持它的光和热.可是太阳表面温度达到 6000 多摄氏度,由碳和氧的化合反应($C + O_2 \rightarrow CO_2$)很难达到这样的高温,也很难持久地保持如此巨大的辐射功率(太阳辐射功率 $P = 3.9 \times 10^{28}$ W).

19 世纪末以来物理学取得了理论和实验上的重大进展,笼罩住太阳能之谜的面纱开始被逐渐揭开.

1903 年,居里等人测出每克镭每小时能自动放出 100 多卡的热量,镭的半衰期为 2600 多年.根据这样的推算,用几千克镭做的"炉子"实际上已是经久不息的了.可惜天然存在的镭太少了,1 t 铀矿中仅含 1/4 g,而且提炼十分困难,不过这已启示人们探索太阳能之谜应从物质原子的变化上去寻找.

1905 年,爱因斯坦根据相对论得出的质能方程式 $E = mc^2$,为太阳能的探索提供了新的线索.

1911 年,发现了原子核后,人们开始猜测太阳能也是核内放出来的能量.

1938年,流亡到美国的德国物理学家贝特(H. A. Bethe)和冯·魏扎克(C. F. von. Weizsäcker)分别提出太阳(和一般恒星)能量产生的现代理论.他们认为,氢是太阳中的燃料,在恒星内核的高温(1000万摄氏度以上)、高压(几千亿大气压)和高密度(每 cm³ 几百克)的条件下,太阳内不断发生着氢核聚合成氦核的过程,同时放出大量的能量.如果四个氢核通过某些核反应,最后合成一个氦核,就可能放出 20 MeV 以上的能量,而氢核在反应中仅有 0.7% 的质量转化为能量.根据这样的理论推算,太阳的寿命长达 100 亿年,目前仅约度过一半时光,还处于"壮年"阶段,依然是生气勃勃,光芒万丈.

到现在为止,关于太阳中"核燃烧"的具体过程虽尚未定论,但对这一过程的总效果是氢合成氦导致巨大能量的释放这一点,是科学家所一致公认的.

3.4 辅助实验设计

我们先来做一次有惊无险的实验:在天花板上悬挂一根结实的细绳,下端系一重球,请你站在旁边,把重球偏向一方使它恰好碰到你的鼻尖(图3.29),然后把重球轻轻释放,让它摆动起来.当重球向初始位置摆回,眼看要砸到你的鼻尖上时,你千万要沉住气,保持原来的位置,可以保证你的鼻子安然无恙,绝不会被砸伤——因为机械能守恒定律已给你作了担保.

在物理学中,有很多实验(或某一部分实验)和实验仪器是守恒思想指导下设计的.

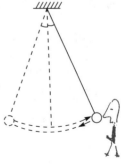

图 3.29

(1) 库仑的扭秤实验

库仑定律是电磁理论的基础,它是法国物理学家库仑(C. A. Coulomb)用他自制的扭秤做实验,在1785年发现的.

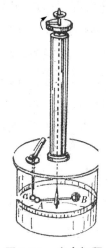

图 3.30　库仑扭秤

库仑为了研究电荷间的相互作用力,需要解决三个物理量的量度(或比较)的问题:

① 测量两电荷间的距离.库仑在实验中用两个小球的球心距离作为两个点电荷之间的距离,这个距离的测量容易办到.

② 测量(或比较)两电荷间的作用力.为此,库仑采用了他自己做过较多研究的量度"扭力"的方法,精心制作了一台扭秤(图3.30)*,通过带电球相互作用时悬丝扭转的角度,比较作用力的大小.

③ 量度带电球的电量.这在当时却是一个难题.因为库仑在研究电荷间相互作用时,电量的单位还没有确定,当然也不知道怎样测量电量.库仑凭着科学研究的直觉想到了一个巧妙的办法——将带电金属小球跟同样的不带电金属小球相碰.库仑认为两相同金属小球碰后,每球带电量必定相等,都是原来带电金属小球电量的1/2.库仑就用这样的方法使带电小球的电量依次减少到原来的 $\frac{1}{2}$, $\frac{1}{4}$, $\frac{1}{8}$, …,然后比较不同电量时的相互作用力.显然,库仑采用这个方法的指导思想是认为两球相碰电荷只能重新进行分配,总电量必定不变.这就是电荷守恒定律——尽管在当时还没有明确地提出.

---

* 关于扭秤的介绍参阅本丛书《类比》一册.

(2) 麦克斯韦滚摆

这是根据能的转化和守恒设计的一件教具.如图 3.31 所示,由一个金属(或木头)制的带轴的三辐摆轮和一个支架组成.轴的两头有两个小孔,用细绳穿过小孔悬挂在支架的横梁上.

演示时,用手捻转滚摆的轴,使滚摆上升,悬线同时缠绕在轴的两头.待滚摆升到接近顶点时放手,滚摆便在重力作用下一边旋转一边下降,随着悬线的不断伸开,摆的转动越来越快.在这个下降过程中,摆的重力势能转化为摆的动能(平动动能与转动动能).当滚摆降到最低的位置时,由于惯性会继续转动,同时细绳重新缠绕在轴的两头,摆再次上升,但转动越来越慢.在这个过程中,摆的动能重又转化为重力势能.当滚摆最后停止上升时,在重力作用下又下降.如此上升、下降可反复多次,直到把它最初贮藏的能量因滚摆运动中克服阻力、缠绕细绳等消耗殆尽时,滚摆才完全停止.

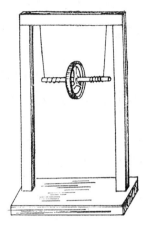

图 3.31　麦克斯韦滚摆

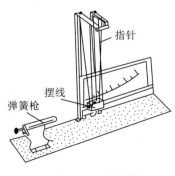

图 3.32　冲击摆

(3) 冲击摆

如图 3.32 所示为用冲击摆测量弹丸速度的装置.它是根据动量守恒和机械能守恒的原理设计的.

实验时,使弹丸以某速度射入摆块的孔中,然后两者一起运动,使摆块升高.测出弹丸的质量 m,摆块的质量 M,摆线长度 l 和摆动中最大偏角 θ,

就可以算出弹丸的速度 v_0.计算过程如下:

弹丸射入摆块的过程中,把弹丸与摆块作为一个系统,水平方向不受外力,动量守恒.有关系式

$$mv_0 = (m+M)v$$

接着,两者以共同的速度 v 一起摆动.由于摆动过程中只有重力做功,系统的机械能守恒,有

$$\frac{1}{2}(m+M)v^2 = (m+M)gh$$

式中,摆动高度可以表示为

$$h = l(1-\cos\theta)$$

联立以上三式,即得弹丸的速度

$$v_0 = \frac{m+M}{m}\sqrt{2gh} = \frac{m+M}{m}\sqrt{2gl(1-\cos\theta)}$$

显然,在弹丸与摆块的相互作用中,包含着两个物理过程,遵循着两条守恒定律.如果忽略了其中的碰撞过程,直接由弹丸的动能与摆块最后的高度列出关系式

$$\frac{1}{2}mv_0^2 = (m+M)gh$$

这样就错了.因为在弹丸射入摆块过程中发生了机械能与内能的转化,有机械能的损失,因此上式不成立.

实验操作中,当弹丸的质量 m 甚小于摆块质量时($m \ll M$),常可以采用近似式

$$v_0' \approx \frac{M}{m}\sqrt{2gh}$$

由此引起的相对误差为

$$\eta = \frac{|v_0 - v_0'|}{v_0} = \frac{m}{m+M}$$

(4) 磁感应强度的测量

我们知道,磁场具有能量.物理学上把磁场中单位体积所具有的

能量叫作能量密度,其值为 $B^2/2\mu$,式中 B 是磁感应强度,μ 是磁导率,在空气中 μ 为一已知常数.如果已知空气中的磁导率 μ,就可以设计一个简单的实验测出条形磁铁磁极附近的磁感应强度.

如图 3.33 所示*,用一根端面面积为 A 的条形磁铁吸住一块相同面积的铁片 P,再用力将铁片与磁极拉开一段微小距离 Δl,并测出拉力 F.在将铁片拉开距离 Δl 的过程中,拉力做功

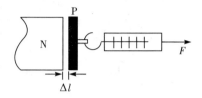

图 3.33

$$W_F = F\Delta l$$

形成的磁场间隙中包含的磁场能为

$$W_B = \frac{B^2}{2\mu}\Delta V = \frac{B^2}{2\mu} \cdot A\Delta l$$

在这个过程中:

$$人消耗能量 \xrightarrow{通过做功} 磁场的能量$$

由 $W_F = W_B$,即

$$F\Delta l = \frac{B^2}{2\mu} \cdot A\Delta l$$

于是就可以测出磁感应强度,得

$$B = \sqrt{\frac{2\mu F}{A}}$$

这里的能量密度、磁导率等概念虽然都已超出目前的中学教材内容,但实验设计的核心原理却是中学物理熟知的功能转换关系,因此,在提供了能量密度这样的一些信息后,就可以根据能的转换的思想完成实验测量了.

---

* 本例取自 2002 年上海高考物理题.

(5) 低温温度计

图 3.34 是低温测量中常用的一种温度计的示意图.它由下端的测温泡 A、上端的压强计 B 和中间的毛细管 C 构成.毛细管较长,用导热性能很差的(可看成绝热的)材料做成,两端分别与 A、B 相连通,其容积可忽略不计.整个温度计是密闭的.

图 3.34　低温温度计

这种低温温度计就是根据 A、B 两容器中的气体状态变化中质量守恒的思想设计的.

设在室温 T_0 时,温度计内气体的压强为 p_0,测量时,室温仍为 T_0,将测温泡 A 浸入待测物体,当 A 内气体与待测物体达热平衡后,B 内气体的压强为 p,这就是压强计的读数.由于 A、B 两者通过绝热的毛细管相连,两者温度可以不同,因气体的流动,热平衡后两者压强必然相同,即 A 内气体压强也是 p.令 A、B 两者的容积分别为 V_A、V_B,则由克拉珀龙方程知,A、B 两容器内气体发生状态变化前后的质量分别为

$$m_A = \frac{p_0 V_A}{T_0} \cdot \frac{M}{R}, \quad m'_A = \frac{p V_A}{T} \cdot \frac{M}{R}$$

$$m_B = \frac{p_0 V_B}{T_0} \cdot \frac{M}{R}, \quad m'_B = \frac{p V_B}{T} \cdot \frac{M}{R}$$

由质量守恒,得 $m_A + m_B = m'_A + m'_B$,即

$$\frac{p_0 V_A}{T_0} + \frac{p_0 V_B}{T_0} = \frac{p V_A}{T} + \frac{p V_B}{T}$$

得

$$T = \frac{p}{p_0} \cdot \frac{T_0}{1 + \frac{V_B}{V_A}\left(1 - \frac{p}{p_0}\right)} = \frac{p V_A T_0}{(V_A + V_B)(p_0 - p)}$$

式中,V_A、V_B 对一定的温度计为确定的量,因此只需测出室温 T_0 和

压强计前、后的读数 p_0、p，即可算出待测温度 T.

 3.5 澄清易混问题

在中学物理中，有许多问题常会使同学感到似是而非，混淆不清. 对付这些问题的最好办法，是设法揭开蒙住它们的面纱，认清它们的物理实质. 下面选择几个问题作一说明.

(1) 摩擦生热的量度

两个物体有相对运动时，因摩擦而产生热的计算，是一个很容易引起混淆的问题.

如图 3.35 所示，一块质量为 m、长为 l 的木块，沿水平方向运动滑到放在光滑水平面上、质量为 M、长为 L 的小车上，由于木块与小车间的滑动摩擦力的作用，当木块从车的左端滑到右端时，小车的位移为 s. 设木块和小车所受的摩擦力分别为 f 和 f'，在这个过程中它们做的功分别为

$$A_f = -f(s+L-l)$$
$$A'_f = f's = fs$$

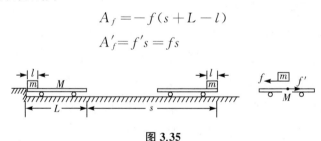

图 3.35

一些学生局限于对每一项功的理解，常会认为，在这个相对滑动过程中因摩擦产生的热应该用 A_f 或 A'_f 去度量，其实这是错误的.

如果能够从整个系统（木块和小车）能的转化和守恒上考虑，结论就非常清楚：

木块初动能 → 木块末动能 ＋ 小车动能 ＋ 摩擦产生热 Q

或者

$$\boxed{\text{摩擦产生热 } Q} = \boxed{\begin{array}{c}\text{木 块}\\\text{初动能}\end{array}} - \boxed{\begin{array}{c}\text{木 块}\\\text{末动能}\end{array}} - \boxed{\begin{array}{c}\text{小 车}\\\text{动 能}\end{array}}$$

根据动能定理,木块初动能－木块末动能$=-A_f$,小车动能$=A'_f$,因此产生的热量可表示为

$$Q = -A_f - A'_f = -(A_f + A'_f) = f(L-l)$$

可见,在木块与小车发生相对滑动过程中因摩擦而产生的热,绝不能单独用A_f或A'_f来量度,应该用一对摩擦力所做的总功来量度. 也就是说,这些热量是一对摩擦力做功的共同贡献,数值上等于滑动摩擦力与两物体相对位移的乘积.

上述木块、小车与前面提到的子弹打木块的情况相似,因此,无论木块是固定还是可以自由滑行,子弹穿越木块过程中产生的热量是一样多的.

(2) 关于重力势能的佯谬

在重力势能的"所有权"上,似乎存在这样一对矛盾:

一方面,认为重力势能是物体和地球所共有的. 因为如果地球不对物体施加重力,当然也没有重力势能——尽管这种说法不那么使人心悦诚服,不过它确实是产生重力势能的必要条件.

另一方面,当物体自由下落时,由机械能守恒得

$$mgh = \frac{1}{2}mv^2 \qquad ①$$

式中,$E_k = \frac{1}{2}mv^2$只是物体单独具有的动能,那么重力势能似乎也应该是物体单独所有.

为了澄清这个佯谬,可以用守恒思想对物体自由下落过程作一分析.

3　守恒思想的教学功能

如图 3.36 所示，设 O 点表示地心，不计地球的自转和仅考虑物体在地面附近的下落，则物体和地球在相互作用的恒定重力作用下，分别下落 s_1、"上升" s_2，在这个过程中对物体和地球做的功分别为

$$W_1 = mgs_1$$
$$W_2 = mgs_2$$

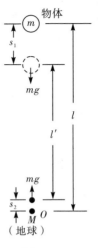

图 3.36

当把物体和地球作为一个系统时，它们的相互作用力就为内力，这对内力对系统做的总功为

$$W = W_1 + W_2 = mg(s_1 + s_2)$$
$$= mg(l - l') = mgh$$

式中，$h = l - l'$ 是物体下落过程中相对地球的位移.

根据动能定理，有

$$W_1 = \frac{1}{2}mv^2, \quad W_2 = \frac{1}{2}MV^2$$

所以

$$mgh = \frac{1}{2}mv^2 + \frac{1}{2}MV^2 \qquad ②$$

式中，v、V 分别为物体相对地球下落 h 时物体和地球的速度.②式表示物体和地球相互作用力对系统做的总功等于系统动能的增量.我们知道，做功的过程就是能量转化的过程.物体和地球相互作用的内力做功的过程，就是系统的其他形式的能转化为系统动能的过程.这个其他形式的能用 mgh 来量度，它跟物体与地球的相对位置 h 有关，我们把它称为重力势能.可见，重力势能（$E_p = mgh$）确为物体和地球所组成的系统所有.

物体与地球相互作用中，根据系统的动量守恒，有

$$mv + MV = 0 \qquad ③$$

联立 ②、③ 两式可得

$$V = -\frac{m}{M}\left[\frac{2gh}{1+\frac{m}{M}}\right]^{1/2}$$

即物体下落时地球也以一定速度"上升".

由于 $m \ll M$,则 $\frac{m}{M} \approx 0$,因此地球做"上升"运动的速度 $V \approx 0$.于是②式转换成①式.

所以,通常写出的机械能守恒定律 $mgh = \frac{1}{2}mv^2$,应该这样理解:等式左边 mgh 是物体和地球相互作用的内力(mg)对系统做的总功,它就是系统所有的重力势能的量度公式.右边 $\frac{1}{2}mv^2$ 是忽略了地球动能后的物体与地球这个系统的动能.这个等式实际上反映了物体下落过程中,物体和地球这个系统的重力势能向动能转化的近似表达式.平时所说"物体的重力势能转化为物体的动能",仅是一种简化的说法.

这样,重力势能所有权上的佯谬,也就得到了澄清.

(3) 含源电路两端的电压

对于如图 3.37(a)、(b) 所示的两电路,A、B 两端的电压分别等于多少的问题,不少同学常混淆不清,经常发生错误,以至见到含源电路就"害怕".

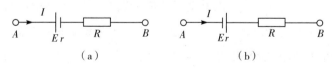

图 3.37

其实,这个问题不难解决,关键是抓住能的转化和守恒关系.

3 守恒思想的教学功能

在图 3.37(a) 中,电池处于充电状态,它吸收电能转化为化学能,电路中能的转化关系是

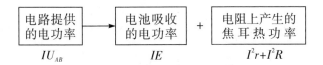

或者

$$IU_{AB} = IE + (I^2r + I^2R)$$

所以

$$U_{AB} = E + Ir + IR$$

在图 3.37(b) 中,电池处于放电状态,它把化学能转变为电能对外供电,电路中能的转化关系是

```
┌─────────┐   ┌─────────┐   ┌─────────┐
│电路提供 │   │电池提供 │   │电阻上产生的│
│的电功率 │ + │的电功率 │ → │焦耳热功率 │
└─────────┘   └─────────┘   └─────────┘
   IU_AB          IE          I²r+I²R
```

或者

$$IU_{AB} + IE = I^2r + I^2R$$

所以

$$U_{AB} = Ir + IR - E$$

不难看到,从能的转化和守恒上可以很容易地找出电路两端电压的表达式.

根据同样的道理,还可以推广到一般含源电路.

如图 3.38 所示电路,当形成从 A 流向 B 的电流时,电池 E_1 处于充电状态,E_2、E_3 处于放电状态,能的转化关系是

```
┌─────────┐   ┌──────────┐   ┌─────────┐   ┌─────────┐
│电路提供 │   │电池E₂、E₃│   │电池E₁吸收│   │电阻上产生的│
│的电功率 │ + │提供的电功率│ → │的电功率 │ + │焦耳热功率 │
└─────────┘   └──────────┘   └─────────┘   └─────────┘
   IU_AB        IE₂+IE₃          IE₁      I²(r₁+r₂+r₃+R₁+R₂+R₃)
```

125

或者

$$IU_{AB} + IE_2 + IE_3 = IE_1 + I^2(r_1 + r_2 + r_3 + R_1 + R_2 + R_3)$$

所以

$$U_{AB} = E_1 - E_2 - E_3 + I(r_1 + r_2 + r_3 + R_1 + R_2 + R_3)$$

图 3.38

如果规定电源电动势 E 的方向为从负极到正极,且认为 E 的方向与电路中电流方向一致者 E 为负,相反者 E 为正,那么任何含源电路两端的电势差均可表示为

$$U = \sum_i E_i + \sum_i (r_i + R_i)$$

(4) 振荡电路中电流(或电量)的变化率

先研究这样一个问题:已知 LC 振荡电路中电容器极板 1 上的电量随时间变化的曲线如图 3.39 所示,则(　　).

A. a、c 两时刻电路中电流最大,方向相同

B. a、c 两时刻电路中电流最大,方向相反

C. b、d 两时刻电路中电流最大,方向相同

D. b、d 两时刻电路中电流最大,方向相反

由于一些同学对振荡电流的大小决定于电容器极板上电量的变

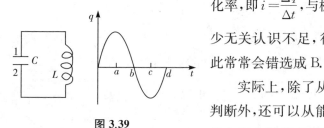

图 3.39

化率,即 $i = \dfrac{\Delta q}{\Delta t}$,与极板上电量的多少无关认识不足,很容易混淆,因此常常会错选成 B.

实际上,除了从电流概念进行判断外,还可以从能量转化和守恒的本质去认识.因为电磁振荡就是

3 守恒思想的教学功能

电场能与磁场能周期性变化的过程.不考虑能量损耗时,任何时刻电场能和磁场能的总量应该守恒.

电磁振荡中的电场能贮存于电容器内,由极板上电荷产生.电场能最大时,对应着极板上电量最多的时刻;电场能最小时(等于零),对应着极板上电量最少(等于零)的时刻.

电磁振荡中的磁场能贮存于线圈内,由线圈中电流产生.磁场能最大时,对应着线圈中电流最大的时刻;磁场能最小时(等于零),对应着电流最小(等于零)的时刻.

a、c 两时刻:极板上的电量最多 → 电场能最大 →(能量守恒)→ 磁场能最小 → 电流最小.A、B 均错,可以排除.

b、d 两时刻:极板上的电量最小 → 电场能最小 →(能量守恒)→ 磁场能最大 → 电流最大.其中 b 对应着正向放电完毕的时刻,d 对应着反相放电完毕的时刻,这两时刻的电流方向一定相反,所以 C 错,D 正确.

3.6 ★ 指导解题实践

中学物理问题中的许多问题,大体上都可以沿着两条线索展开,一条以力和运动为主线,另一条以功和能为主线.把握住能量这条主线,用能的转化和守恒的思想去分析、研究有关问题,可以说是守恒思想教学功能最具体、最经常的体现.

有些问题,从能的观点可以立即洞察秋毫,并作出分析或解答.有些问题,表面看来毫无头绪,就像陷入了黑暗的深渊,一旦领悟到可以从能的转化与守恒的角度去考虑时,眼前立刻会呈现出一片光明.有些问题,疏忽了能的转化和分配,往往就会发生错误或得出不合理的结果.

下面的这些例题,既可以使你享受到"一点就通"的神奇,也可以使你领略到从困惑走向成功的喜悦.

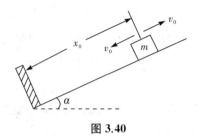

图 3.40

例题 1 如图 3.40 所示,一个质量为 m 的木块,从离开倾角为 α 的斜面底部 x_0 处、以速度 v_0 沿斜面向下运动.木块与斜面间的动摩擦因数为 μ,木块滑到斜面底部时与垂直斜面的弹性墙发生碰撞,没有损失机械能而反弹.以后又下滑、反弹、上行、下滑……如此往返运动直至停止.试求木块从开始运动至停止所通过的总路程.

分析与解答 题设木块反弹后上行、下滑,可见木块的重力沿斜面的分力必定大于斜面的摩擦力,木块最后一定停止于斜面底部.对这个往返过程通过牛顿第二定律结合运动学公式进行计算,将会十分繁复.如果从能的转化角度考虑就显得很容易:由于木块与墙的碰撞过程中没有能量损失,开始时木块在 x_0 处的总机械能一定完全消耗于克服斜面的摩擦做功,即完全转化为内能.

木块开始时具有的机械能为

$$E = E_k + E_p = \frac{1}{2}mv_0^2 + mgx_0\sin\alpha$$

木块在斜面上运动过程中的摩擦力的大小恒定,$f = \mu mg\cos\alpha$.因此由

$$\frac{1}{2}mv_0^2 + mgx_0\sin\alpha = \mu mg\cos\alpha \cdot s$$

立即可得木块通过的总路程

$$s = \frac{v_0^2 + 2gx_0\sin\alpha}{2\mu g\cos\alpha}$$

说明 初看本题涉及往返运动,顿时就会觉得麻烦.当领悟到了可以从能的转化考虑时,立即显得很轻松了.而且由于动能是标量,

跟初速度的方向无关,因此无论开始时木块沿斜面向上或向下运动,最后的结果都一样.

例题2(1999 全国) 图 3.41 是 4 种亮度可调的台灯电路示意图,它们所用的灯泡相同,都是"220V 40W".当灯泡所消耗的功率都调至 20 W 时,哪个台灯消耗的功率最小?

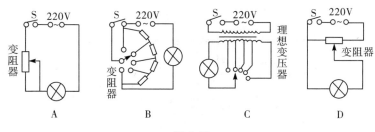

图 3.41

分析与解答 图 C 通过理想变压器的降压作用满足灯泡额定电压要求.由于理想变压器不像变阻器需要消耗能量,所以从能量观点很容易判断电路 C 消耗的电功率最小.

说明 题中所指"台灯消耗的功率"是对整个电路而言的.A、B两电路接入的串联电阻相同,消耗的电功率相同.电路 D 中,由于变阻器处于干路部分(即右边部分)的电流大于通过电灯的电流,因此消耗的电功率比 A、B 两电路大.四个电路消耗的电功率的大小关系是

$$P_D > P_A = P_B > P_C$$

例题3 如图 3.42 所示,A 为电解槽,槽内电解液的电阻 $R_A = 0.5\ \Omega$,B 为电热器,其电阻 $R_B = 24\ \Omega$,电源电动势 $E = 150$ V、内电阻 $r = 1\ \Omega$.当电键 S 闭合时,电热器消耗的电功率 $P_B = 600$ W,那么电解槽中转化为化学

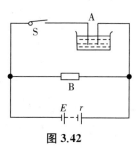

图 3.42

能的电功率是多少?

分析与解答 转化为化学能的电功率虽然没有公式直接计算,但可以根据电源(或外电路)的总功率推算出来.

电键闭合后,通过电热器的电流及电热器两端电压分别为

$$I_B = \sqrt{\frac{P_B}{R_B}} = \sqrt{\frac{600}{24}} \text{ A} = 5 \text{ A}$$

$$U_B = I_B R_B = 5 \times 24 \text{ V} = 120 \text{ V}$$

通过电源和电解槽的电流分别为

$$I = \frac{E - U_B}{r} = \frac{150 - 120}{1} \text{ A} = 30 \text{ A}$$

$$I_A = I - I_B = (30 - 5) \text{ A} = 25 \text{ A}$$

根据全电路的能量转化(或分配)关系

$$EI = P_B + I^2 r + I_A^2 R_A + P_{化学能}$$

因此转化为化学能的电功率为

$$P_{化学能} = EI - P_B - I^2 r - I_A^2 R_A$$
$$= (150 \times 30 - 600 - 30^2 \times 1 - 25^2 \times 0.5) \text{ W}$$
$$= 2687.5 \text{ W}$$

说明 由闭合电路欧姆定律

$$E = U + I(R + r)$$

两边乘以 I 或 It,即可得到全电路中电功率和电能的转化(或分配)关系,即

$$EI = UI + I^2(R + r)$$

→ 电阻上的热功率
→ 输出功率
→ 电源总功率

$$EIt = UIt + I^2(R + r)t$$

→ 电阻上的热量
→ 输出的电能
→ 电源提供的总能量

例题 4 一直流电动机由电动势 $E=12$ V 的电池供电(图 3.43),如果完全制动电枢时电路中电流 $I_0=3$ A,则当通过线圈的电流 $I=2$ A 时,电动机输出的功率为多少?

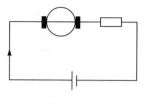

图 3.43

分析与解答 制动电枢后,这个电动机相当于一个电阻.设线圈电阻和电池内阻之和为 R,电路提供的电功率完全转化为电阻的热功率,即

$$I_0 E = I_0^2 R \Rightarrow R = \frac{E}{I_0} = \frac{12}{3}\,\Omega = 4\,\Omega$$

电枢转动时,根据能的转化和守恒,由

$$IE = I^2 R + P_出$$

得输出功率为

$$P_出 = IE - I^2 R = 2 \times 12\,\text{W} - 2^2 \times 4\,\text{W} = 8\,\text{W}$$

说明 电动机转动后会产生反电动势 $E_感$(极性与电动机两端电压 U 相反),上面根据能的转化和守恒求解,就可以不涉及反电动势的问题,物理意义非常清晰.

考虑反电动势后,电动机两端电压与通过电动机电流的关系为

$$I = \frac{U - \varepsilon_感}{R_枢}$$

通常,电枢的电阻 $R_枢$ 很小,因此若工作中电枢因故障卡死不转,通过电动机的电流变得很大,往往会造成烧毁电动机的事故,必须勤防!

例题 5 在两根电阻不计的光滑平行长导轨间接有两个相同的电阻,$R_1 = R_2 = 1\,\Omega$.垂直导轨放置一根长 $l = 0.5$ m,质量 $m = 0.1$ kg 的金属棒,整个装置放在垂直导轨平面向内的匀强磁场中,$B = 0.2$ T.当给棒一个冲量,使它以初速 $v_0 = 10$ m/s 向右运动的过程中(图 3.44),电阻 R_1 上产生的热量为多少?

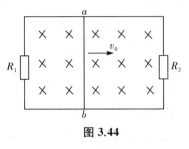

图 3.44

分析与解答 金属棒右滑时,切割磁感线产生感应电流,使棒受到一个向左的磁场力,将阻碍棒的运动.金属棒右行至速度为零的整个过程中,棒的机械能(动能)完全转化为产生感应电流的电能,最后又转化为两个电阻上的焦耳热.由于两个电阻相同,所以,每个电阻上产生的热量为

$$Q = \frac{1}{2}\left(\frac{1}{2}mv_0^2\right) = \frac{1}{2} \times \frac{1}{2} \times 0.1 \times 10^2 \text{ J} = 2.5 \text{ J}$$

说明 金属棒右行是一个变加速过程,不从能的转化和守恒出发,中学阶段根本无法求解.

例题 6 两个相同的金属球,其中 A 球放在水平面上,另一个 B 球用细线悬挂起来.当向两球提供同样多的热量时,两球的温度 t_A、t_B 的正确关系是(地面与线吸热均不计)( ).

A. $t_A > t_B$ B. $t_A = t_B$
C. $t_A < t_B$ D. 无法判断

分析与解答 若只从公式 $Q = cm\Delta t$ 比较,得出的结论必然是 $t_A = t_B$,即答案为 B.这是不正确的.因为金属球受热后,体积膨胀,A 球的重心略有升高,B 球的重心则稍稍降低(图 3.45).因此,A 球吸热后,将有一部分能量用以克服重力做功(转化为重力势能),剩下用以提高球体温度的热量就减少了一些.结果,A 球的温度将会略低于 B 球的温度.

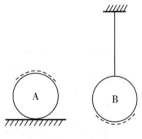

图 3.45

说明 本题如不从普遍的能的转化和守恒出发,不是导致错误结论,就是无法判断.当然,在题中条件下,两球温度的差别是极小的.

3 守恒思想的教学功能

对于半径为 10 cm 的铜球来说,相对差值约为 10^{-7}.

例题 7 一辆汽车发动机的功率 $P = 90 \text{ HP}^*$,以速度 $v = 54 \text{ km/h}$ 匀速驶过 $s = 36 \text{ km}$.假设发动机的效率 $\eta_1 = 30\%$,那么需要消耗多少热值 $q = 4.6 \times 10^7 \text{ J/kg}$ 的汽油?若汽车的冷却水箱中装有质量 $m = 100 \text{ kg}$、温度 $t = 20 \text{ ℃}$ 的冷却水,汽油燃烧时放出热量中有 $\eta_2 = 30\%$ 被冷却水吸收,汽车行驶这段路程水吸热后产生怎样的结果?参考数据 $1 \text{ HP} = 0.735 \text{ kW}$,100 ℃ 水的汽化热 $L = 2.49 \times 10^6 \text{ J/kg}$.

分析与解答 从物理原理上说,发动机的冷却是一个很简单、生动的能的转化和分配过程,粗线条的划分如下所示:**

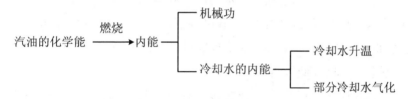

汽车行驶这段路程发动机共需做功

$$W = Pt = \frac{Ps}{v}$$

设需要消耗汽油的质量为 $M(\text{kg})$,其中转化为机械功的有效热量为

$$Q = \eta_1 q M$$

由 $Q = W$ 得

$$M = \frac{Ps}{\eta_1 q v}$$

将 $P = 90 \times 735 \text{ W}$,$s = 3.6 \times 10^4 \text{ m}$,$q = 4.6 \times 10^7 \text{ J/kg}$,$v = 54 \text{ km/h} =$

---

* HP(马力)是早期使用的功率单位,俗称"匹".在汽车行业中,还经常会在口头使用. 它与 kW(千瓦)的换算关系是:1 HP = 0.735 kW.

** 有关汽车的能量流动和分配比较详细的图示,请参本丛书《图示与图像》一册.

15 m/s,$\eta_1 = 0.3$ 代入上式得需要的汽油质量为
$$M \approx 11.5 \text{ kg}$$
这些汽油燃烧放出的热量中,被冷却水所吸收的部分为
$$Q' = \eta_2 q M = 0.3 \times 4.6 \times 10^7 \times 11.5 \text{ J} \approx 1.59 \times 10^8 \text{ J}$$
冷却水从 $t_1 = 20 \text{ ℃}$ 升温至 $t_2 = 100 \text{ ℃}$ 需吸热
$$Q_1 = cm(t_2 - t_1) = 4.18 \times 10^5 \times (100 - 20) \text{ J} = 3.34 \times 10^7 \text{ J} < Q'$$
因此,必然有部分水汽化.设汽化的水质量为 m_1,则
$$m_1 = \frac{Q' - Q_1}{L} = \frac{1.59 \times 10^8 - 3.34 \times 10^7}{2.49 \times 10^6} \text{ kg} \approx 50 \text{ kg}$$
所以,最后的结果是水升温至 100 ℃,并有约 50 kg 水汽化.

说明 一些同学疏忽了水的汽化吸热,直接由 $Q' = cm(t'_2 - t_1)$ 计算水升高的温度,得出了水升高温度约 400 ℃ 的不合理结果.因此,如果在解题时,如上面那样初步明确了这里的能的转化和分配,就不会产生这种低级错误了.

本题计算中把汽车行驶这段路程所消耗的汽油看成一下子燃烧,并立即被冷却水吸收使之温度升高至 100 ℃ 和伴有部分水汽化,其结果显然是近似的.只是希望由本题深刻体会,汽车行驶过程中的冷却是必不可少的,必须重视!

如图 3.46 所示为常用的水冷却系统*,它由机体和气缸盖内的水套、水箱、水泵、风扇等组成.随着家用汽车的普及,如果能够结合能的转化和分配对实际汽车发动机的冷却有比较全面的认识,就更有意义了.

---

* 汽车的冷却系统主要用于对发动机进行强制冷却,以便保证发动机在最适宜的温度状态下工作.通常有三种方式,即水冷却、油冷却和空气冷却.

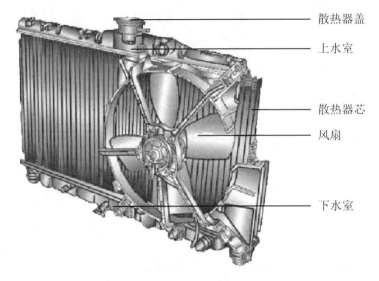

图 3.46　汽车发动机的冷却系统

例题 8(2000 全国)　假设在 NaCl 蒸汽中存在由钠离子 Na^+ 和氯离子 Cl^- 靠静电相互作用构成的单个氯化钠 NaCl 分子. 若取 Na^+ 与 Cl^- 相距无限远时电势能为零,一个 NaCl 分子的电势能为 -6.1 eV. 已知使一个中性钠原子 Na 最外层的电子脱离钠原子而形成钠离子 Na^+ 所需要的能量(电离能)为 5.1 eV,使一个中性氯原子 Cl 结合一个电子形成氯离子 Cl^- 所放出的能量(亲和能)为 3.8 eV. 由此可算出,在将一个 NaCl 分子分解成彼此远离的中性钠原子 Na 和中性氯原子 Cl 的过程中,外界供给的总能量等于(　　).

A. 15 eV　　B. 4.8 eV　　C. 2.8 eV　　D. 7.4 eV

分析与解答　题中指出,取 Na^+ 与 Cl^- 相距无限远时电势能为零时,一个 NaCl 分子的电势能为 -6.1 eV,也就意味着将一个 Na^+ 和一个 Cl^- 从相距无限远逐渐移近合成 NaCl 分子时,相互吸引力(系统内力)做功 6.1 eV,因此电势能减少 6.1 eV. 反过来,一个 NaCl 分子分解成彼此远离的钠离子 Na^+ 和氯离子 Cl^- 的过程中,需要吸收能量为 6.1 eV. 根据同样道理,就可以画出示意图(图 3.47),立即可以从能量

的"收支平衡"得到外界供给的总能量应该是

$$E = (6.1 \text{ eV} + 3.8 \text{ eV}) - 5.1 \text{ eV} = 4.8 \text{ eV}$$

所以 B 正确.

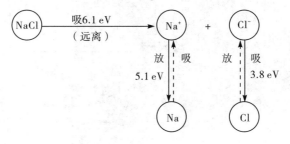

图 3.47

说明　本题表面看来有些"眼花缭乱",审题后将题中文字转化为一幅示意图很有帮助.同时也要领会这里的电离能、亲和能的关系,就可以画出示意图求解了.

运用守恒思想指导解题实践,在中学物理中很普遍,上面仅以能量守恒为例先举几个实例感受一下,方方面面更丰富的实例后面再分专题作比较详细的展开.

4 守恒定律的物理学地位和应用特点、步骤

4.1 守恒定律的物理学地位

在物理学习中,我们认识了许多定律和法则,它们都是客观规律.但是,这些规律在物理学乃至自然界中的地位并不是同样的,而是分层次的.大体上,可以把物理规律分成三类(或三个层次):

一类是经验性的规律.力学中的胡克定律、电学中的欧姆定律、热学中的玻意耳定律等,它们仅在一定的条件下、适用于一定的研究对象.这些定律、公式等,都是属于经验性的、较低层次的规律.

另一类是某个领域中的普适规律.经典力学中牛顿运动定律、电磁学中的麦克斯韦方程等,它们都起着统帅某个领域的作用,属于某一个领域中的基本规律.相比于前者,它们是属于层次比较高的规律.

还有一类就是整个自然界的普遍规律.德国著名物理学家亥姆霍兹曾这样说过:理论自然科学的最终目标就是去发现自然现象的终极的不再变化的原因.能的转化和守恒定律、动量守恒定律、角动量守恒定律等,它们能够统帅自然界中各种现象,属于最高层次的规律.例如,在物理学中以能的转化和守恒定律为核心,在力学、电磁学、热力学、光学和原子物理的各个领域都可以演化出许多其他的规律.如图 4.1 所示.

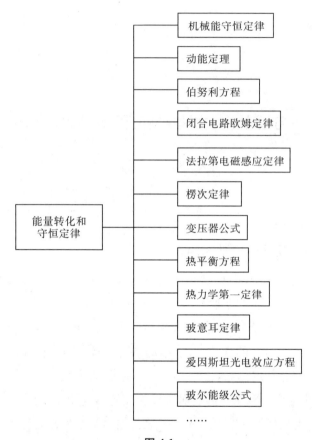

图 4.1

在当前的中学物理知识范围内,重点是有关能量和动量的两条守恒定律,尤其是能的转化和守恒定律,以及能的转化和守恒定律在力学范围内的具体表现——机械能守恒定律.

4.2 应用守恒定律解题的特点

(1) 适用于从整体或全过程的研究

守恒思想是一种系统方法,它的最显著特点是必须把由两个(或

4 守恒定律的物理学地位和应用特点、步骤

几个)物体组成的系统作为研究对象,从系统的整体特性上进行研究.守恒定律就是系统整体特性的某种表现形式,因此,守恒定律的运用也就可以从整体或全过程上考虑.它像一柄利剑,可以砍掉许多中间过程的细节变化,直接沟通系统发生变化的始末状态间的联系.这样,不仅可以简化解题过程,而且能跨越因过程的细节难以确定的各种障碍,便于处理某些原来用中学物理知识很难求解或无法求解的问题.请看下面的几个例题.

例题 1 一个木球从离水面上高 $h_1 = 2 \text{ m}$ 处自由下落,落入水中后木球能达到多深?已知木球的密度为水密度的 3/4,假设空气和水的阻力不计,水有足够深度.

分析与解答 设木球入水的最大深度为 h_2,设想木球入水后,在水深 h_2 处有一个与木球等大小的水球,同时由水深 h_2 处上升到水面,如图 4.2 所示.

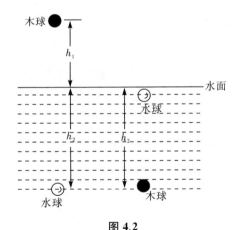

图 4.2

因为在木球下落、水球上升过程中,只有重力做功,因此对木球、水球和地球系统机械能守恒.取水面下深 h_2 处为零势能位置,由

$$m_\text{木} g(h_1 + h_2) = m_\text{水} g h_2$$

得

$$h_2 = \frac{m_{\text{木}}}{m_{\text{水}} - m_{\text{木}}} h_1 = \frac{\frac{3}{4}}{1 - \frac{3}{4}} h_1 = 3h_1 = 6 \text{ m}$$

说明 本题如用动力学、运动学方法求解是较繁琐的,运用了机械能守恒定律,就避开了许多中间细节,可直接从系统的初态和终态得出结果.

例题 2 总质量为 M 的列车沿平直轨道以速度 v 做匀速直线运动,突然尾部质量为 m 的一节车厢脱钩.假设机车的牵引力保持不变,运动中所受阻力与其重力成正比,则当尾部这节车厢停止滑行时,前部列车的速度多大?

分析与解答 列车原来做匀速直线运动,牵引力与阻力平衡.脱钩后,若把两部分列车作为一个系统,前部机车的牵引力与两部分列车所受总阻力仍然平衡.因此,整个系统在水平方向所受外力为零,水平方向满足动量守恒条件.

设尾部车厢停止滑行时,前部列车的速度为 v',则由

$$Mv = (M - m)v' + 0$$

得

$$v' = \frac{M}{M - m} v$$

说明 题中尾部车厢虽已脱钩,但仍可与前部列车合为一个系统,这样从整体上用守恒定律求解远比用牛顿第二定律结合运动学公式的方法简单,完全可以不考虑尾部脱钩后造成前部列车加速运动和脱钩车厢减速运动等细节.

例题 3(2011 全国) 质量为 M,内壁间距为 L 的箱子静止于光滑的水平面上,箱子中间有一质量为 m 的小物块,小物块与箱子底板

间的动摩擦因数为 μ. 初始时小物块停在箱子正中间, 如图 4.3 所示. 现给小物块一水平向右的初速度 v, 小物块与箱壁碰撞 N 次后恰又回到箱子正中间, 并与箱子保持

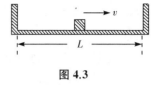

图 4.3

相对静止. 设碰撞都是弹性的, 则整个过程中, 系统损失的动能为 ( ).

A. $\dfrac{1}{2}mv^2$ B. $\dfrac{1}{2} \cdot \dfrac{mM}{m+M} v^2$

C. $\dfrac{1}{2} N\mu mgL$ D. $N\mu mgL$

分析与解答 以箱子和小物块组成的系统为研究对象, 水平方向没有其他外力作用, 系统的动量守恒. 设经历 N 次碰撞后, 小物块静止在箱子中央时的共同速度为 v', 由动量守恒

$$mv = (M+m)v' \qquad ①$$

系统损失的动能为

$$\Delta E_k = \dfrac{1}{2}mv^2 - \dfrac{1}{2}(M+m)v'^2 \qquad ②$$

联立①、②两式, 得

$$\Delta E_k = \dfrac{M}{M+m} \cdot \dfrac{1}{2}mv^2$$

所以 B 正确.

小物块从箱子中央出发, 与箱壁碰撞 N 次后又回到箱子中央, 它相对箱子"累积的位移"为

$$s_{相对} = NL$$

由于两物体发生相对运动过程中产生的热量等于摩擦力与相对位移的乘积, 即

$$Q = \mu mg \cdot NL$$

这些热量就是以动能的损失为代价产生的, 即

$$\Delta E_k = Q = N\mu m g L$$

所以 D 也正确.

说明 上面的两个选项都只是从始末两状态出发的,没有考虑碰撞过程中间的各个细节,充分体现了应用守恒定律的特点.

小物块在箱子内滑行过程中产生的热量,是一对摩擦力做功的共同结果.数值上就等于摩擦力与相对位移的乘积.上面为了计算热量(标量)的需要,$s_{相对} = NL$ 是各次位移按大小累积后的结果.

(2) 适用于物体受到变力作用或质量发生变化的情况

在中学物理范围内研究的问题,主要限于受到恒力作用、物体的质量一定的情况.对于受变力作用和物体的质量在运动过程中发生变化的情况,往往显得比较困难,甚至无法进行研究.利用守恒定律,只要抓住整个运动变化过程中能量的转换和守恒这条线索,就可以顺利地越过许多问题中"变力、变质量"这样一些障碍,抵达成功的彼岸.

例题 1 质量 $m = 100$ g 的小球,拴在劲度系数 $k = 10$ N/m 的轻弹簧一端,弹簧的另一端固定在天花板上,弹簧原长 $l_0 = 0.8$ m,处于水平位置.今轻轻释放小球,当弹簧摆至竖直位置时被拉长为 $l = 1.0$ m(图 4.4),试求此时小球的速度多大.取 $g = 10$ m/s^2.

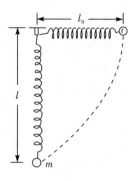

图 4.4

分析与解答 小球下落过程中,对"弹簧-小球-地球"的系统,只有重力和弹力做功,机械能守恒,由

$$\frac{1}{2}k(l - l_0)^2 + \frac{1}{2}mv^2 = mgl$$

得小球速度

4 守恒定律的物理学地位和应用特点、步骤

$$v = \sqrt{2gl - \frac{k}{m}(l-l_0)^2}$$

$$= \sqrt{2 \times 10 \times 1 - \frac{10}{0.1} \times (1.0-0.8)^2} \text{ m/s}$$

$$= 4 \text{ m/s}$$

说明 小球下落时,弹簧被拉长,小球运动的轨迹不是一段圆弧,它在最低处的速度方向并不与弹簧垂直,其运动轨迹是一条较复杂的曲线,因此无法用中学物理的动力学方法求解.从整个系统能量特性考虑,就可以避开这个困难,不必计较运动中的细节变化,能很快得出结果.

例题 2 在一个斜面倾角为 θ 的光滑梯形平台上,放有一条长 l 的柔软链条(图 4.5).开始时,左端用手拉住,斜面上部分链长为 x_0,后轻轻释放,则当斜面上部分的链长为 $x(x > x_0)$ 时链条的速度多大?(设斜面部分足够长.)

图 4.5

分析与解答 链条下滑过程中,仅有重力做功,机械能守恒.取平台为重力势能的参考平面(势能为零),则开始时这个链条的机械能为

$$E_1 = -\frac{x_0}{l} mg \cdot \frac{x_0}{2} \sin\theta = -\frac{mg}{2l} x_0^2 \sin\theta$$

设斜面上部分的链长为 x 时,链条的速度为 v,对应的机械能为

$$E_2 = \frac{1}{2} mv^2 + \left(-\frac{mg}{2l} x^2 \sin\theta\right) = \frac{1}{2} m \left(v^2 - \frac{g}{l} x^2 \sin\theta\right)$$

由 $E_1 = E_2$,即

$$-\frac{mg}{2l} x_0^2 \sin\theta = \frac{1}{2} m \left(v^2 - \frac{g}{l} x^2 \sin\theta\right)$$

得

$$v = \sqrt{\frac{g}{l}(x^2 - x_0^2)\sin\theta}$$

说明 链条下滑时,位于平面上或斜面上的这部分链的质量不断变化,对整个链条,它所受平面和斜面的支持力又不断变化.对于这样的变质量问题,中学阶段无法通过牛顿第二定律定量计算.运用机械能守恒定律,就无需考虑运动过程中每一部分质量的变化、受力的变化,只需抓住始末两状态的能量就可以列式求解.下面是一个很常见的练习题,试试能否直接写出有关的表达式.

练习题

在光滑的水平桌面上用手拉着一条长 l 的均质铁链,铁链沿桌边下垂部分长为 a(图 4.6).手轻轻释放后,铁链刚好全部滑离桌面时的速度多大?

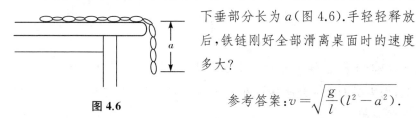

图 4.6　　　　　参考答案: $v = \sqrt{\frac{g}{l}(l^2 - a^2)}$.

例题 3 A、B 两容器的容积分别为 $V_A = 2$ L,$V_B = 1$ L,两者间用不导热的细管连通,开始时两容器内气体的温度均为 27 ℃,压强均为 1 atm(图 4.7).若把容器 A 内气体的温度提高到 127 ℃,容器 B 内气体的温度保持不变,求这时容器 B 内气体的压强.

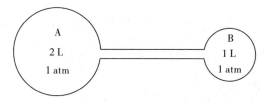

图 4.7

分析与解答 容器 A 内气体温度升高后,体积膨胀,有一部分气体会流向容器B,造成A、B两容器内气体的质量发生变化.因此,可以"A+B"作为一个系统,根据状态变化前后气体的总质量不变(守恒),由气态方程的分态式,得

$$\frac{p_A V_A}{T_A} + \frac{p_B V_B}{T_B} = \frac{p V_A}{T_A'} + \frac{p V_B}{T_B}$$

式中 p 就是状态变化后A、B两容器中气体的压强.代入数据后,得

$$\frac{1 \times 2}{300} + \frac{1 \times 1}{300} = \frac{p \times 2}{400} + \frac{p \times 1}{300}$$

所以

$$p = 1.2 \text{ atm}$$

说明 由于状态变化中,A、B两容器内气体的质量都发生了变化,如果仍打算用气态方程求解,可设想A中温度升高时有一块体积为 ΔV 的气体迁移到B,分别取 $(V_A - \Delta V)$、$(V_B + \Delta V)$ 这两部分气体建立方程(图4.8),即

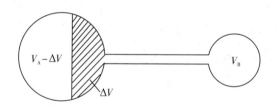

图 4.8

$$\frac{p_A(V_A - \Delta V)}{T_A} = \frac{p V_A}{T_A'}, \quad \frac{p_B(V_B + \Delta V)}{T_B} = \frac{p V_B}{T_B}$$

再联立求解,但这远不如对整体从质量守恒上考虑方便.

(3) 适用于对新知识、新问题的理解和探究

有个学生曾经很认真地问过这样一个问题:"老师,您是否相信气功师能够对远在千里以外的人遥发功治病?"我立即回答:"老师

---

* 关于分态式的推导参见 9.2 的内容.

相信气功有一定的疗效,但对千里以外遥发功治疗不相信."为什么呢?因为要对人体的器官发生作用,必须使它接收某种信息(能量).物理学中的能的转化和守恒定律告诉我们,远在千里之外的气功师不可能有这么大能量的.

守恒定律有一种奇妙的作用."它们能够透过纷乱芜杂的表面如此令人信服地指出一种潜藏在内部的守恒性,以致事件会立即从一团混沌变成井然有序的必然."*虽然我们对许多问题,尤其是面对日新月异的许多新知识、新问题,往往都很不了解,对其中的某些细节可能更是一无所知,但是,利用守恒的思想以及守恒定律,就可以对这些问题的可能性提供判断依据,对这些问题的分析、研究指引出基本的方向和思路.这就是守恒思想及其守恒定律的独特之处.

在学习物理知识的过程中,也是这样.我们可以充分运用和发挥守恒思想和守恒定律的威力,去猜测未知世界的许多谜团,破解前进路上的许多障碍.近年来,高考中涌现出许多涉及新知识的问题,其中有不少都需要从守恒思想和守恒定律的角度去认识和求解.

例题 1(2009 天津理综) 2008 年 12 月,天文学家们通过观测的数据确认了银河系中央的黑洞"人马座 A*"的质量与太阳质量的倍数关系.研究发现,有一星体 S2 绕人马座 A* 做椭圆运动,其轨道半长轴为 $9.50×10^2$ 天文单位(地球公转轨道的半径为一个天文单位).人马座 A* 就处在该椭圆的一个焦点上.观测得到 S2 星的运行周期为 15.2 年.

(1) 若将 S2 星的运行轨道视为半径 $r=9.50×10^2$ 天文单位的圆轨道,试估算人马座 A* 的质量 M_A 是太阳质量 M_S 的多少倍.(结果保留一位有效数字.)

---

* G. Holton,物理科学的概念和理论导论,上册,人民教育出版社,1983,388 页.转引自《物理学思想史》,119～120 页.

(2) 黑洞的第二宇宙速度极大,处于黑洞表面的粒子即使以光速运动,其具有的动能也不足以克服黑洞对它的引力束缚.由于引力的作用,黑洞表面处质量为 m 的粒子具有势能为 $E_p = -G\dfrac{Mm}{R}$(该粒子在离黑洞无限远处的势能为零),式中 M、R 分别表示黑洞的质量和半径.已知引力常数 $G=6.7\times10^{-11}$ N·m²/kg²,光速 $c=3.0\times10^8$ m/s,太阳质量 $M_S=2.0\times10^{30}$ kg,太阳半径 $R_S=7.0\times10^8$ m.不考虑相对论效应,利用上问结果,在经典力学范围内求人马座 A* 的半径 R_A 与太阳半径 R_S 之比应小于多少?(结果按四舍五入保留整数.)

分析与解答 这是以黑洞为背景的问题.前半题很普遍,以黑洞的引力作为 S2 星体运动的向心力;后半题则包含着引力势能的新知识,需要从能的转化和守恒的角度去考虑.

(1) 星体 S2 绕人马座 A* 做圆周运动时,由人马座 A* 对星体 S2 的引力作为向心力.设星体 S2 的质量为 m_{S2},周期为 T,则

$$G\dfrac{M_A m_{S2}}{r^2} = m_{S2}\dfrac{4\pi^2}{T^2}r$$

设地球的质量为 m_E,公转轨道的半径为 r_E,周期为 T_E,同理有

$$G\dfrac{M_S m_E}{r_E^2} = m_E\dfrac{4\pi^2}{T_E^2}r_E$$

两式相比得

$$\dfrac{M_A}{M_S} = \left(\dfrac{r}{r_E}\right)^3\left(\dfrac{T_E}{T}\right)^2$$

式中 $T_E=1$ 年,$r_E=1$ 天文单位,代入上式后得

$$\dfrac{M_A}{M_S} = 4\times10^5$$

(2) 假设黑洞表面有一个质量为 m,速度为 c 的粒子,其动能为 $E_k=\dfrac{1}{2}mc^2$.它在离开黑洞的过程中必须消耗自身的动能克服黑洞的

引力做功.如果其动能大于黑洞表面处粒子的势能(引力势能),那么这个粒子就能够脱离黑洞的束缚逃逸出去.根据题设条件,这个以光速运动的粒子,其动能也不足以克服黑洞的束缚,表示其动能小于引力势能,总能量为负值,即

$$\frac{1}{2}mc^2 - G\frac{M_A m}{R_A} < 0$$

则

$$R_A < \frac{2GM_A}{c^2}$$

代入数据得

$$R_A < \frac{2 \times 6.7 \times 10^{-11} \times 4 \times 10^5 \times 2.0 \times 10^{30}}{(3 \times 10^8)^2} = 1.2 \times 10^{10} \, (\text{m})$$

所以人马座 A* 的半径 R_A 与太阳半径 R_S 之比

$$\frac{R_A}{R_S} < \frac{1.2 \times 10^{10}}{7.0 \times 10^8} = 17$$

说明 突破本题的关键,要求读懂题中给出的两条信息:①"粒子在离黑洞无限远处的势能为零",意味着无限远处黑洞对粒子的引力为零;②"处于黑洞表面的粒子即使以光速运动,其具有的动能也不足以克服黑洞对它的引力束缚",意味着其动能小于黑洞表面处的引力势能.因此,它在离开黑洞的过程中,任何位置的总能量一定小于零.

题中给出的引力势能,虽然可能是第一次见面,但是只要能够应用这个概念并依据能的转化和守恒进行分析,就可以求解.与此类比,地面上的物体也具有引力势能,其表达式相同.因此,根据对本题的分析知道,要求人造卫星脱离地球的束缚,必须满足条件

$$\frac{1}{2}mv^2 > G\frac{Mm}{R}$$

式中,M 与 R 分别表示地球的质量和半径.由此即可得第二宇宙速度

4 守恒定律的物理学地位和应用特点、步骤

$$v > \sqrt{\frac{2GM}{R}} = \sqrt{2}\,v_1$$

式中,$v_1 = \sqrt{\frac{GM}{R}} = 7.9$ km/s 为第一宇宙速度,代入后得 $v_2 = 11.2$ km/s.

例题 2(2013 北京) 以往我们认识的光电效应是单光子光电效应,即一个电子在短时间内只能吸收到一个光子而从金属表面逸出.强激光的出现丰富了人们对于光电效应的认识,用强激光照射金属,由于其光子密度极大,一个电子在短时间内吸收多个光子成为可能,从而形成多光子光电效应,这已被实验证实.光电效应实验装置示意如图 4.9.用频率为 ν 的普通光源照射阴极 K,没有发生光电效应,换同样频率为 ν 的强激光照射阴极 K,则发生了光电效应.此时,若加上反向电压 U,即将阴极 K 接电源正极,阳极 A 接电源负极,在 KA 之间就形成了使光电子减速的电场,逐渐增大 U,光电流会逐渐减小;当光电流恰好减小到零时,所加反向电压 U 可能是下列的(其中 W 为逸出功,h 为普朗克常量,e 为电子电量)( ).

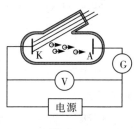

图 4.9

A. $U = \dfrac{h\nu}{e} - \dfrac{W}{e}$ \qquad B. $U = \dfrac{2h\nu}{e} - \dfrac{W}{e}$

C. $U = 2h\nu - W$ \qquad D. $U = \dfrac{5h\nu}{2e} - \dfrac{W}{e}$

分析与解答 用普通光源照射时,阴极 K 的电子只能吸收一个光子,不发生光电效应,表明一个光子的能量不足以克服金属的逸出功,即 $h\nu < W$.

用强光源照射,假设阴极 K 的电子一次可以吸收 n 个光子而发生光电效应,由能的转换和守恒可知

$$nh\nu = \frac{1}{2}mv^2 + W \qquad ①$$

加上反向电压 U, 光电流减小为零, 一定满足条件

$$\frac{1}{2}mv^2 = eU \qquad ②$$

联立①、②两式, 得反向电压为

$$U = \frac{nh\nu}{e} - \frac{W}{e}$$

由于发生光电效应时, 光子只能整个地被吸收, 也就是说, 式中 n 应该为等于或大于 2 的正整数, 因此只有 B 正确.

说明 双光子吸收和多光子吸收的光电效应现象, 完全超越了中学物理教材的范畴, 是全新的知识. 一般中学实验室根本不具备这样的实验条件, 因此既无法有直观的认识, 也不能用经典理论列式判断. 唯有应用能的转化和守恒的思想, 才能对题中这个实验的反向电压作出判断.

光电效应中双光子和多光子的吸收, 爱因斯坦当年也曾经考虑过, 只是由于通常的光源太弱, 可以认为是无法产生的. 爱因斯坦有过一段很有趣的描述: 光电效应中一个电子吸收两个光子的几率不会大于下雨天两个雨滴同时打在一个蚂蚁身上的几率. 可见, 一般情况下发生双光子或多光子吸收的概率几乎为零. 直到 20 世纪 60 年代激光问世后, 对于双光子和多光子的光电效应, 才在实验上和理论上取得了许多成果. 目前, 科学家利用超高光强激光, 不仅可以观察到双光子和三光子的光电效应, 甚至观察到金靶材吸收几十个等效光子的实验现象.

4.3 应用守恒定律解题的步骤

运用守恒定律解题的基本步骤, 可以分为"三部曲".

4 守恒定律的物理学地位和应用特点、步骤

(1) 选取系统

无论是机械能守恒定律或动量守恒定律等,它们都是以系统为研究对象的.因此,使用守恒定律时,首先要通过对题意的分析,选取某个确定的系统作为研究对象,并且要求这个系统满足守恒定律的条件.

在应用守恒定律的时候,选取系统是一个十分重要的环节,它不仅决定着能否应用守恒定律,许多时候往往还与能否顺利解题或解题过程的难易有着密切的关系.

例如,甲、乙两溜冰者的质量分别为 50 kg 和 52 kg,甲手里拿着一个质量为 2 kg 的球,两人均以 2 m/s 的速度在冰面上相向滑行.甲将球抛给乙,乙再将球抛给甲,这样抛接若干次后,当乙的速度变为零时,马上可以判断出甲的速度一定也是零.

因为当把甲、乙和小球作为一个系统时,开始时系统的总动量刚好为零.在两者抛接球的过程中,水平方向可以认为不受外力作用,系统的动量守恒.因此抛接若干次乙的速度变为零的时候,甲的速度必然也为零(否则总动量不守恒),并且跟小球最后在谁的手中无关.

这个结论很容易证明:设原来甲、乙的速度大小均为 $v=2$ m/s,最后甲的速度为 v',以甲原来的运动方向为正方向,根据动量守恒定律,当球在甲手中时

$$(m_甲+m)v - m_乙 v = (m_甲+m)v' + 0$$

当球在乙手中时

$$(m_甲+m)v - m_乙 v = m_甲 v' + 0$$

分别可得

$$v' = v - \frac{m_乙}{m_甲+m}v, \quad v' = \frac{m_甲+m}{m_甲}v - \frac{m_乙}{m_甲}v$$

代入数据后两式都得

$$v' = 0$$

如果不是把甲、乙和小球作为一个系统,而是将过程分解:甲抛

出时,把甲和球作为一个系统,乙接球时,再把乙和球作为一个系统,这样处理将会变得很麻烦.

必须注意,不同的守恒定律对应着不同的条件,相互间没有必然的联系.系统的机械能守恒时,系统的动量不一定守恒;反之,系统的动量守恒时,系统的机械能未必守恒.

如图 4.10 所示,轻弹簧的一端固定在竖直墙上,另一端系一个质量为 M 的木块,将木块放在光滑水平桌面上.一个质量为 m、以水平速度 v_0 飞来的子弹很快击中木块,并留在木块内一起压缩弹簧.

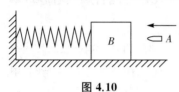

图 4.10

在子弹击中木块的过程中,如果取子弹-木块作为一个系统,由于击中过程很快,可以认为没有外力作用,其动量守恒;但由于击中过程中子弹需要克服摩擦力做功,系统发生了机械能与内能的转化,其机械能不守恒.

接着,木块带着子弹一起压缩弹簧的过程中,由于只有弹力做功,木块-子弹-弹簧系统的机械能守恒,但系统的动量不守恒.

如果考虑从子弹击中木块到弹簧被压缩到最短的整个过程,对于子弹-木块-弹簧系统,由于弹簧与墙壁间有相互作用力,系统的动量不守恒;系统的机械能也不守恒.

可见,每一条守恒定律都跟确定的系统一定的物理过程相对应.

(2) 确定状态

当系统满足守恒定律的条件后,在系统发生运动变化过程中的任何时间、任何位置,也就是在系统所经历的任何一个状态,相关的物理量一定都遵循着守恒关系.但是,在具体应用守恒定律时,必须根据对象所经历的物理过程选取与题设条件密切相关的两个状态(时刻或位置),然后根据其参量(如能量、动量、质量、电量等)建立守恒方程.最为常见的是选取系统运动变化的始、末两状态(或中间有

4 守恒定律的物理学地位和应用特点、步骤

特殊关系的状态),这样往往容易直达问题的核心.

(3) 建立方程

根据所选取的状态(时刻或位置),建立联系这两个状态参量的有关方程式.

在建立方程时,需要注意分清物理量的矢量与标量.对于质量、能量、电量等这些属于标量的物理量,它们不能分解,但有些可以有正负.如果某个物理量是矢量,就应该先规定正方向;同时,还可以利用其分量式建立联系.

下面,我们通过两个例题体会一下运用守恒思想解题的基本步骤.

例题 1(2005 全国理综 Ⅲ) 如图 4.11 所示,一对杂技演员(都视为质点)乘秋千(秋千绳处于水平位置)从 A 点由静止出发绕 O 点下摆,当摆到最低点 B 时,女演员在极短时间内将男演员沿水平方向推出,然后自己刚好能回到高处 A.求男演员落地点 C 与 O 点的水平距离 s.已知男演员质量 m_1 和女演员质量 m_2 之比 $m_1/m_2 = 2$,秋千的质量不计,秋千的摆长为 R,C 点比 O 点低 $5R$.

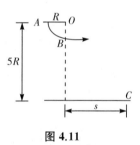

图 4.11

分析与解答 设两演员摆到最低点 B 的速度为 v_0,在这个过程中只有重力做功,两演员与地球的系统机械能守恒.取 B 为势能参考位置,选取 A、B 为始末两状态,有

$$(m_1+m_2)gR = \frac{1}{2}(m_1+m_2)v_0^2 \qquad ①$$

在最低点 B,由于女演员推出男演员的时间极短,可以认为推出过程中绳子依然处于竖直位置,因此当把两演员作为一个系统时,水平方向不受外力,其动量守恒.设男女演员分离时的速度大小分别为 v_1 和 v_2,以分离前后作为始末两瞬间,并规定水平向右为正方向,据动量守恒有

$$(m_1+m_2)v_0 = m_1v_1 - m_2v_2 \qquad ②$$

分离后,男演员做平抛运动,其落地点 C 与 O 的水平距离为

$$s = v_1\sqrt{\frac{2\times 4R}{g}} = v_1\sqrt{\frac{8R}{g}} \qquad ③$$

女演员刚好返回到 A 点,在这过程中女演员-地球系统的机械能守恒,有

$$\frac{1}{2}m_2v_2^2 = m_2gR \qquad ④$$

由①、④两式知

$$v_0 = v_2 = \sqrt{2Rg} \qquad ⑤$$

将⑤式代入②式,并考虑到 $m_1 = 2m_2$ 的关系,得

$$v_1 = 2v_0 = 2\sqrt{2Rg} = \sqrt{8Rg}$$

将它代入③式即得水平距离

$$s = v_1\sqrt{\frac{8R}{g}} = 8R$$

说明 本题主要围绕两条守恒定律,在每个过程中应该选取的系统、确定的状态都比较清晰.

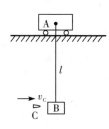

图 4.12

例题 2 如图 4.12 所示,小车 A 的质量 $m_A = 3$ kg,原来静止在光滑的水平轨道上,小车的前侧悬挂着一根长 $l = 1$ m 的细绳,下端悬挂一个质量 $m_B = 2$ kg 的木块 B.一颗质量 $m_C = 10$ g 的子弹以 $v_C = 600$ m/s 的水平速度很快地射穿 B 后速度降为 $v_C' = 100$ m/s,试求木块 B 向右摆的最大高度.取 $g = 10$ m/s².

分析与解答 由于子弹穿透木块的时间很短,可以认为在这个过程中小车仍保持静止.子弹穿透木块过程中,取"子弹+木块"作为一个系统,水平方向不受外力,动量守恒,以子弹穿透木块前后的两

4 守恒定律的物理学地位和应用特点、步骤

时刻作为考察的状态,由

$$m_C v_C = m_C v'_C + m_B v_B$$

得子弹刚穿出木块时木块的速度为

$$v_B = \frac{m_C(v_C - v'_C)}{m_B} = \frac{10 \times 10^{-3}(600 - 100)}{2} \text{ m/s}$$

$$= 2.5 \text{ m/s}$$

以后,木块B带动小车A向右运动,木块B摆至最高处时与小车保持相对静止.在这个过程中,取"木块+小车"作为一个系统,水平方向不受外力,水平方向系统的动量守恒,并且只有重力做功,系统的机械能守恒.以子弹刚穿出木块和木块摆到最高点作为所考察的两状态,由

$$m_B v_B = (m_B + m_A)v$$

$$\frac{1}{2}m_B v_B^2 = \frac{1}{2}(m_B + m_A)v^2 + m_B gh$$

得木块上升的最大高度

$$h = \frac{m_A}{2(m_A + m_B)g}v_B^2 = \frac{3}{2 \times (3+2) \times 10} \times 2.5^2 \text{ m}$$

$$\approx 0.19 \text{ m}$$

说明 根据物理过程的分析,题中可看成有两个系统,对应每一系统又有不同的状态.开始时,适宜选C+B作为一个系统,以后,可只取B+A作为一个系统.

当然,也可以始终选取C+B+A作为一个系统,但必须考虑到A开始时并不随B运动和C穿透木块后C的运动.相应的三个方程变为

$$m_C v_C = m_C v'_C + m_B v_B + m_A v_A \quad (v_A = 0)$$

$$m_B v_B + m_C v'_C = (m_B + m_A)v + m_C v'_C$$

$$\frac{1}{2}m_B v_B^2 + \frac{1}{2}m_C v'^2_C = \frac{1}{2}(m_B + m_A)v^2 + m_B gh + \frac{1}{2}m_C v'^2_C$$

显然没有这个必要.

5 机械能守恒定律的应用

大家知道,科学研究有各种不同的方法,同时也渗透着可贵的思想.从更高的层次上说,如果某种方法背后没有深刻的思想支撑的话,这样的方法只能作为一种技巧.

学习物理也有相似的地方,分析和解决问题虽然会有各种各样具体的方法,但更宝贵的是需要领悟和掌握具有一定"统帅"作用的指导思想."守恒"就是起着"统帅"作用的指导思想.从本章起,我们将分章进一步介绍体现守恒思想的各条守恒定律在中学物理学习中的应用.

5.1 正确理解机械能守恒定律

机械能守恒定律指出:在只有重力和弹性力做功的物体系内,当发生动能和势能(重力势能和弹性势能)相互转化,没有机械能与其他形式能量的转化时,系统机械能的总量保持不变.

为了正确应用机械能守恒定律,首先应该正确理解这个定律.下面概括的几点,对正确理解机械能守恒定律很有意义.

(1) 认识研究对象

机械能包括动能和势能.势能又可分为重力势能(引力势能)和

弹性势能,它们都是系统所有的.重力势能是地球-物体系统所共有的,弹性势能是弹簧-物体系统所共有的.平时常常说"某物体的重力势能或某物体的弹性势能",实际上都是简化的说法.同样,说某物体的机械能守恒,也是简化的说法.必须明确,机械能守恒定律的适用对象,不是单个物体(质点),而是一个物体系统.

(2) 判断守恒条件

一个物体系统的机械能是否守恒,通常可以从两方面去判断:

① 依据做功情况判断

如果某个系统内除重力和弹性力以外的其他力都不做功;或者,虽然有外力做功,但外力对系统做功的代数和为零,系统的机械能守恒.

② 依据能量转化判断

如果某个系统虽然没有外力做功,却在系统内发生了机械能与其他能量的转化(如系统内发生爆炸时,有部分机械能会转化为内能等),系统的机械能也不守恒.

因此,涉及有关机械能的转化和守恒的具体问题时,首先要认识清楚这里的机械能(或能量形式)包含着哪几部分,它们的变化跟什么力做功相对应,整个系统是否受到除重力和弹性力以外的其他力做功……只有明白了系统的受力和各种能量的转化情况(特别当某些力做功或能的转化比较隐蔽的时候),审查清楚确实满足机械能守恒条件后,才能正确地使用守恒定律.

(3) 选用合适公式

机械能守恒定律的数学表述,可以有不同的形式.例如:

$E_1 = E_2$ 或 $E_{k1} + E_{p1} = E_{k2} + E_{p2}$ 表示系统在前后两个状态的机械能相等;

$\Delta E_k = -\Delta E_p$ 表示系统的动能增量等于系统的势能的减少量;

$\Delta E_A = -\Delta E_B$ 表示物体 A 增加的机械能等于物体 B 减少的机械能.

这些不同的数学式虽然有不同的含义,但其实质相同.因此,具体应用中不必拘泥于形式,重在领会其内涵,从研究问题的方便出发——便于找出(写出)系统在不同状态下的机械能表达式和应用机械能守恒定律.

在中学物理学习中,大多数情况下,比较容易理解和表述的形式是

$$E_1 = E_2 \quad \text{或} \quad E_{k1} + E_{P1} = E_{k2} + E_{p2}$$

当涉及系统内几个物体的能量变化(或者当物体间存在着绳或杆的约束)时,采用后面两种表达式会显得比较有优势.

(4) 区分易混概念

① 守恒与运动状态不变的意义不同

在重力和弹性力对物体做功的过程中,必然伴随着系统内物体的动能与势能或势能与动能之间的相互转化过程,可见,"守恒"是一个动态概念,并非表示运动状态不变.例如,一个物体在真空中从高处下落,它的动能和势能时刻在变化,但其机械能守恒;一个跳伞运动员打开降落伞在空中匀速下降,它的运动状态不变,但机械能并不守恒.

② 做功与作用的意义不同

机械能守恒时,只有重力和弹性力做功,不能理解为只有重力和弹性力的作用."作用"与"做功"是两个不同的物理概念,不能混淆.当物体受到外力作用时,若合外力的功等于零,其机械能同样守恒;反之,若合外力为零,机械能可以不守恒.例如,在图 5.1 所示的光滑水平面上放有两物块,中间有一根轻弹簧把它们连接起来.当它们受到一对大小相等、方向相反的水平拉力,使中间的

图 5.1

弹簧伸长时,整个系统所受到的合外力为零,但由于水平拉力对系统(弹簧)做了正功,系统的机械能不守恒.

机械能守恒定律应用中的几点认识

在正确理解机械能守恒定律的基础上,用于分析、解决实际问题时,下列的几点也是必须有所认识和引起重视的.

(1) 机械能守恒与参考系的选择有关

由于物体的运动速度是一个相对量,它是相对于某个确定的参考系而言的.同一个物体的运动相对于不同参考系,物体的运动速度不同.同样,功也是一个相对量,它的数值跟参考系的选择有关.因此,系统的机械能守恒,也是相对于某个确定的参考系而言的.在一个参考系内机械能守恒时,在另一个参考系内机械能未必守恒.

例如,在一个沿平直轨道以速度 v_0 匀速运动的车厢里,放置一个倾角为 θ 的斜面.一个质量为 m 的物块,从斜面上高 h 处由静止下滑,要求物块滑到斜面底端时的速度(图 5.2).

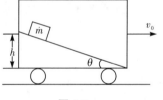

图 5.2

一些同学认为物块随车运动有动能,相对底端又有势能,根据机械能守恒

$$\frac{1}{2}mv_0^2 + mgh = \frac{1}{2}mv^2$$

得

$$v = \sqrt{v_0^2 + 2gh}$$

这样的做法表面上似乎无懈可击,实际上是不正确的.因为斜面随车箱运动时,物块对地面的位移由两部分合成,即由物块沿斜面下滑的位移和车厢运动的位移两者合成.显然,斜面对物块的支持力和

物块的位移并不垂直.所以,当以地面为参考系时,这个过程中外力的功不等于零,物块-地球系统的机械能不守恒,物块对地的速度自然也不能根据机械能守恒定律计算了.

为了进一步看出上述解法的错误,再以如下两种不同解法作比较研究.

① 以车厢(斜面)为参考系

在物块下滑过程中,只有重力做功,斜面的支持力不做功,系统的机械能守恒.设物块下滑到底端时相对车厢的速度大小为 v',取底端为零势能位置,由

$$mgh = \frac{1}{2}mv'^2$$

得

$$v' = \sqrt{2gh} \qquad ①$$

再根据速度合成法则,由图 5.3 得物块对地面的速度大小为

$$v = \sqrt{v_0^2 + v'^2 + 2v_0 v' \cos\theta}$$
$$= \sqrt{v_0^2 + 2gh + 2v_0\sqrt{2gh}\cos\theta} \qquad ②$$

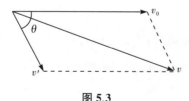

图 5.3

② 以地面为参考系

设在时间 t 内,斜面的位置由 AB 变为 $A'B'$,物块的位置由 A 运动到 B',设 AB' 与水平方向的夹角为 α,物块所受斜面支持力 N 与 AB' 的夹角为 β,如图 5.4 所示.物块从 A 运动到 B' 的过程中,支持力 N 做功为

$$W = N \cdot AB' \cos\beta \qquad ③$$

式中 $N=mg\cos\theta$，$\beta=90°-(\theta-\alpha)$，代入后得

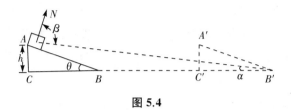

图 5.4

$$W = mg\cos\theta \cdot AB' \cdot \sin(\theta-\alpha) = mg\cos\theta \cdot CB'\sin\theta - mg\cos^2\theta \cdot h$$
$$= mg\cos\theta\sin\theta(h\cot\theta + v_0 t) - mgh\cos^2\theta$$

式中，$t=\dfrac{v'}{g\sin\theta}=\dfrac{\sqrt{2gh}}{g\sin\theta}$，代入后得

$$W = mv_0\cos\theta\sqrt{2gh} \qquad ④$$

根据动能定理

$$mgh + mv_0\cos\theta\sqrt{2gh} = \frac{1}{2}mv^2 - \frac{1}{2}mv_0^2$$

得

$$v = \sqrt{v_0^2 + 2gh + 2v_0\cos\theta\sqrt{2gh}} \qquad ⑤$$

结果与 ② 式相同.

所以，应用机械能守恒定律时，必须明确与参考系的关系.

(2) 整体的机械能守恒与局部的机械能不守恒

一个系统的机械能守恒时，对整个系统来说，肯定只有重力和弹性力做功.但是，对系统内某个物体来说，可能有系统的其他内力对它做功，其机械能未必一定守恒.

如图 5.5 所示，长为 $2l$ 的轻杆的一端和中点各固定一个质量为 m 的小球 A 和 B，另一端与水平转轴 O 相连，使杆可以绕通过 O 的水平

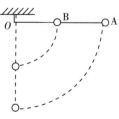

图 5.5

轴在竖直平面内无摩擦地转动.将杆拉至水平位置后轻轻释放,那么,从它开始运动起到达竖直位置的过程中,对 A、B 两球和杆的系统,只有重力做功,机械能守恒.对于每个小球则不同,由于连接杆会对它们做功,因此在这个下落过程中小球的机械能并不守恒.为此,下面作进一步的计算论证.

设杆到达竖直位置时两球速度分别为 v_A、v_B,以初位置为零势能参考位置,对系统有关系式

$$0 = \frac{1}{2}mv_A^2 + \frac{1}{2}mv_B^2 - mg \cdot 2l - mg \cdot l$$

由于两球下落过程中任何位置的转动角速度都相等,因此 A、B 两球的速度之比为

$$\frac{v_A}{v_B} = 2$$

联立两式,得

$$v_A = \sqrt{\frac{24}{5}gl}$$

以 A 球为研究对象,设杆对 A 球做功为 W_A,对 A 球应用动能定理,则

$$W_A + mg \cdot 2l = \frac{1}{2}mv_A^2$$

代入上式的值,得

$$W_A = 0.4mgl$$

可见,A 球下落过程中杆对它做功不为零,因此其机械能并不守恒.

下面是两个类似的问题,请与其他同学相互讨论交流:你是怎样作出结论的?

① 如图 5.6 所示,在一根长 l 的轻杆两端,固定两个质量分别为 m 和 $2m$ 的小球 a 和 b,它们可绕杆中心

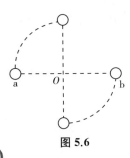

图 5.6

的水平轴无摩擦转动.开始时,轻杆处于水平位置,然后无初速释放,在杆转到竖直位置的过程中,两球的总机械能是否守恒?每个小球的机械能是否守恒?

② 如图 5.7 所示,用一根长 l 的轻杆,两端连接着两个质量分别为 1 kg 和 2 kg 的小球 A 和 B,放在倾角为 θ 的光滑固定斜面上一定高度处,当它们从静止开始沿斜面下滑到底部的过程中,两小球的系统和每个小球的机械能是否守恒?

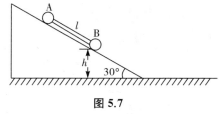

图 5.7

(3) 重视隐性的机械能损失

在有些问题中,研究对象在经历运动变化时机械能的损失很隐蔽(如物体与地面的碰撞、绳子突然绷紧、两物体相碰后结合在一起等),仿佛是预先掘了个坑.如果解题中不仔细分析,常常会误用机械能守恒定律,结果"马失前蹄"落入泥潭.

当问题中出现碰撞或绷紧绳子的情况时,除了认识到全过程中机械能肯定不会守恒外,如果能巧妙地采用"分段研究、分段列式"的方法,就可以绕过发生机械能损失的"关卡",对各个局部同样可以应用机械能守恒定律了.

例题 1(2011 上海) 光滑水平面上两小球 a、b 用不可伸长的松弛细线相连.开始时 a 球静止,b 球以一定速度运动直至绳被拉紧,然后两球一起运动,在此过程中两球的总动量 _____(填"守恒"或"不守恒");机械能 _____(填"守恒"或"不守恒").

分析与解答 把两小球作为一个系统,在水平方向不受外力,细绳拉紧的过程中只有系统的内力作用,所以在此过程中两球的总动量守恒.

由于细绳从松弛到拉紧的过程中,绳子的内能会增加.增加的这些内能由两球的机械能转化而来,所以在此过程中两球的机械能不守恒.

说明 各个定律都有各自相适应的条件,不能混淆.绳子绷紧时的机械能损失很隐蔽,如果疏忽了这一点,认为这里的机械能也守恒,恰好"中招"!

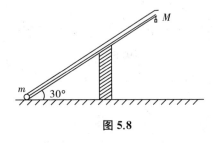

图 5.8

例题 2(2011 江苏) 如图 5.8 所示,长为 l、内壁光滑的直管与水平地面成 $30°$ 角固定放置.将一质量为 m 的小球固定在管底,用一轻质光滑细线将小球与质量为 $M=km$ 的小物块相连,小物块悬挂于管口.现将小球释放,一段时间后,小物块落地静止不动,小球继续向上运动,通过管口的转向装置后做平抛运动,小球在转向过程中速率不变(重力加速度为 g).求小球从管口抛出时的速度大小.

分析与解答 把小球和小物块作为一个系统,从开始释放到小物块将要碰地的过程中,只有重力做功,系统的机械能守恒.以地面为参考平面,开始位置时系统的机械能为

$$E_1 = kmgl\sin 30° = \frac{1}{2}kmgl \qquad ①$$

设小物块将碰地的速度为 v_1,小球上升高度为 $h=l\sin 30° \cdot \sin 30° = \frac{l}{4}$,该位置系统的机械能为

$$E_2 = \frac{1}{2}kmv_1^2 + \frac{1}{2}mv_1^2 + mgh = \frac{1}{2}(k+1)mv_1^2 + \frac{1}{4}mgl \qquad ②$$

根据机械能守恒定律,有关系式

$$\frac{1}{2}(k+1)mv_1^2 + \frac{1}{4}mgl = \frac{1}{2}kmgl \qquad ③$$

小物块落地后,小球继续沿着直管上升直到管口(设速度为 v_2).

5 机械能守恒定律的应用

在这个过程中,只有小球的重力做功,其机械能同样守恒.因此,对小球同理可以有关系式

$$\frac{1}{2}mv_1^2 + \frac{1}{4}mgl = \frac{1}{2}mv_2^2 + \frac{1}{2}mgl \qquad ④$$

联立③、④两式,即得小球从管口抛出的速度大小为

$$v_2 = \sqrt{\frac{k-2}{2(k+1)}gl}$$

说明 题中采用了"分段研究、分段列式"的方法:第1段,从开始释放到小物块将落地;第2段,从小物块落地后到小球上升到管口.这样,就可以绕过发生机械能损失的"关卡".因此,本例题仅取用原试题的第(2)问,突出机械能守恒对该题的应用.由于本题中的小球释放后受到恒力作用,上述速度的计算也可以利用牛顿第二定律结合运动学公式的方法.

如果对本题中绕过"关卡"应用机械能守恒定律已经心领神会的话,那么,就可以在下面这个问题中一展身手了.

练习题

如图5.9所示,在离地面高为 h 的光滑水平桌面上,有三个质量均为 m 的小球,通过两根不可伸长的轻绳连接.每根绳子长 $l(l>h)$.若放在桌边的A球从静止开始下落,则最后一个C球落地的速度大小是多少?(不考虑水平方向的运动.)

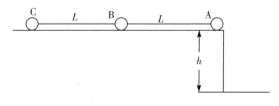

图 5.9

参考答案：$\dfrac{\sqrt{33gh}}{3}$.

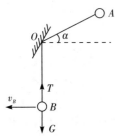

图 5.10

例题 3 如图 5.10 所示,用长 l 的细线悬挂一个质量 m 的小球,并使细线伸直把球拉到 A 点,此时细线与水平方向的夹角 $\alpha = 30°$.轻轻释放后,当小球摆到悬挂点的正下方 B 点时,线的张力多大?

一位同学提出了这样的解法:小球从 A 到 B 的过程中,只有重力做功,机械能守恒.取 B 点为零势能位置,结合圆运动的瞬时特性,有

$$mgl(1+\sin\alpha) = \dfrac{1}{2}mv_B^2, \quad T - mg = m\dfrac{v_B^2}{l}$$

联立两式即得线中张力

$$T = 4mg$$

请对这位同学的解答作出评价.如果是正确的,说明理由;如果是错误的,予以改正.

分析与解答 上述解法不正确,因为小球从 A 运动到 B,细线要经历一个绷紧的瞬间,会造成机械能的损失,因此全过程中机械能并不守恒.

正确的解法应该"分段列式",整个过程可以分为三个阶段:

① 自由落体运动.小球从 A 点释放后,由于线处于松弛状态,小球仅受重力作用做自由落体运动,到达位置 C 时线恰好伸直.由图 5.11 可知, AOC 形成正三角形,小球的速度为

$$v_C = \sqrt{2gl}$$

这也就是机械能守恒的结果.

② 细线绷紧.将小球在 C 点的速度 v_C 沿

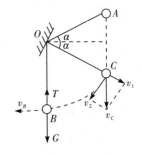

图 5.11

着细线和垂直细线分解,得

$$v_1 = v_C \sin\alpha = \frac{1}{2}\sqrt{2gl}$$

$$v_2 = v_C \cos\alpha = \frac{1}{2}\sqrt{6gl}$$

其中沿着线的分量 v_1 在线的绷紧过程中,因线的冲量作用很快减小到零,小球从位置 C 开始以分量 v_2 绕 O 点作变速圆周运动.

③ 变速圆周运动.从位置 C 到 B 的过程中,只有重力做功,机械能守恒.到达 B 点时结合圆运动的瞬时特性,有关系式

$$\frac{1}{2}mv_2^2 + mgl(1-\cos 60°) = \frac{1}{2}mv_B^2, \quad T - mg = m\frac{v_B^2}{l}$$

联立两式,并代入 v_2 的值,即得张力

$$T = \frac{7}{2}mg$$

说明 在实践活动中,用绳子连接的两个物体很常见,如汽车拉挂车等.当绳子(或线)从开始的松弛状态绷紧时,必然会发生机械能与内能的转化(绳子或线的温度会微微升高),因而有机械能的损失.这种损失很隐蔽,需要通过仔细审题才能发现,以后再见面时不能上当了.

5.3 机械能守恒定律的应用实例

机械能守恒定律是力学中的一条极为重要的定律,可以看成是普遍的能的转化和守恒定律的一个特例,在力学中的应用非常广泛.为了更好地掌握它,下面分几个小专题,结合具体问题介绍它的应用和需要注意的有关问题.

(1) 单个物体中的应用

由于势能是系统所有的,因此所谓的"单个物体"仅是表象,是相

对于两个或两个以上物体的"连接体"而言的.在这里,虽然仅是这个物体本身的动能和势能之间的相互转化,但往往会综合着其他许多知识点(如抛体运动、圆周运动、振动、静电场等)以及极值计算等数学方法,显得非常灵活,并且也是中学物理应用机械能守恒的主要内容.下面选择的这些例题,希望能起到"一叶知秋"的作用.

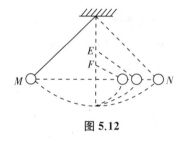

图 5.12

例题 1(2010 安徽) 伽利略曾设计如图 5.12 所示的一个实验,将摆球拉至 M 点放开,摆球会达到同一水平高度上的 N 点.如果在 E 或 F 处钉钉子,摆球将沿不同的圆弧达到同一高度的对应点;反过来,如果让摆球从这些点下落,它同样会达到原水平高度上的 M 点.这个实验可以说明,物体由静止开始沿不同倾角的光滑斜面(或弧线)下滑时,其末速度的大小(　　).

A. 只与斜面的倾角有关　　B. 只与斜面的长度有关

C. 只与下滑的高度有关　　D. 只与物体的质量有关

分析与解答 伽利略设计的摆球实验,在摆球的运动过程中,绳子的张力始终与小球的运动速度垂直,不会对小球做功.伽利略设计的理想斜面实验,小球沿斜面运动的过程中,斜面的支持力始终与球的运动方向垂直,也不会对球做功.因此,如果把这两个实验中的小球和地球作为一个系统,整个过程中只有重力做功,在动能和势能相互转化的过程中,总的机械能保持不变,所以其末速度只与下滑的高度有关.C 正确.

说明 从伽利略设计的这个摆球实验,还可以引发许多问题.例如,钉子位置在什么范围内,可以使摆球绕钉子来回摆动? 在什么范围内,可以使摆球绕钉子做圆周运动? 介于这两个范围之间,又会产生什么新情况呢? 建议有兴趣的读者可以进一步作实验和理论的探究.

例题 2(2013 广东) 如图 5.13 所示,游乐场中,从高处 A 到水面 B 处有两条长度相同的光滑轨道.甲、乙两小孩沿不同轨道同时从 A 处自由滑向 B 处,下列说法正确的有( ).

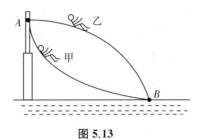

图 5.13

A. 甲的切向加速度始终比乙的大

B. 甲、乙在同一高度的速度大小相等

C. 甲、乙在同一时刻总能到达同一高度

D. 甲比乙先到达 B 处

分析与解答 把这两条弯曲的轨道看成由许多小段的斜面连接而成,切向加速度就是沿斜面下滑的加速度.它的大小为 $a_\tau = g\sin\theta$,式中 θ 是轨道与水平面之间的夹角.由于甲的轨道下半部分与水平面之间的夹角比乙的轨道小,其切向加速度也小,A 错.

甲乙两小孩下滑过程中受到的支持力始终与运动方向垂直,对小孩不做功,仅有重力做功,各自的机械能守恒.滑下同样高度 h 时的速度均为

$$v = \sqrt{2gh}$$

所以 B 正确.

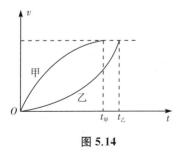

图 5.14

由机械能守恒可知两小孩到达底端 B 的速度大小相等.仿照 v-t 图可以大体画出甲、乙两小孩运动中的速率与时间关系的图像,如图 5.14 所示,这条图线下方的面积同样可以表示相应时间内通过的路程.显然,要求两小孩

沿轨道通过的路程相同时，甲比乙先到达 B 处.并且,在同一时刻,两小孩通过的路程不同,不可能总在同一高度,所以 C 错,D 正确.

说明 本题从游乐场的实际问题出发,渗透着分割累积、类比、图像等思维方法,构思很有新意.

例题 3（2012 浙江理综） 由光滑细管组成的轨道如图 5.15 所示,其中 AB 段和 BC 段是半径为 R 的 1/4 圆弧,轨道固定在竖直平面内.一质量为 m 的小球,从距离水平地面高为 H 的管口 D 处静止释放,最后能够从 A 端水平抛出落到地面上.下列说法正确的是(　　).

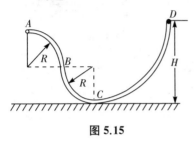

图 5.15

A. 小球落到地面时相对于 A 点的水平位移值为 $2\sqrt{RH-2R^2}$

B. 小球落到地面时相对于 A 点的水平位移值为 $2\sqrt{2RH-4R^2}$

C. 小球能从细管 A 端水平抛出的条件是 $H > 2R$

D. 小球能从细管 A 端水平抛出的最小高度 $H_{\min} = \dfrac{5}{2}R$

分析与解答 设小球从 A 端水平抛出的速度为 v,由于小球在细管内的运动过程中只有重力做功,根据机械能守恒定律和平抛运动规律有

$$mgH = mg(2R) + \frac{1}{2}mv^2$$

$$x = vt = v\sqrt{\frac{2 \times 2R}{g}}$$

联立两式得小球的水平位移:

$$x = 2\sqrt{2RH - 4R^2}$$

所以 A 错,B 正确.

要求小球能从 A 点抛出,到达 A 点的速度必须大于零.根据机械

5 机械能守恒定律的应用

能守恒的条件

$$v=\sqrt{2g(H-2R)}>0$$

因此必然有 $H>2R$，C 正确，D 错.

说明 一些同学看到 A 是圆弧的最高点，套用了圆运动的瞬时特性，由

$$mg=m\frac{v_A^2}{R},\quad mgH=mg(2R)+\frac{1}{2}mv_A^2$$

联立得

$$H=\frac{5}{2}R$$

于是错选为 D. 应该注意：圆运动的瞬时条件 $mg=m\dfrac{v_A^2}{R}$ 意味着小球从 A 点飞出时，与上下管壁都不发生相互作用，既不会压紧上管壁，也不用受到下管壁的支撑，相对说比较严格. 题中只要求小球能从 A 端飞出，即只需满足 $v>0$ 的条件就可以了.

例题 4（2011 全国理综） 我国嫦娥一号探月卫星发射后，先在"24 小时轨道"上绕地球运行（即绕地球一圈需要 24 小时）；然后，经过两次变轨依次到达"48 小时轨道"和"72 小时轨道"；最后奔向月球. 如果按圆形轨道计算，并忽略卫星质量的变化，则在每次变轨完成后与变轨前相比（　　）.

A. 卫星动能增大，引力势能减小

B. 卫星动能增大，引力势能增大

C. 卫星动能减小，引力势能减小

D. 卫星动能减小，引力势能增大

分析与解答 卫星从开始时的"24 小时轨道"，两次变轨依次到达"48 小时轨道"和"72 小时轨道"，运动周期变大，表明离开地球越高. 根据地球的引力提供卫星的向心力关系，即

$$G\frac{Mm}{r^2}=m\frac{v^2}{r} \Rightarrow v=\sqrt{\frac{GM}{r}}$$

可见,当轨道半径 r 越大时,卫星的运动速度越小,即动能越小.

由于太空近似于真空,卫星运动过程中,可以认为除引力外没有其他外力做功,其机械能(动能与引力势能之和)守恒.当卫星的动能减小时,其引力势能必然增大.因此,正确的是 D.

说明 若把离开地球无穷远处作为势能的参考位置,卫星在地面时的引力势能为负值.卫星发射后离开地球越高时,需要克服引力做功越多,转化的引力势能越大,其动能必然减小.

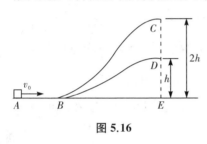

图 5.16

例题 5(2010 上海) 如图 5.16 所示,ABC 和 ABD 为两个光滑固定轨道,A、B、E 在同一水平面,C、D、E 在同一竖直线上,D 点距水平面的高度为 h,C 点高度为 $2h$,一滑块从 A 点以初速度 v_0 分别沿两轨道滑行到 C 或 D 处后水平抛出.

(1) 求滑块落到水平面时,落点与 E 点间的距离 s_C 和 s_D.

(2) 为实现 $s_C < s_D$,v_0 应满足什么条件?

分析与解答 (1) 滑块从 $A \to C$ 或从 $A \to D$ 的过程中,都只有重力做功,机械能守恒.以 $A\text{-}B\text{-}E$ 平面为势能的参考平面,则有

$$\frac{1}{2}mv_0^2=2mgh+\frac{1}{2}mv_C^2, \quad \frac{1}{2}mv_0^2=mgh+\frac{1}{2}mv_D^2$$

分别得

$$v_C=\sqrt{v_0^2-4gh}, \quad v_D=\sqrt{v_0^2-2gh}$$

滑块从顶端 C 或 D 水平抛出后,在竖直方向上由

$$2h=\frac{1}{2}gt_C^2, \quad h=\frac{1}{2}gt_D^2$$

5 机械能守恒定律的应用

分别得运动时间为

$$t_C = \sqrt{\frac{4h}{g}}, \quad t_D = \sqrt{\frac{2h}{g}}$$

所以它们的水平射程分别为

$$s_C = v_C t_C = \sqrt{\frac{4v_0^2 h}{g} - 16h^2}, \quad s_D = v_D t_D = \sqrt{\frac{2v_0^2 h}{g} - 4h^2}$$

(2) 要求实现 $s_C < s_D$,即

$$\sqrt{\frac{4v_0^2 h}{g} - 16h^2} < \sqrt{\frac{2v_0^2 h}{g} - 4h^2} \quad \Rightarrow \quad v_0 < \sqrt{6gh}$$

根据滑块能够到达 C 和 D 水平抛出,又必须满足条件:

$$v_0 > 2\sqrt{gh}$$

综合两个因素,得速度条件为

$$2\sqrt{gh} < v_0 < \sqrt{6gh}$$

说明 本题很容易失误的地方是把结果表示为 $v_0 < \sqrt{6gh}$,疏忽了最小值条件,功亏一篑.

例题 6(2012 上海) 质量分别为 m_A 和 m_B 的两小球带有同种电荷,电荷量分别为 q_A 和 q_B,用绝缘细线悬挂在天花板上.平衡时,两小球恰处于同一水平位置,细线与竖直方向间夹角分别为 θ_1 和 θ_2($\theta_1 > \theta_2$).两小球

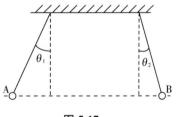

图 5.17

突然失去各自所带电荷后开始摆动,最大速度分别为 v_A 和 v_B,最大动能分别为 E_{kA} 和 E_{kB}.则

A. m_A 一定小于 m_B B. q_A 一定大于 q_B

C. v_A 一定大于 v_B D. E_{kA} 一定大于 E_{kB}

分析与解答 设相互作用的库仑力为 F_C,由小球的力平衡条件

$$F_C = mg\tan\theta \Rightarrow m = \frac{F_C}{g\tan\theta}$$

题设 $\theta_1 > \theta_2$，则 $m_A < m_B$，A 正确.

失去电荷后两球之间没有相互联系，相当于一个独立的单摆从极端位置开始摆动．摆动过程中仅有重力做功，机械能守恒．设摆长为 l，小球摆到平衡位置时的速度为 v，则

$$mgl(1-\cos\theta) = \frac{1}{2}mv^2 \Rightarrow v = \sqrt{2gl - 2gl\cos\theta}$$

题设平衡时两球等高，则 $l_1\cos\theta_1 = l_2\cos\theta_2$，结合 $\theta_1 > \theta_2$ 的条件，有 $l_1 > l_2$．所以有 $v_A > v_B$，C 正确.

根据机械能守恒，小球摆到平衡位置时的动能（最大动能）等于开始摆动时的势能，即

$$E_k = E_P = mgl(1-\cos\theta) = \frac{F_C l(1-\cos\theta)}{\tan\theta} = \frac{F_C l\cos\theta(1-\cos\theta)}{\sin\theta}$$

作变换

$$y = \frac{1-\cos\theta}{\sin\theta} = \frac{2\sin^2\frac{\theta}{2}}{2\sin\frac{\theta}{2}\cos\frac{\theta}{2}} = \tan\frac{\theta}{2}$$

当 $\theta_1 > \theta_2$ 时，有 $y_1 > y_2$，而 $l\cos\theta$ 两者相等，因此有 $E_{kA} > E_{kB}$，D 正确.

由于电荷量的多少没有直接出现在上述各个表达式中，因此无法确定两球电荷量的大小关系，B 错.

说明 本题表面上是静电问题，实际上主要是结合力平衡的机械能守恒问题．题中构思巧妙，亮点很多．如设置偏角的大小，会使人凭偏角的直觉误认为 $q_A > q_B$；指出两球处于同一水平位置，要求把 l 与 $\cos\theta$ 结合为一个整体考虑；比较动能大小时，结合了一定的数学要求等．这些亮点自然也成为解题中的陷阱、难点，应该注意.

5 机械能守恒定律的应用

(2) 连接体中的应用

如两个(或几个)物体用绳子或杆件连接起来组成一个系统,当满足机械能守恒条件时,它们在运动过程中就不像单个物体那样"自由",相互之间会有牵连,而且对不同的约束也会有不同的表现.例如,用轻绳约束的两个物体,由于绳子不可伸长,当绳子绷紧时,两物体在运动过程中沿着绳子方向的速度大小一定相等;当绳子松弛时,两物体的速度大小可以不同.再如,用轻杆约束在两端的两个物体,运动过程中它们的速度在杆长方向上的投影(分量)一定相等.如两物体绕杆上某处转动时,则其角速度都相同.所以,对于连接体,在整个系统满足守恒条件时,还要考虑不同约束的特点.

例题 1(2012 上海) 如图 5.18 所示,可视为质点的小球 A、B 用不可伸长的细软轻线连接,跨过固定在地面上半径为 R 的光滑圆柱,A 的质量为 B 的两倍.当 B 位于地面时,A 恰与圆柱轴心等高.将 A 由静止释放,B 上升的最大高度是( ).

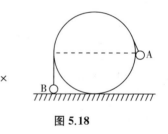

图 5.18

A. $2R$ B. $\dfrac{5}{3}R$ C. $\dfrac{4}{3}R$ D. $\dfrac{2}{3}R$

分析与解答 把 A、B 两小球(包括细线)看成一个系统,在 A 球释放后至落地前的整个过程中只有重力做功,系统的机械能守恒.设 A、B 两小球的质量分别为 $m_A = 2m$,$m_B = m$,取地面为势能的参考平面.开始时系统的机械能为

$$E_1 = m_A gR = 2mgR$$

A 球释放后,由于线的牵连作用,两球运动过程中速度大小相同.当 A 球落地时,设两球的速度均为 v,系统的机械能为

$$E_2 = m_B g R + \frac{1}{2} m_B v^2 + \frac{1}{2} m_A v^2 = mgR + \frac{3}{2} mv^2$$

由机械能守恒 $E_1 = E_2$,即

$$2mgR = mgR + \frac{3}{2} mv^2 \quad \Rightarrow \quad v^2 = \frac{2}{3} gR$$

小球 A 落地后,小球 B 做竖直上抛运动,上升的最大高度为

$$h = \frac{v^2}{2g} = \frac{1}{3} R$$

所以 A 球由静止释放后,B 上升的最大高度为

$$h_{\max} = R + h = \frac{4}{3} R$$

即 C 正确.

说明 有些同学认为 A 球落地时,B 球保持速度 v 做匀速圆周运动会绕行到最高点,于是错选为 A.须知,该瞬间 B 球仅有沿切线方向的速度,并没有受到指向圆心的力,所以不会做圆周运动.

下面是一个面貌相似的问题,却有着不同的内涵,不妨再作比较练习.

练习题

如图 5.19 所示,截面半径为 R 的圆柱体的底部固定,质量为 m 和 $1.2m$ 的 A、B 两球用线跨连接后在光滑圆柱两端,由静止开始运动,小球 A 滑到最高点时对圆柱体的压力为多大?

参考答案:$0.2mg$.

例题 2 在一根长为 $2l$ 的细直硬杆的一端和中点,分别固定着质量相等的两个均质小球 A、B(其大小不计),并把杆竖立在光滑的水平桌面上,如图 5.20 所示.轻轻放手后,杆受到微小扰动就会由于不稳而倒下(如图中虚线所示).试求小球 A 落到水平桌面时速度的大小.

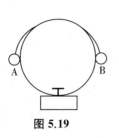

图 5.19

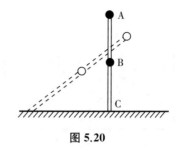

图 5.20

分析与解答 杆滑倒时,两小球同时也绕着沿桌面滑动的一端在转动.A、B 两球落到桌面时具有相同的角速度 ω,它们的瞬时速度分别为

$$v_A = \omega \cdot 2l, \quad v_B = \omega l$$

杆滑倒的过程中,只有重力做功,球、杆和地球系统机械能守恒.取桌面为零势能位置,由开始直立桌面和将落到桌面两位置的机械能得

$$mg \cdot 2l + mgl = \frac{1}{2}mv_A^2 + \frac{1}{2}mv_B^2$$
$$= \frac{1}{2}mv_A^2 + \frac{1}{2}m\left(\frac{v_A}{2}\right)^2$$

所以

$$v_A = 2\sqrt{\frac{6}{5}gl}$$

例题 3 如图 5.21 所示,长为 l 的轻质杆两端固定两个质量均为 m 的相同小球 A 和 B,A 靠在竖直墙上,B 在水平地板上,设墙面与地板的摩擦都不计.开始时,用手扶着杆,使它与地板间的夹角 $\alpha = 60°$.放手后,两球分别沿着墙面和地板滑动,那么,当杆与地板间的夹角多大时,小球 B 的速度达到最大?

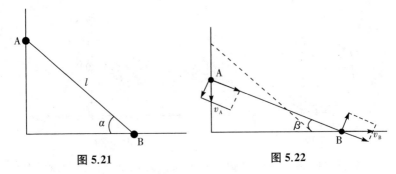

图 5.21 图 5.22

分析与解答　设当杆与水平地板间夹角为 β 时,B 球速度达到最大,此时两球的速度分别为 v_A、v_B(图 5.22).由于杆与两球的整体下滑过程中只有重力做功,系统的机械能守恒.取地板为势能参考位置,有

$$mgl(\sin\alpha - \sin\beta) = \frac{1}{2}mv_A^2 + \frac{1}{2}mv_B^2 \quad ①$$

考虑到两球的瞬时速度沿杆长方向的分量相同,又有

$$v_A \sin\beta = v_B \cos\beta \quad ②$$

将 ② 式平方,代入 ① 式可以得到

$$v_B = \sin\beta \sqrt{gl(\sqrt{3} - 2\sin\beta)} \quad ③$$

为了求出 ③ 式的极值条件,可将 ③ 式平方,并表示为

$$v_B^2 = gl \cdot \sin\beta \sin\beta (\sqrt{3} - 2\sin\beta) \quad ④$$

因为上式中 $\sin\beta + \sin\beta + (\sqrt{3} - 2\sin\beta) = \sqrt{3}$,是个常数,根据不等式性质

$$abc \leqslant \left(\frac{a+b+c}{3}\right)^3$$

因此有关系式

$$v_B^2 = gl \cdot \sin\beta \sin\beta (\sqrt{3} - 2\sin\beta) \leqslant gl \left(\frac{\sin\beta + \sin\beta + (\sqrt{3} - 2\sin\beta)}{3}\right)^3$$

即

5 机械能守恒定律的应用

$$v_B^2 \leqslant gl\left(\frac{\sqrt{3}}{3}\right)^3 = \frac{\sqrt{3}}{9}gl \qquad ⑤$$

当满足条件 $\sqrt{3}-2\sin\beta=\sin\beta$,即 $\sin\beta=\frac{\sqrt{3}}{3}$ 时,④式有极值.所以,当 B 的速度达到最大时杆与地板间夹角为 $\beta=\sin^{-1}\frac{\sqrt{3}}{3}$,对应的最大速度为

$$v_{B\max} = \frac{1}{3}\sqrt{3gl}$$

说明 本题在物理上的要点是:认识到用杆约束时,两球速度沿着杆的分量相等.本题的难点是极值计算,要求比较熟悉不等式性质:若干个函数的和为常数时,它们的积有关系式

$$a_1 a_2 \cdots a_n \leqslant \left(\frac{a_1+a_2+\cdots+a_n}{n}\right)^n \Rightarrow abc \leqslant \left(\frac{a+b+c}{3}\right)^3$$

例题 4 如图 5.23 所示,一条质量不计的细线一端挂一个质量为 M 的砝码,另一端系在质量为 m 的圆环上,圆环套在竖直的细杆上,滑轮和细杆相距 0.3 m.将环拉至与滑轮同一水平高度,然后由静止释放.圆环沿杆向下滑动的最大位移为 0.4 m.运动中一切摩擦阻力都不计.求:

(1) 砝码与圆环的质量比;
(2) 圆环落下 0.3 m 时的速度.

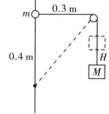

图 5.23

分析与解答 把砝码、圆环(包括细线、地球)作为一个系统,在圆环释放后的下落过程中,仅有重力做功,系统的机械能守恒.

(1) 已知圆环下滑的最大位移 $s_m=0.4$ m,意味着该位置的速度为零.设在这个过程中砝码上升高度为 H,由机械能守恒

$$mgs_m = MgH$$

得砝码与圆环的质量比为

$$\frac{M}{m} = \frac{s_m}{H} = \frac{0.4}{0.5 - 0.3} = 2 \qquad ①$$

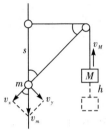

图 5.24

（2）圆环的下落和砝码的上升都是变加速运动，其速度先由零变大，再由大变小直至变为零。设圆环落下距离 $s = 0.3$ m 时的速度为 v_m，砝码的上升高度为 h，速度为 v_M，如图 5.24 所示。由于细线不可伸长，两者沿细线方向的速度分量一定相同。把圆环的速度 v_m 沿着细线和垂直细线分解为 v_x 和 v_y，它下落 0.3 m 时，斜线与水平、竖直两方向间夹角均为 $45°$，于是有

$$v_x = v_y = v_m \cos 45° = \frac{\sqrt{2}}{2} v_m$$

因此有关系式

$$v_M = v_x = \frac{\sqrt{2}}{2} v_m \qquad ②$$

根据机械能守恒得

$$mgs = \frac{1}{2} m v_m^2 + \frac{1}{2} M v_M^2 + Mgh$$

式中 $h = (\sqrt{0.3^2 + 0.3^2} - 0.3)$ m $= 0.124$ m，并将①、②两式代入后得

$$v_m \approx 0.72 \text{ m/s}$$

说明　题中机械能守恒的条件是非常鲜明的，如果能够认识到圆环与砝码沿绳长方向的速度相等，可以说已经胜利在望了。

(3) 包含弹性势能的应用

例题 1　在一个劲度系数 $k = 400$ N/m 的竖立轻弹簧上，固定一

块质量 $m = 2.0$ kg 的木块[图 5.25(a)],若用力把木块下压使弹簧再缩短 $x = 0.05$ m,则当撤去外力后木块能上升的最大高度为多少?取 $g = 10$ m/s^2.

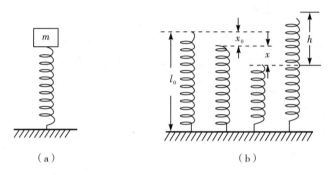

图 5.25

分析与解答 设弹簧原长为 l_0,放上木块后的压缩量为

$$x_0 = \frac{mg}{k} = \frac{2.0 \times 10}{400} \text{ m} = 0.05 \text{ m}$$

当用外力再下压 $x = 0.05$ m 时,压缩量共为 $x_0 + x = 0.1$ m.取该位置为重力势能的零位置,则整个系统的机械能为

$$E_1 = \frac{1}{2}k(x_0 + x)^2$$

撤去压力后设木块上升高度为 h[图 5.25(b)],则在最高点的机械能为

$$E_2 = \frac{1}{2}k[h - (x_0 + x)]^2 + mgh$$

由机械能守恒定律,$E_1 = E_2$,即

$$\frac{1}{2}k(x_0 + x)^2 = \frac{1}{2}k[h - (x_0 + x)]^2 + mgh$$

得

$$h = \frac{2[k(x_0 + x) - mg]}{k} = \frac{2(400 \times 0.1 - 2.0 \times 10)}{400} \text{ m}$$

$= 0.1$ m

说明 在包含着弹性势能和重力势能的问题中,弹性势能应取弹簧处于自然长度的位置为零位置,重力势能的零位置可根据计算方便为原则自由选取.

例题 2 一根劲度系数为 k 的轻弹簧,上端固定在顶板上,下端系一个质量为 m 的小球,把小球放在光滑水面上悬点的正下方时,弹簧恰为原长 l_0[图 5.26(a)].至少需使小球沿水平面具有多大的速度,小球才会离开平面?

分析与解答 设小球离开平面时弹簧伸长量为 x,此时弹簧与水平面间夹角为 α[图 5.26(b)],则

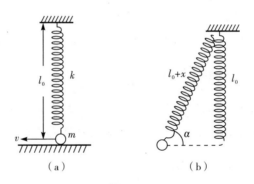

图 5.26

$$\sin\alpha = \frac{l_0}{l_0 + x}$$

小球脱离平面时,弹力的竖直分量应等于重力,即

$$kx\sin\alpha = mg$$

当小球获得初速沿水平面运动时,因受弹力作用做减速运动,小球具有的最小速度应使它所具有的初动能恰好完全转化为弹性势能,由机械能守恒定律知

$$\frac{1}{2}mv^2 = \frac{1}{2}kx^2$$

联立上述三式得

$$v = \frac{mgl_0}{kl_0 - mg}\sqrt{\frac{k}{m}} \quad (\text{在 } kl_0 > mg \text{ 时成立})$$

例题 3（2005 全国）如图 5.27 所示，质量为 m_1 的物体 A 经一轻弹簧与下方地面上的质量为 m_2 的物体 B 相连，弹簧的劲度系数为 k，A、B 都处于静止状态。一条不可伸长的轻绳绕过轻滑轮，一端连物体 A，另一端连一轻挂钩。开始时各段绳都处于伸直状态，A 上方的一段绳沿竖直方向。现在挂钩上挂一质量为 m_3 的物体 C 并从静止状态释放，已知它恰好能使 B 离开地面但不继续上升。若将 C 换成另一个质量为 $m_1 + m_3$ 的物体 D，仍从上述初始位置由静止状态释放，则这次 B 刚离地时 D 的速度大小是多少？已知重力加速度为 g。

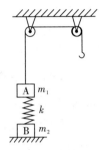

图 5.27

分析与解答 开始时，设弹簧的压缩量为 x_1；挂上 C，当 B 刚离地时，设弹簧的伸长量为 x_2。由平衡条件知

$$kx_1 = m_1 g, \quad kx_2 = m_2 g \qquad ①$$

我们知道，挂上 C 后在它下降和 A 上升的过程中，只有重力和弹性力做功，系统的机械能守恒。根据弹性势能的变化量等于系统重力势能的变化量，有关系式

$$\frac{1}{2}kx_2^2 - \frac{1}{2}kx_1^2 = m_3 g(x_1 + x_2) - m_1 g(x_1 + x_2) \qquad ②$$

联立①、②两式，得

$$m_3 = \frac{m_1 + m_2}{2} \qquad ③$$

换成挂上 D，设 B 刚离地时 D 的速度大小为 v，由于绳子处于绷紧状态，A 上升的速度也是 v，同理有关系式

$$\frac{1}{2}kx_2^2 - \frac{1}{2}kx_1^2 + \frac{1}{2}m_1v^2 + \frac{1}{2}(m_1+m_3)v^2$$
$$=(m_1+m_3)g(x_1+x) - m_1g(x_1+x_2) \qquad ④$$

联立①、③、④式,得

$$v = 2g\sqrt{\frac{m_1(m_1+m_2)}{(5m_1+m_2)k}} \qquad ⑤$$

说明 一些同学误认为挂上C或D后,A、C或A、D都做匀变速运动,然后运用匀变速运动的规律去求解,这样得出的结果就错了.

若不熟悉运用弹性势能公式,可以这样考虑:挂上C,当它下降到最低点,A、C的速度均为零,设系统增加的弹性势能为ΔE,由机械能守恒得

$$m_3g(x_1+x_2) = m_1g(x_1+x_2) + \Delta E \qquad ⑥$$

换成D,当B刚离地时,弹性势能的增加量与上面的情况相同,于是同理有

$$(m_1+m_3)g(x_1+x_2) = \frac{1}{2}(m_1+m_3)v^2 + \frac{1}{2}m_1v^2$$
$$+ m_1g(x_1+x_2) + \Delta E \qquad ⑦$$

联立①、⑥、⑦式,同样得到

$$v = 2g\sqrt{\frac{m_1(m_1+m_2)}{(5m_1+m_2)k}}$$

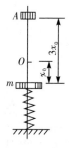

图 5.28

例题 4 质量为m的钢板与直立轻弹簧的上端连接,弹簧下端固定在地上.平衡时,弹簧的压缩量为x_0,如图5.28所示.一物块从钢板正上方距离$3x_0$的A处自由落下,打在钢板上并立刻与钢板一起向下运动.但不粘连,它们到达最低点后又向上运动.已知物块质量也为m时,它们恰好能回到O点.若物块质量为$2m$,仍从A处自由落下,则物块与钢板回到O点时,还具有向上的速

5 机械能守恒定律的应用

度.求物块向上运动到达最高点与 O 点的距离.

分析与解答 物块质量为 m 时,开始下落后的整个物理过程为自由下落→完全非弹性碰撞(动量守恒)→压缩弹簧、反弹(机械能守恒).

设物块与钢板碰前速度为 v_0,与钢板结合后的共同速度为 u_1,弹簧被压缩 x_0 时相对位置 O(对应原长)的弹性势能为 E_p,则有如下关系式:

$$v_0 = \sqrt{2g \cdot 3x_0} = \sqrt{6gx_0} \qquad ①$$

$$mv_0 = (m+m)u_1 = 2mu_1 \qquad ②$$

$$E_p + \frac{1}{2}(2m)u_1^2 = 2mgx_0 \qquad ③$$

物块质量为 $2m$ 时,开始下落后的整个物理过程为下落→碰撞(动量守恒)→压缩弹簧、反弹(机械能守恒)→分离、上抛

设物块与钢板结合后的共同速度为 u_2,反弹到 O 点时具有向上速度为 v,同理有如下关系式:

$$2mv_0 = (2m+m)u_2 = 3mu_2 \qquad ④$$

$$E_p + \frac{1}{2}(3m)u_2^2 = 3mgx_0 + \frac{1}{2}(3m)v^2 \qquad ⑤$$

$$h = \frac{v^2}{2g} \qquad ⑥$$

由①、②两式得 u_1,代入③式得

$$E_p + \frac{3}{2}mgx_0 = 2mgx_0 \qquad ⑦$$

由①、④两式得 u_2,代入⑤式得

$$E_p + 4mgx_0 = 3mgx_0 + \frac{3}{2}mv^2 \qquad ⑧$$

⑧式与⑦式相减后得 v,代入⑥式得

$$h = \frac{x_0}{2}$$

说明　本题的物理过程清晰,难点是物块质量为 $2m$ 时与钢板分离位置的确定——当物块与钢板向上越过 O 点后,弹簧被拉伸,产生向下的弹力.此时钢板受到重力和弹力共同作用,向下的加速度大于 g;而物块只受重力作用,向下的加速度仍为 g.因此,两者在反弹到 O 点时开始分离,使物块做竖直上抛运动.

解答中需要注意的是:① 重力势能的零位置可任意选取,弹性势能则必须以弹簧无形变时的端点位置为零势能位置.② 物块打在钢板上立即一起向下运动,这是一个非弹性碰撞,有机械能的损失.如果忽略这里的隐性损失,就会导致错误.

6 能的转化和守恒定律的应用

上一章,仅局限于机械能守恒定律的应用,这里将扩展到普遍的能的转化和守恒定律的应用.这里的安排是:首先,从具体事例感受能的转化和守恒的普遍性;接着,以中学物理中最为常见的几个方面(如摩擦生热与内能、电场中能的转化、电流做功与能的转化、磁场中能的转化)为代表,体会能的转化和守恒定律在各种实际问题中的应用.

6.1 能的转化与守恒的普遍性

美国著名物理学家、诺贝尔物理学奖得主费曼说过:"有一个事实,如果你愿意,也可以说是一条定律,支配着至今所知的自然现象,这条定律称作能量守恒定律.它指出有某一个量,我们把它称为能量,在自然界经历的多种多样的变化中它不变化."下面,我们通过一些实际问题,可以直观地领悟到费曼所指出的能量及其转化和守恒的普遍意义.

例题1 2010 年上海世博会在"城市,让生活更美好"的主题下,处处体现绿色、环保.如图 6.1 所示为世博会所用的氢燃料电池的结构示意图.利用一块多用表,如何估测它的输出功率.

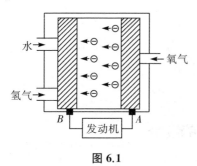

图 6.1

分析与解答 测量步骤如下：① 把多用表的选择开关调至电流挡,选择恰当量程,串联在电路中,读出电流 I;② 把多用表的选择开关调至电压挡,选择恰当量程,把多用表并联在电动机两端,其中红表笔应该接在图中 A 端,读出电压 U;③ 重复上述两步骤,测量多次,取平均值;④ 根据公式 $P=UI$ 算出氢燃料电池输出功率.

说明 燃料电池是一种新型的能源.它可以将燃料与氧化剂中的化学能直接转化为电能,因此相对于其他电源具有转化效率高、稳定性好、环境污染小、寿命长等优势.氢燃料电池结构主要由三部分组成,即阳极、阴极和电解质.如图 6.2 所示,阳极为氢电极,阴极为氧电极,两极之间为电解质.它的工作原

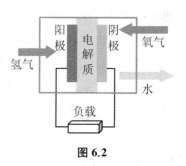

图 6.2

理相当于电解水的逆反应——由电解水方法制得的氢气和氧气进入燃料电池,通过催化剂的作用,在两极引起化学反应：

在阳极处,1 个氢分子分解为 2 个质子,放出 2 个电子,反应式为
$$H_2 \longrightarrow 2H^+ + 2e^-$$ 或表示为 $2H_2 - 4e^- \longrightarrow 4H^+$

在阴极处,氧分子和氢离子与通过外电路到达阴极的电子发生反应生成水,反应式为
$$O_2 + 4H^+ + 4e^- \longrightarrow 2H_2O$$

因此,总的反应为
$$O_2 + 2H_2 \longrightarrow 2H_2O$$

本题取自 2010 年上海高考理综试题,这里的能的转化是很显然

的.如果已知该电动机的效率为 η,汽车运动的速度为 v,那么你能算出该汽车的牵引力吗?

例题 2 绿色植物通过光合作用可以为我们生存的环境除去 CO_2.已知每消耗 1 个 CO_2 分子要吸收 8 个波长为 6.88×10^{-7} m 的光子.若每年有 1.26×10^{18} kJ 的太阳能转化为化学能,则每年可消耗掉的 CO_2 的质量为 _____ kg.已知普朗克常数 $h = 6.63 \times 10^{-34}$ J·s,阿伏伽德罗常数 $N_0 = 6.02 \times 10^{23}$ mol^{-1}.

分析与解答 光合作用是一种太阳能与生物能的转化.设与每年的太阳能相当的光子数为 n,则

$$E = nh\nu = n\frac{hc}{\lambda} \Rightarrow n = \frac{E\lambda}{hc}$$

发生光合作用时消耗的 CO_2 分子数为

$$n' = \frac{1}{8}n = \frac{E\lambda}{8hc}$$

所以每年可消耗掉的 CO_2 的质量为

$$m = \frac{n'}{N_0}M = \frac{E\lambda}{8hcN_0}M$$

$$= \frac{1.26 \times 10^{18} \times 6.88 \times 10^{-7}}{8 \times 6.63 \times 10^{-34} \times 3 \times 10^8 \times 6.02 \times 10^{23}} \times 44 \text{ kg}$$

$$= 3.98 \times 10^{16} \text{ kg}$$

说明 本题的估算虽然是粗略的,希望读者能认识到,通过植树造林所发生的能量转化中对净化环境的影响.

例题 3 萤火虫体内有一种发光物质,称为荧光素,化学式为 $C_{11}H_{10}O_3N_2S_2$,相对分子量为 280.它能使萤火虫有节律地发出黄色的光.设萤火虫所发黄光的频率为 5.0×10^{14} Hz,据测定,1000 只萤火虫发出的光相当于 1 只"220 V 20 W"的白炽灯正常发光时的亮度.则

(1) 1只萤火虫1 s内可发出多少个光子?

(2) 若1个荧光素分子反应后产生1个光子,则1只萤火虫1 s内需消耗多少荧光素?

分析与解答 (1) 萤火虫发光是生物能与光能的转化.频率 $\nu = 5.0 \times 10^{14}$ Hz 的黄光光子能量为

$$E_1 = h\nu = 6.63 \times 10^{-34} \times 5.0 \times 10^{14} \text{ J} = 3.3 \times 10^{-19} \text{ J}$$

1只萤火虫1 s内放出的能量为 $E = \dfrac{20}{1000}$ J $= 0.02$ J,所以1 s内发出的光子数为

$$n = \frac{E}{E_1} = \frac{0.02}{3.3 \times 10^{-19}} = 6.0 \times 10^{16}$$

(2) 因为1 s内发生反应的荧光素分子数就等于 n,所以消耗的荧光素质量为

$$m = \frac{6.0 \times 10^{16}}{6.02 \times 10^{23}} \times 280 \text{ g} = 2.8 \times 10^{-5} \text{ g}$$

说明 本例题和例题2都涉及跨学科的问题,在目前的中学物理学习中体现得还比较少,对这方面有兴趣的同学,可以自觉地多加关注,相信在今后的物理学习中会有进一步的扩展.

例题4 海洋占地球面积的71%,它接收的太阳辐射能比陆地大得多,是一个巨大的能量宝库.潮汐能就是海洋奉献给人们的其中的一份能量.在地球上,潮汐差越大的地方,可以利用的潮汐能也越大.早在1980年,我国就在浙江省温岭建成了当时规模居世界第二的江厦潮汐电站.假设该电站总装机容量(电站的电功率)$P = 3200$ kW,水库面积为 $S = 2.5 \times 10^6$ m²,电站的总能量转换效率 $\eta = 10\%$,年发电量为 $W = 1.07 \times 10^7$ kW·h,请根据这些数据推算该电站涨潮、落潮的平均潮差是多少.每天满负荷的工作时间是多少? 取 $g = 10$ m/s²,海水密度 $\rho_\text{水} = 1.0 \times 10^3$ kg/m³.

分析与解答 潮汐电站是利用潮汐的落差做功而发电的.设平均潮差为 H,每天发电次数为 n,1 年内的潮汐所做的有效的总功就是 1 年时间(t_0)内的总发电量,即

$$W = n\left(\rho_水 SHg \frac{H}{2} \cdot t_0 \cdot \eta\right)$$

得平均潮差为

$$H = \sqrt{\frac{2W}{n\rho_水 Sgt_0 \eta}}$$

式中,$n=4$ 是 1 天发电次数,代入 $W=1.07\times10^7\times3.6\times10^6$ J,$t_0=365$ 天等数据,得

$$H = 4.6 \text{ m}$$

设每天满负荷工作时间为 t,则由

$$Pt = W$$

即得

$$t = 9.2 \text{ h}$$

说明 潮汐是由于月球和太阳引力而引起的海水周期性涨落的现象.理论研究指出,月球和太阳对海水的引潮力可分别表示为

$$F_月 = k\frac{M_月}{r_{月地}^3}, \quad F_日 = k\frac{M_日}{r_{日地}^3}$$

即分别与月球和太阳的质量成正比,与月球和太阳到地球的距离的立方成反比.因此,月球的引潮力约比太阳大 2.2 倍.也就是说,产生潮汐的主要作用是月球.

例题 5(2008 北京) 风能将成为 21 世纪大规模开发的一种可再生清洁能源.风力发电机是将风能(气流的动能)转化为电能的装置,其主要部件包括风轮机、齿轮箱、发电机等.如图 6.3 所示.

(1) 利用总电阻 $R=10$ Ω 的线路向外输送风力发电机产生的电能.输送功率 $P_0=300$ kW,输电电压 $U=10$ kV,求导线上损失的功

率与输送功率的比值.

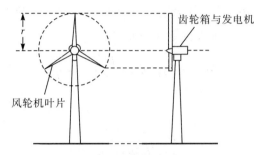

图 6.3 风力发电机示意图

(2) 风轮机叶片旋转所扫过的面积为风力发电机可接收风能的面积.设空气密度为 ρ,气流速度为 v,风轮机叶片长度为 r.求单位时间内流向风轮机的最大风能 P_m.

在风速和叶片数确定的情况下,要提高风轮机单位时间内接收的风能,简述可采取的措施.

(3) 已知风力发电机的输出电功率 P 与 P_m 成正比.某风力发电机在风速 $v_1=9$ m/s 时能够输出电功率 $P_1=540$ kW.我国某地区风速不低于 $v_2=6$ m/s 的时间每年约为 5000 h,试估算这台风力发电机在该地区的最小年发电量是多少千瓦时.

分析与解答 (1) 通过输电线的电流 $I=\dfrac{P_0}{U}$,所以输电线上损失的电功率与输送电功率的比值为

$$\frac{P_{线}}{P_0}=\frac{I^2 R}{P_0}=\frac{P_0 R}{U^2}=\frac{300\times 10^3 \times 10}{(10\times 10^3)^2}=0.03$$

(2) 当风垂直吹向风轮机时,能够提供的风能最大.因为单位时间内垂直流向风轮机的空气质量为

$$m=\rho \cdot \pi r^2 \cdot v$$

所以单位时间内流向风能机的最大风能为

$$P_\mathrm{m} = E_\mathrm{k} = \frac{1}{2}mv^2 = \frac{1}{2}\pi r^2 \rho v^3$$

当叶片数和风速 v 一定时,根据这个表达式知道,可以通过增大叶片半径 r,安装自动调节方向的设备、保证风轮机始终能够正面迎风等方法,提高单位时间内流向风轮机的风能.

(3)设风速为 v_2 时风轮机输出的电功率为 P_2,由题意知

$$\frac{P_2}{P_1} = \frac{P_{2\mathrm{m}}}{P_{1\mathrm{m}}} = \frac{v_2^3}{v_1^3}$$

则

$$P_2 = \left(\frac{v_2}{v_1}\right)^3 P_1 = \left(\frac{6}{9}\right)^3 \times 540 \text{ kW} = 160 \text{ kW}$$

所以最小年发电量为

$$W = P_2 t = 160 \times 5000 \text{ kW} \cdot \mathrm{h} = 8 \times 10^5 \text{ kW} \cdot \mathrm{h}$$

说明 对于风、水、电荷微粒等连续的粒子流,为了计算它们在某段时间内沿运动方向的流量,可以建立一个长为 $v\Delta t$、截面积为 S 的柱模型.如已知密度为 ρ,则单位时间内通过的质量为

$$m = \frac{\Delta m}{\Delta t} = \frac{\rho \cdot v \Delta t \cdot S}{\Delta t} = \rho v S$$

上述几个实例,虽然犹如管中窥豹,但也足以领略到自然界中多种多样能的转化和守恒现象了.

6.2 摩擦生热与热力学第一定律

(1)摩擦生热

"摩擦生热"称得上是人类最先知道和应用的能的转化现象.早在远古时期,原始人就学会了用石块相互打磨获得火种的方法."燧人氏钻木取火"是在我国广为流传的故事.火的应用在人类发展史上具有划时代的意义,是"一切发现中最伟大的发现".

不过,真正认识清楚"摩擦生热"现象,人类经过了一个漫长的探索过程,直到 19 世纪中叶发现能的转化和守恒定律,才称得上揭示了它的本质.如今,人们对摩擦生热现象已经司空见惯,并且其一直伴随在平时的生活中.

"摩擦生热"看似普通,却也绝不可等闲视之.平时显得很温柔的空气,当高速运动的物体跟它摩擦时产生的热量不可小觑.2003 年 2 月 1 日美国东部时间上午 9 时,哥伦比亚号航天飞机在德克萨斯州北部上空解体坠毁,7 名宇航员全部遇难.对这次事故的调查发现,发射后不久,燃料箱外脱落一块泡沫碎片击中左翼隔热板,使隔热板形成裂隙.航天飞机返回经过大气层时,高速运动的飞机由于跟空气的剧烈摩擦,使温度猛升高到 1400 ℃ 以上,这些炙热的空气进入机体内,损毁了内部结构,从而酿成惨祸.

"摩擦生热"是典型的机械能与内能的转化.在这个转化中,一定伴随着摩擦力做功.许多情况下,若无法用摩擦力及其作用点的位移直接计算功(或产生的热)的时候,根据物体的能量变化去确定摩擦力的功(或产生的热),就是一个最有效的方法.

例题 1(2009 全国理综) 以初速度 v_0 竖直上抛一质量为 m 的小物块.假定物块所受的空气阻力 f 大小不变.已知重力加速度为 g,则物块上升的最大高度和返回到原抛出点的速率分别为( ).

A. $\dfrac{v_0^2}{2g\left(1+\dfrac{f}{mg}\right)}$ 和 $v_0\sqrt{\dfrac{mg-f}{mg+f}}$

B. $\dfrac{v_0^2}{2g\left(1+\dfrac{f}{mg}\right)}$ 和 $v_0\sqrt{\dfrac{mg}{mg+f}}$

C. $\dfrac{v_0^2}{2g\left(1+\dfrac{2f}{mg}\right)}$ 和 $v_0\sqrt{\dfrac{mg-f}{mg+f}}$

D. $\dfrac{v_0^2}{2g\left(1+\dfrac{2f}{mg}\right)}$ 和 $v_0\sqrt{\dfrac{mg}{mg+f}}$

分析与解答　以地面为势能的参考位置,设物块上升的最大高度为 h,则上升过程中减少的机械能和摩擦力做功转化增加的内能分别为

$$\Delta E_{\text{机}} = \dfrac{1}{2}mv_0^2 - mgh, \quad \Delta E_{\text{内}} = fh$$

根据能的转化和守恒,由 $\Delta E_{\text{机}} = \Delta E_{\text{内}}$,则

$$\dfrac{1}{2}mv_0^2 - mgh = fh \quad \Rightarrow \quad h = \dfrac{v_0^2}{2g\left(1+\dfrac{f}{mg}\right)}$$

设物块到达地面的速度为 v',从抛出到落地的全过程中损失的机械能和增加的内能分别为

$$\Delta E'_{\text{机}} = \dfrac{1}{2}mv_0^2 - \dfrac{1}{2}mv'^2, \quad \Delta E'_{\text{内}} = 2fh = 2f\dfrac{v_0^2}{2g\left(1+\dfrac{f}{mg}\right)}$$

同理由 $\Delta E'_{\text{机}} = \Delta E'_{\text{内}}$,则

$$\dfrac{1}{2}mv_0^2 - \dfrac{1}{2}mv'^2 = 2f\dfrac{v_0^2}{2g\left(1+\dfrac{f}{mg}\right)} \quad \Rightarrow \quad v' = v_0\sqrt{\dfrac{mg-f}{mg+f}}$$

所以正确的是 A.

说明　由于本题中的空气阻力大小不变,许多同学都习惯于用牛顿运动定律结合运动学公式求解,其实从能的转化和守恒出发,不仅非常简便,还可以避免矢量的方向性,请比较体会.

例题 2(2013 安徽)　质量为 m 的人造地球卫星与地心的距离为 r 时,引力势能可表示为 $E_p = -\dfrac{GMm}{r}$,其中 G 为引力常量,M 为地球质量.该卫星原来在半径为 R_1 的轨道上绕地球做匀速圆周运动,

由于受到极稀薄空气的摩擦作用,飞行一段时间后其圆周运动的半径变为 R_2,此过程中因摩擦而产生的热量为(　　).

A. $GMm\left(\dfrac{1}{R_2}-\dfrac{1}{R_1}\right)$ 　　　　B. $GMm\left(\dfrac{1}{R_1}-\dfrac{1}{R_2}\right)$

C. $\dfrac{GMm}{2}\left(\dfrac{1}{R_2}-\dfrac{1}{R_1}\right)$ 　　　D. $\dfrac{GMm}{2}\left(\dfrac{1}{R_1}-\dfrac{1}{R_2}\right)$

分析与解答　卫星飞行时的轨道半径越大(离开地面越高),能量越大.卫星的总能量包括两项,即动能和引力势能.卫星的轨道半径减小,总能量减小,减小的这些能量就是由于受到摩擦而产生的热量.

卫星在半径为 r 的轨道上运动时,根据地球引力作为向心力的条件

$$G\dfrac{Mm}{r^2}=m\dfrac{v^2}{r} \quad \Rightarrow \quad E_k=\dfrac{1}{2}mv^2=\dfrac{GMm}{2r}$$

卫星的总能量为

$$E=E_k+E_p=\dfrac{GMm}{2r}+\left(-\dfrac{GMm}{r}\right)=-\dfrac{GMm}{2r}$$

卫星从半径为 R_1 的轨道变为半径为 R_2 的轨道,总能量减少

$$\Delta E=E_1-E_2=-\dfrac{GMm}{2R_1}-\left(-\dfrac{GMm}{2R_2}\right)=\dfrac{GMm}{2}\left(\dfrac{1}{R_2}-\dfrac{1}{R_1}\right)$$

这就是因摩擦而产生的热量,所以正确的是 C.

说明　通常,把离开地球无穷远处作为引力势能为零的位置(引力为零).在引力的作用下,将卫星从无穷远处拉向靠近地球的过程中,引力做正功,引力势能减小,所以某位置处的引力势能为负值.

例题 3(2013 全国)　如图 6.4(a)所示,一长木板静止在水平地面上,一滑块静止在长木板上,滑块与木板间、木板与地面间的动摩擦因数分别为 $\mu_1=0.2$、$\mu_2=0.3$.在 $t=0$ 时刻给滑块一向左的初速度

$v_1 = 2$ m/s,同时给木板一向右的初速度 $v_2 = 13$ m/s,已知滑块与木板质量都为 $m = 1$ kg,滑块与木板间的最大静摩擦力等于滑动摩擦力,且滑块始终在木板上.取重力加速度 $g = 10$ m/s^2,求从 $t=0$ 时刻到滑块与木板都停止运动时,滑块与木板间因摩擦产生的热量.

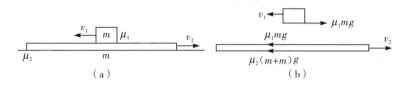

图 6.4

分析与解答 对于滑块和木板组成的系统,它们从运动开始到最后都停止时,整个过程中因摩擦而产生的热量,根据能的转化和守恒,应该等于它们所具有的初动能,即

$$Q = \frac{1}{2}mv_1^2 + \frac{1}{2}mv_2^2 = \frac{1}{2}m(v_1^2 + v_2^2) = \frac{1}{2} \times 1 \times (2^2 + 13^2) \text{ J}$$
$$= 86.5 \text{ J}$$

由于题中仅要求计算滑块和木板间因摩擦产生的热量(设为 Q_1),会涉及两者的相对位移,为了避开困难,可以先算出木板和地面间产生的热量(设为 Q_2),则 $Q_1 = Q - Q_2$.

为了计算 Q_2,就必须分析滑块和木板的运动,并求出木板从开始到停止的位移.

从 $t=0$ 开始,滑块和木板的隔离体受力图如图 6.4(b)所示,滑块向左做匀减速运动,木板向右做匀减速运动.滑块和板的加速度大小分别为

$$a_1 = \mu_1 g = 2 \text{ m/s}^2, \quad a_2 = (\mu_1 + 2\mu_2)g = 8 \text{ m/s}^2$$

经时间 $t_1 = \dfrac{v_1}{a_1} = 1$ s 后,滑块向左运动的速度减为零.结合两者的 v-t 图(图 6.5)可知(以向右为正方向),此时滑块相对于板的滑动趋势

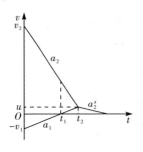

图 6.5

依然向左,因此 $t_1=1$ s 后滑块受力方向和大小不变,向右做匀加速运动,木板继续向右做减速运动,直至两者速度相等(设为 u).

设从开始运动起到两者速度相等经历的时间为 t_2,由

$$-v_1+a_1t_2=v_2-a_2t_2$$

分别得

$$t_2=\frac{v_2+v_1}{a_2+a_1}=1.5 \text{ s}$$

$$u=v_2-a_2t_2=1 \text{ m/s}$$

此时若滑块与木板能够保持相对静止,设共同的加速度为 a_0,相互间摩擦力为 f_0,则对两者有方程:

$$f_0=ma_0, \quad 2\mu_2mg-f_0=ma_0$$

将得到不合理结果($f_0=\mu_2mg>\mu_1mg$).可见,达到相同的速度 u 以后,两者会继续相对滑动.因此,滑块和木板所受摩擦力的大小都不变,只是相互间的摩擦力方向发生了变化,如图 6.6 所示.设此后木板做减速滑行的加速度大小变为 a_2',由

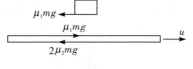

图 6.6

$$2\mu_2mg-\mu_1mg=ma_2' \Rightarrow a_2'=(2\mu_2-\mu_1)g=4 \text{ m/s}$$

根据木板从开始运动到停止的 v-t 图(滑块最后部分 v-t 图像未画),前后两个过程中它通过的总位移为

$$x_2=\frac{u+v_2}{2}t_2+\frac{u^2}{2a_2'}=\frac{1+13}{2}\times 1.5 \text{ m}+\frac{1^2}{2\times 4}\text{m}=10.625 \text{ m}$$

木板与地面间由于摩擦而产生的热量为

$$Q_2=2\mu_2mgx_2=2\times 0.3\times 1\times 10\times 10.625 \text{ J}=63.75 \text{ J}$$

所以,滑块与木板间因摩擦而产生的热量为

$$Q_1 = Q - Q_2 = (86.5 - 63.75) \text{ J} = 22.75 \text{ J}$$

说明 本题取自 2013 年全国新课标 Ⅱ 卷压轴题的一部分,突出摩擦生热中能的转化和守恒.本题的过程较为复杂,结合 v-t 图像帮助理解是一个很好的办法.两者的速度相等,是个临界条件,此后两者并没有相对静止,而是继续相对滑动,并且滑块所受摩擦力的方向发生变化,这是本题的一个难点.上述解答中采用了假设法,请注意体会.

原题另一部分要求从 $t=0$ 开始到两者都停止时,滑块在木板上留下的摩擦痕迹的长度,是又一个难点,请有兴趣的读者自行研究.

(2) 热力学第一定律

热力学第一定律是包含着内能在内的能的转化和守恒定律.中学物理对热力学第一定律的应用大体有两类问题:一类要求指出始、末状态的内能与有关功、热的联系,这类问题往往显得比较明确,基本上是对热力学第一定律的直接应用;另一类结合着不同的具体情景,无论是内能的变化或功、热的交换,往往都显得比较隐蔽.总体上说,目前中学物理围绕热力学第一定律的问题都比较基础.

例题 1(2011 江苏) 如图 6.7 所示,一演示用的"永动机"转轮由 5 根轻

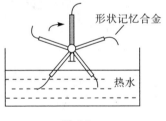

图 6.7

杆和转轴构成,轻杆的末端装有形状记忆合金制成的叶片,轻推转轮后,进入热水的叶片因伸展而"划水",推动转轮转动.离开热水后,叶片形状迅速恢复,转轮因此能较长时间转动.下列说法正确的是( ).

A. 转轮依靠自身惯性转动,不需要消耗外界能量

B. 转轮转动所需能量来自形状记忆合金自身

C. 转动的叶片不断搅动热水,水温升高

D. 叶片在热水中吸收的热量一定大于在空气中释放的热量

分析与解答 从题意可知,转轮启动后,它经历了从热水中吸热——在空气中冷却放热的循环过程,因此这个转轮相当于一个"热机".设在这个循环中转轮吸收和放出的热量分别为 Q_1 和 Q_2,根据热力学第一定律,它转化为叶片的动能为

$$W = Q_1 - Q_2 \quad \text{或} \quad Q_1 = Q_2 + W > Q_2$$

所以 D 正确.

选项 A 明显违背能的转化和守恒定律.选项 C 同样违背能的转化和守恒定律.因为即使将叶片的转动动能全部转化为热能,并全部"还给"水,它始终小于叶片从水中吸收的热量,因此水温不可能升高.

选项 B 中所谓记忆合金自身的能量,即内能,这是一种无序运动的能量.转轮的转动能量属于机械能,是有序运动的能量.从无序运动自发地转化为有序运动,违背了热力学第二定律,所以 B 也错.

说明 记忆合金是 20 世纪 50 年代初发现的一种新材料,目前对它的原理还在继续探究中.记忆合金有多种,题中采用的"形状记忆合金"指的是在外力(或外界)作用下会产生形变,而当撤消外力(或外界作用)后,在一定条件下能够恢复原来形状的合金.

本题用一个小实验渗透着热力学的两条定律,胜过冗长的一大段文字,充分体现出命题者的别具匠心.

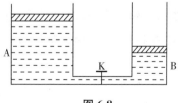

图 6.8

例题 2 图 6.8 中容器 A、B 各有一个可以自由移动的活塞,活塞下面是水,上面是大气,大气压恒定.A、B 的底部由带有阀门 K 的管道相连.整个装置与外界绝热.开始时,A 中水

面比 B 中的高.打开阀门,使 A 中的水逐渐流向 B,最后达到平衡.在这个过程中( ).

A. 大气压力对水做功,水的内能增加

B. 水克服大气压力做功,水的内能减少

C. 大气压力对水不做功,水的内能不变

D. 大气压力对水不做功,水的内能增加

分析与解答 水的流动过程中必定伴随着能量的转化.设 A、B 两容器的截面积分别为 S_1、S_2,A 中水面下降 h_1,B 中水面上升 h_2,大气压为 p_0.

对容器 A,大气压通过活塞对水做功(正功),其值为

$$W_1 = p_0 S_1 h_1$$

对容器 B,水通过活塞克服大气压做功,即大气压对水做负功,其值为

$$W_2 = -p_0 S_2 h_2$$

由于水的体积不变,即

$$h_1 S_1 = h_2 S_2$$

所以大气压通过活塞对水做的总功为

$$W = W_1 + W_2 = p_0(S_1 h_1 - S_2 h_2) = 0$$

在这个过程中,由于 A、B 两容器中水的整体重心位置下降,重力势能减少.由能的转化和守恒可知,水的内能应该增加,水温会微微上升.正确的是 D.

说明 一些同学看到题目后,首先排除的就是 D.他们根深蒂固的理念是,必须通过做功,才会引起能的变化.这个道理是正确的,可惜疏忽了水的重心降低也会做功的因素.这也就是说,内能的变化不仅可以由外界做功引起,也可以由自身做功引起.

例题 3(2010 全国 Ⅱ) 如图 6.9 所示,一绝热容器被隔热板 K 隔开成 a、b 两部分.已知 a 内有一定量的稀薄气体,b 内为真空.抽开

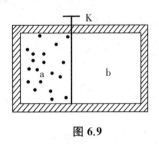

图 6.9

隔板 K 后,a 内气体进入 b,最终达到平衡状态.在此过程中( ).

A. 气体对外界做功,内能减少

B. 气体不做功,内能不变

C. 气体压强变小,温度降低

D. 气体压强变小,温度不变

分析与解答　抽开隔板后,由于 a 中气体向真空膨胀,没有对外界做功(A 错),根据热力学第一定律,其内能不变,温度也不变(C 错).但由于体积膨胀了,气体分子的密度减小,器壁每单位面积在每单位时间内受碰的分子数减少,因此压强会减小.B、D 正确.

说明　通常气体的体积膨胀过程中要做功,是由于它需要推开外物(如活塞、其他气体等)的缘故.向真空膨胀时,既然不用推开外物,因此就不需要做功了.

6.3 电场中的能量转化

电场中能量转化的主要载体是带电粒子,通过电场力的功实现带电粒子的动能、重力势能及电势能之间的转化.应用的基本公式是

$$W_{AB} = qU_{AB} = q(\varphi_A - \varphi_B) = \varepsilon_A - \varepsilon_B$$

$$W = \Delta E_k \Rightarrow qU = \frac{1}{2}mv_t^2 - \frac{1}{2}mv_0^2$$

当粒子的初速度 v_0 可以忽略时,动能定理的关系式可以简化为

$$qU = \frac{1}{2}mv_t^2$$

由于这些关系式都可以不受电场性质的限制,而牛顿运动定律和运动学公式又被限制在匀强电场的范围内,因此,利用能的转化和

6　能的转化和守恒定律的应用

守恒进行研究的优势就更加凸显出来了.

当电场中的带电粒子涉及电场力、重力、弹力等多种不同性质的力共同作用时,特别需要厘清各种力所对应的能量变化关系.如:

　　电场力的功　　→　　电势能的变化

　　重力的功　　　→　　重力势能的变化

　　弹力的功　　　→　　弹性势能的变化

　　合力的功　　　→　　动能的变化

这些能量之间都可以相互转化,转化中又与相应的功密切联系着.

有关电场中能的转化问题,资源非常丰富、涉及面很广,表现形式也多姿多彩.下面,选择若干例题共同体会一下.

例题1(2012 全国新课标)　一水平放置的平行板电容器的两极板间距为 d,极板分别与电池两极相连.上极板中心有一小孔(小孔对电场的影响可忽略不计).小孔正上方 $d/2$ 处的 P 点有一带电粒子,该粒子从静止开始下落,经过小孔进入电容器,并在下极板处(未与极板接触)返回.若将下极板向上平移 $d/3$,则从 P 点开始下落的相同粒子将(　　).

A. 打在下极板上

B. 在下极板处返回

C. 在距上极板 $d/2$ 处返回

D. 在距上极板 $2d/5$ 处返回

分析与解答　带电粒子落至下极板处返回,表示它在 P 点时的重力势能正好全部转化为下极板处的电势能.设电容器两极板间的电压为 U,于是有关系式

$$mg \cdot \left(\frac{1}{2}d + d\right) = qU \qquad ①$$

当下极板向上平移 $d/3$ 时,电容器两极板间的电压不变,电场强度增大.带电粒子从 P 点落到下极板时,重力势能的减少量为

$$\Delta E'_P = mg\left(\frac{1}{2}d + \frac{2}{3}d\right) = mg \cdot \frac{7}{6}d < mg \cdot \frac{3}{2}d \quad \text{②}$$

因此,粒子不会在下极板处返回.设粒子落入电容器的最大距离为 x(即进入电容器后距上极板 x 处返回),同理得

$$mg \cdot \left(\frac{1}{2}d + x\right) = qE'x = q\frac{U}{\frac{2}{3}d}x \quad \text{③}$$

由①、③两式相比,得

$$x = \frac{2}{5}d$$

所以 D 正确.

说明 题中既未指出粒子的电性,也未指出电容器两板的极性,这是对思维定势的一个很好的刺激.实际上,稍加分析可以知道,如果粒子能从下极板处返回,当粒子带正电荷时,电场方向一定竖直向上;当粒子带负电荷时,电场方向一定竖直向下.

带电粒子在平行板电容器中受到恒力作用,因此本题也可以应用牛顿运动定律结合运动学公式求解,但远不如从能量关系考虑方便.在中学物理中,类似这样发生重力势能与电势能的转化问题很常见,下面针对这个问题请继续练习一下.

练习题

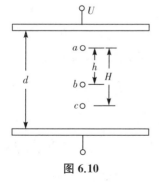

图 6.10

一颗质量为 m、电量为 q 的微粒,从两块相距为 d、水平放置的平行板中某点由静止释放,落下高度 h 后,在平行板上加上一定的电压 U,带电微粒经一定时间后速度变为零.若微粒通过的总位移为 H(图 6.10),试问:两板间电势差为多少?

参考答案: $U = \dfrac{mgdH}{q(H-h)}$.

例题 2 一根长 l 的细线,上端固定,下端拴一质量为 m 的带电小球.将它置于方向水平向右、电场强度为 E 的匀强电场中,平衡时细线偏离竖直方向 α 角(图 6.11).如果使细线的偏角由 α 增大到 β,然后将小球由静止释放,则 β 应为多大,才能使细线摆到竖直位置时小球的速度恰好为零?

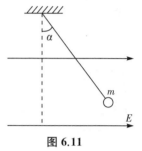

图 6.11

分析与解答 由原平衡条件知,小球必带正电,设电量为 q,则

$$\tan\alpha = \dfrac{qE}{mg}$$

小球后来从细线的偏角 β 落至最低点的过程中,重力势能的减少完全转化为电势能的增加(数值上等于克服电场力的功),于是由

$$mg(l - l\cos\beta) = qEl\sin\beta$$

联立两式,得 $\tan\alpha = \tan\dfrac{\beta}{2}$,即

$$\beta = 2\alpha$$

说明 本题的核心是重力势能与电势能的转化.由于题中重力和电场力都是恒力,小球位置变化后,重力势能和电势能的变化,只需考虑小球沿重力和电场力方向位置的变化.有了这样的认识,就能为研究情景比较复杂些的问题奠定良好的基础.下面这个问题,仿佛作了巧妙的扩展,对驾驭知识的能力是一个很好的检验,请依托本题,充满信心练习一下.

练习题

(2002 全国) 有三根长度皆为 $l = 1.00$ m 的不可伸长的绝缘轻

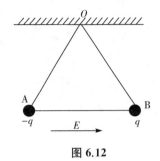

图6.12

线,其中两根的一端固定在天花板上的O点,另一端分别拴有质量皆为$m = 1.00 \times 10^{-2}$ kg 的带电小球 A 和 B.它们的电量分别为$-q$和$+q$,$q = 1.00 \times 10^{-7}$ C. A、B之间用第三根线连接起来,空间中存在大小为$E = 1.00 \times 10^{6}$ N/C 的匀强电场,场强方向沿水平向右.平衡时,A、B 的位置如图6.12所示.现将O、B之间的线烧断,由于有空气阻力,A、B球最后会达到新的平衡位置.求最后两球的机械能与电势能的总和与烧断前相比改变了多少?(不计两带电小球之间相互作用的静电力.)

参考答案:6.8×10^{-2} J.

例题 3 在一根长为$2l$的轻质棒的两端,各固定一个质量分别为$m_A = m$、$m_B = 2m$的小球 A 和 B,A 球带电,B球不带电,棒可绕通过中点的轴O无摩擦地在竖直平面内转动.当在棒周围空间形成一个水平向右的匀强电场时,棒恰好平衡在图 6.13 中与竖直线成θ角的位置上.现将棒从图中水平位置(A 球在左端,B 球在右端)逆时针方向极缓慢地转过$90°$,外力至少需做多少功?

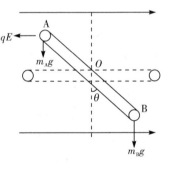

图6.13

分析与解答 设 A 球带电量为q.由轻质棒处于平衡状态条件知,A 球所受的电场力qE必为水平向左,A 球应带负电.且有

$$qEl\cos\theta + mgl\sin\theta = 2mgl\sin\theta$$

所以

$$qE = mg\tan\theta$$

当棒从水平位置逆时针方向转至竖直位置时,两球(包括地球)

重力势能的增量和电势能的增量分别为

$$\Delta E_{p1} = 2mgl - mgl = mgl$$
$$\Delta E_{p2} = qEl$$

如把两球(包括地球)作为一个系统,系统总的势能的增量为

$$\Delta E_p = \Delta E_{p1} + \Delta E_{p2} = mgl + qEl$$

把 $qE = mg\tan\theta$ 代入上式,即得

$$\Delta E_p = mg(1 + \tan\theta)$$

根据能量守恒,系统增加的势能由其他能量通过做功的形式转化而来,故外力的功

$$W = \Delta E_p = mg(1 + \tan\theta)$$

说明 本题要求外力的功,显然无法从功的定义式出发,只有从系统的能量变化考虑.下面的两个问题,请继续试试,可以深化理解.

练习题

(1)(2011 上海) 如图 6.14 所示,场强为 E 的匀强电场中,长为 l 的绝缘轻杆可绕固定轴 O 在竖直平面内无摩擦转动,两个小球 A、B 固定于杆的两端,A、B 的质量分别为 m_1 和 $m_2 (m_1 < m_2)$,A 带负电,电量为 q_1,B 带正电,电量为 q_2,杆从静止开始由水平位置转到竖直位置,在此过程中电场力做功为 _____,在竖直位置处两球的总动能为 _____.

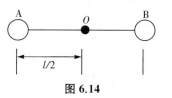

图 6.14

参考答案:$\frac{1}{2}(q_1+q_2)El, \frac{1}{2}[(q_1+q_2)E+(m_2-m_1)g]l$.

(2)(2004 全国理综) 如图 6.15 所示,一绝缘细杆的两端各固定一个小球,两小球带有等量异号的电荷,处于匀强电场中,电场方

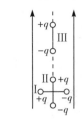

图 6.15

向如图中箭头所示.开始时,细杆与电场方向垂直,即在图中 Ⅰ 所示的位置;接着使细杆绕其中心转过90°,到达图中 Ⅱ 所示的位置;最后,使细杆移到图中 Ⅲ 所示的位置.以 W_1 表示细杆由位置 Ⅰ 到位置 Ⅱ 过程中电场力对两小球所做的功,W_2 表示细杆由位置 Ⅱ 到位置 Ⅲ 过程中电场力对两小球所做的功,则有( ).

A. $W_1 = 0, W_2 \neq 0$ B. $W_1 = 0, W_2 = 0$
C. $W_1 \neq 0, W_2 = 0$ D. $W_1 \neq 0, W_2 \neq 0$

参考答案:C.

例题4(2013 浙江)"电子能量分析器"主要由处于真空中的电子偏转器和探测板组成.偏转器是由两个相互绝缘、半径分别为 R_1 和 R_2 的同心金属半球面A和B构成.A、B为电势值不等的等势面,其过球心的截面如图6.16(a)所示.一束电荷量为 e、质量为 m 的电子以不同的动能从偏转器左端 M 板正中间小孔垂直入射,进入偏转电场区域,最后到达偏转器右端的探测板N.其中动能为 E_{kC} 的电子沿等势面C做匀速圆周运动到达N板的正中间.忽略电场的边缘效应.

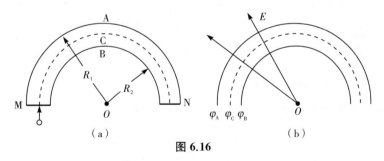

图 6.16

(1) 判断半球面 A、B 的电势高低,并说明理由.
(2) 求等势面 C 所在处电场强度 E 的大小.
(3) 若半球面 A、B 和等势面 C 的电势分别为 φ_A、φ_B 和 φ_C,则到

达 N 板左、右边缘处的电子,经过偏转电场前、后的动能改变量 ΔE_{k1} 和 ΔE_{k2} 分别为多少?

(4) 比较 $|\Delta E_{k1}|$ 与 $|\Delta E_{k2}|$ 的大小,并说明理由.

分析与解答 (1) 要求电子在偏转器内沿等势面 C 做匀速圆周运动,它受到的电场力一定是大小不变、方向始终指向圆心.因此,偏转器内沿圆弧 C 各处的电场强度大小相等,方向都沿着半径向外,如图 6.16(b) 所示,可见 B 板的电势高于 A 板.

(2) 设等势面 C 处的半径为 R_C,电场强度为 E,则

$$R_C = \frac{R_1 + R_2}{2}, \quad eE = m\frac{v^2}{R_C}$$

已知入射粒子的动能 E_{kC},即

$$E_{kC} = \frac{1}{2}mv^2$$

联立三式即得 C 处电场强度

$$E = \frac{4E_{kC}}{e(R_1 + R_2)}$$

(3) 入射小孔处的电势为 φ_C,N 板左右两端的电势分别为 φ_B 和 φ_A.电子从入射小孔到达 N 板左右两端动能的改变量等于其电势能的变化(即电场力的功),即

$$\Delta E_k = W = qU$$

从小孔到 N 板左端的电子,由于电势升高,动能改变量(增加)为

$$\Delta E_{k1} = eU_{CB} = e(\varphi_C - \varphi_B) > 0$$

从小孔到 N 板右端的电子,由于电势降低,动能改变量(减小)为

$$\Delta E_{k2} = eU_{CA} = e(\varphi_C - \varphi_A) < 0$$

(4) 由于偏转器中的电场强度方向都指向圆心,形成从中心向外辐射式的非均匀电场,因此越靠近中心处电场线越密,电场强度越大.可见,在等势面 B、C 间的电场强度大于等势面 C、A 间的电场强度.类比于匀强电场中 $U = Ed$ 的关系可知,沿电场强度方向同样距

离,B、C 间的电势差大,即

$$\varphi_B - \varphi_C > \varphi_C - \varphi_A$$

所以

$$|\Delta E_{k1}| > |\Delta E_{k2}|$$

说明 认识到圆弧 C 各处的电场强度大小不变、方向始终指向圆心,是突破本题的一个关键之处.接着,可以通过判断电势高低、画出电场线,思路就顺畅了.需要注意的是:电场力做功的公式 $W_{AB} = qU_{AB} = q(\varphi_A - \varphi_B)$ 中,q、W、U 都有正负.

 6.4 电流的功及其能量转化

电流做功的能量转化有多种形式,可以将电能转化为机械能(如电动机、电风扇、自动扶梯等)、热能(如白炽灯、电熨斗、电炉、电饭煲等)、化学能(如干电池充电、电解槽)等.这里的问题,有些侧重于能的转换关系——往往可以从输入、输出两方面考虑;有些侧重于对电路结构的认识——需要画出等效电路,才能明确有关电压、电流间的关系.总体上说,恒定电路部分电流的功与能的转化关系一般都比较清晰,不会纠缠着很复杂的物理过程.

例题 1 某商场安装了一台倾角为 $30°$ 的自动扶梯,该扶梯在电压为 380 V 的电动机带动下以 0.4 m/s 的恒定速度向斜上方移动,电动机的最大输出功率为 4.9 kW.不载人时测得电动机中的电流为 5 A,若载人时扶梯的移动速率和不载人时相同,设人的平均质量为 60 kg,$g = 10 \text{ m/s}^2$,则这台自动扶梯可同时乘载的最多人数约为(   ).

A. 16   B. 20   C. 25   D. 41

分析与解答 自动扶梯由电动机带动,电动机输出的电功率应该转化为自动扶梯和人所需要的机械功率.设最多可同时乘载的人数为 n,则

6 能的转化和守恒定律的应用

$$P_{\max} = P_{梯} + P_{人} = UI_0 + nmgv\sin\alpha$$

式中 I_0 就是空载时的电流.得

$$n = \frac{P_{\max} - UI_0}{mgv\sin\alpha} = \frac{4900 - 380 \times 5}{60 \times 10 \times 0.4 \times 0.5} = 25$$

所以 C 正确.

说明 选择中,如果疏忽了自动扶梯所需要的功率或没有认识到最大输出功率的意义,分别由 $P_{\max} = nmgv\sin\alpha$ 或 $UI_0 = nmgv\sin\alpha$ 计算,就会错选 D 和 A 了.

本题很典型地反映了电能与机械能的转化,类似的转化还可以包含热能,并且有时表现得很隐蔽.但是,只要具备了能的转化和守恒的思想,就像有了一双"火眼金睛",立刻可以从中找出隐蔽在其间的物理实质.下面这个问题,可以考察一下你是否具备"火眼金睛".

练习题

如图 6.17 所示,用直流电动机提升重物.重物的质量 $m = 50$ kg,电源电动势 $E = 110$ V,不计电源内阻及各处的摩擦,当电动机以 $v = 0.90$ m/s 的恒定速度向上提升重物时,电路中电流强度 $I = 5$ A,则电动机线圈的电阻 R 为多少?取 $g = 10$ m/s^2.

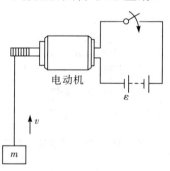

图 6.17

参考答案:4 Ω.

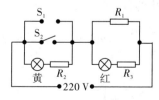

图 6.18 电饭煲电路原理图

例题 2 如图 6.18 所示是某种普通的家用电饭煲的电路图.S_1 是限温开关,手动闭合,当温度达到103 ℃时会自动断开.S_2 是自动温控开关,当温度低于70 ℃时自动闭合;当温度高于80 ℃时自动断开.红灯是加热状态指示灯,黄灯是保温状态指示灯.限流电阻$R_1=R_2=500\ \Omega$,加热电阻丝$R_3=50\ \Omega$,指示灯的电阻不计.

(1) 说明电饭煲的工作原理;

(2) 算出加热和保温两种情况下电饭煲的电功率.

分析与解答 (1) 工作时,手动闭合S_1,R_2被短路,电路简化为如图6.19所示.电流通过R_3开始加热,红色指示灯亮.

当加热至100 ℃,锅中的水沸腾,此后温度保持不变.待水蒸发完后(已成干饭),温度再进一步升高.

当温度升高到103 ℃时,S_1自动断开,电路可简化为如图6.20所示.发热电阻丝两端电压减小,处于保温状态,黄色指示灯亮.

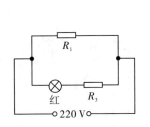
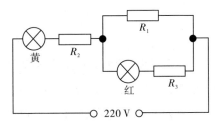

图6.19　电饭煲的加热电路图　　图6.20　电饭煲的保温电路图

当温度低于70 ℃时,S_2自动闭合,使R_2支路短路.R_3恢复原来的电压,又处于加热状态.待温度高于80 ℃时,S_2又自动断开.这样,可使煮熟的饭始终维持在70～80 ℃之间,起到保温作用.

(2) 由图6.18可知,加热时的电功率为

$$P_{加热}=\frac{U^2}{R_1\mathbin{/\mkern-6mu/} R_3}=\frac{R_1+R_3}{R_1 R_3}U^2=\frac{500+50}{500\times 50}\times 220^2\ \text{W}=1064.8\ \text{W}$$

由图6.19可知,保温时的电功率为

$$P_{保温}=\frac{U^2}{R_2+(R_1\mathbin{/\mkern-6mu/} R_3)}=\frac{R_1+R_3}{R_2(R_1+R_3)+R_1 R_3}U^2$$

$$= \frac{500+50}{500(500+50)+500\times 50}\times 220^2 \text{ W}=88.73 \text{ W}$$

说明 电饭煲是人们普遍使用的"小家电",有各种不同的款式和电路结构.建议取出家中电饭煲的使用说明,试试能否看懂它的电路结构和工作原理.

题中介绍的电饭煲电路比较简单.由工作原理可知,如果开始时没有手动闭合 S_1,煮饭时只能热至 80 ℃,也就是说要吃"夹生饭"了,今后得留神呀!

例题 3(2007 北京) 用环保汽车为 2008 年奥运会场馆服务.一辆以蓄电池为驱动能源的环保汽车,总质量 $m=3\times 10^3$ kg.当它在水平路面上以 $v=36$ km/h 的速度匀速行驶时,驱动电机的输入电流 $I=50$ A,电压 $U=300$ V.在此行驶状态下:

(1) 求驱动电机的输入功率 $P_电$;

(2) 若驱动电机能够将输入功率的 90% 转化为用于牵引汽车前进的机械功率 $P_机$,求汽车所受阻力与车重的比值(g 取 10 m/s^2);

(3) 设想改用太阳能电池给该车供电,其他条件不变,求所需的太阳能电池板的最小面积.结合计算结果,简述你对该设想的思考.

已知太阳辐射的总功率 $P_0=4\times 10^{26}$ W,太阳到地球的距离 $r=1.5\times 10^{11}$ m,太阳光传播到达地面的过程中大约有 30% 的能量损耗,该车所用太阳能电池的能量转化效率约为 15%.

分析与解答 (1) 驱动电机的输入功率为
$$P_电=UI=300\times 50 \text{ W}=1.5\times 10^4 \text{ W}$$

(2) 设匀速运动时汽车的牵引力为 F,受到的阻力为 f,则
$$f=F=\frac{P_机}{v}=\frac{0.9P_电}{v}=\frac{0.9\times 1.5\times 10^4}{10}\text{ N}=1.35\times 10^3 \text{ N}$$

所以阻力与车重的比值为
$$\frac{f}{mg}=\frac{1.35\times 10^3}{3\times 10^3\times 10}=0.045$$

(3) 改用太阳能电池时,只需根据太阳照射到地面每单位面积的能量,就可以算出所需太阳能电池板的最小面积.

设太阳能电池板的最小面积为 S,将太阳的辐射能量看成均匀分布在半径为 r 的球面上,该太阳能电池板的接收功率为 $P_{接收}$,考虑太阳能电池板的能量转化效率和太阳辐射的损耗后,应该满足条件

$$P_{电}=0.15P_{接收}, \quad P_{接收}=\frac{(1-0.3)P_0}{4\pi r^2}S$$

得

$$S=\frac{4\pi r^2 P_{电}}{0.15\times 0.7 P_0}=\frac{4\times 3.14\times (1.5\times 10^{11})^2\times 1.5\times 10^4}{0.15\times 0.7\times 4\times 10^{26}} \text{ m}^2$$

$$\approx 101 \text{ m}^2$$

计算结果显示,所需要太阳能电池板的面积过大(超过 100 m^2),将给实际使用带来许多困难和不便.从 S 的表达式可以看到,为了减小太阳能电池板的面积,在保持汽车电功率不变的前提下,唯一可行的办法就是提高太阳能电池板的能量转化效率.如果能够把太阳能电池板的能量转化效率提高到 60%,则所需要的太阳能电池板的面积只有约 25 m^2,使用上就方便了.

说明 近些年来,国际上对利用新能源设计各类车、船的方案很多.下面就是一例,希望你在基础知识的应用中进一步感受创新意识.

练习题

有人设计并自制了一艘实验性的太阳能帆船.它既有普通的柴油发动机作为动力系统,又有四个特殊的风帆,每个高 6 m、宽 1.5 m,表面布满太阳能电池,因此既可以利用风力航行,又可以利用太阳能电池的电能驱动.某次试航时关闭柴油发动机,仅靠风力航行时速度为 2 m/s,阻力大小为 $f=1.5\times 10^3$ N.开动太阳能电池驱动的电

动机后航速增加到 3 m/s.当时在太阳照射下,每平方米风帆上实际获得的太阳能功率为 600 W,电动机的效率 $\eta_1=90\%$.假设船在行驶中所受阻力与船速成正比,风力的功率不受船速影响,问:

(1) 电动机提供的机械功率多大?

(2) 太阳能电池将太阳能转化为电能的效率 η_2 是多少?

参考答案:(1) 7.125×10^3 W;(2) 36.7%.

例题 4(2010 浙江) 如图 6.21 所示,一矩形轻质柔软反射膜可绕过 O 点垂直纸面的水平轴转动,其在纸面上的长度为 L_1,垂直纸面的宽度为 L_2.在膜的下端(图中 A 处)挂有一平行于转轴,质量为 m,长为 L_3 的导体棒使膜绷成平面.在膜下方水平放置一足够大的太阳能光电池板,能接

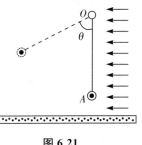

图 6.21

收到经反射膜反射到光电池板上的所有光能,并将光能转化成电能.光电池板可等效为一个电池,输出电压恒定为 U,输出电流正比于光电池板接收到的光能(设垂直于入射光单位面积上的光功率保持恒定).导体棒处在方向竖直向上的匀强磁场 B 中,并与光电池构成回路,流经导体棒的电流垂直纸面向外(注:光电池与导体棒直接相连,连接导线未画出).

(1) 现有一束平行光水平入射,当反射膜与竖直方向成 $\theta=60°$ 时,导体棒处于受力平衡状态,求此时电流强度的大小和光电池的输出功率.

(2) 当 θ 变成 $45°$ 时,通过调整电路使导体棒保持平衡,光电池除维持导体棒力学平衡外,还能输出多少额外电功率?

分析与解答 (1) 当反射膜与竖直方向成 $\theta=60°$ 角时,导体棒受到的力有竖直向下的重力 mg、水平向左的安培力 BIL_2、反射膜的拉力 T,如图 6.22 所示.由力平衡条件

$$BIL_2 = mg\tan\theta$$

得电流和光电池的输出功率分别为

$$I = \frac{mg\tan\theta}{BL_2} = \frac{\sqrt{3}\,mg}{BL_2}$$

$$P = UI = \frac{\sqrt{3}\,mgU}{BL_2}$$

（2）当 $\theta' = 45°$ 时（图 6.23），平衡时导体棒仍然受到三个力，由

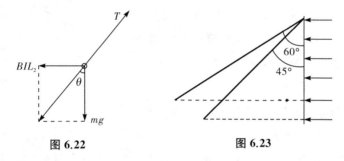

图 6.22　　　　　图 6.23

$$BI'L_2 = mg\tan\theta' \Rightarrow I' = \frac{mg\tan\theta'}{BL_2} = \frac{mg}{BL_2} < I$$

由于反射膜与竖直方向间夹角减小后，光电池接收的光能增加，其输出电流也增加.设前后两情况中反射膜在入射光方向的投影面积分别为 S_1、S_2，由题意可知

$$\frac{I_2}{I_1} = \frac{S_2}{S_1} = \frac{\cos\theta'}{\cos\theta} = \sqrt{2}$$

则

$$I_2 = \sqrt{2}\,I_1 = \sqrt{6}\,\frac{mg}{BL_2}$$

因此，需要设法分流的电流大小为

$$\Delta I = I_2 - I' = (\sqrt{6} - 1)\frac{mg}{BL_2}$$

由于光电池的输出电压恒为 U 不变，因此能够输出的额外电功

率为

$$\Delta P = U\Delta I = (\sqrt{6}-1)\frac{mgU}{BL_2}$$

说明 本题在审题中出现的困难主要表现为：① 给出的反射膜是侧视图；② 光电池与导体棒之间的连接没有具体电路；③ 对"调整电路"的含义不明确.因此会觉得不知如何下手.而在突破了审题一关,在做第(2)题的时候,往往会把电流比表示为

$$\frac{I'}{I}=\frac{\cos\theta'}{\cos\theta}=\sqrt{2}$$

于是,又会误认为需要分流的电流和输出的额外电功率分别为

$$\Delta I = I'-I = (\sqrt{2}-1)I, \quad \Delta P = U\Delta I = (\sqrt{6}-\sqrt{3})\frac{mgU}{BL_2}$$

这些同学疏忽了,偏角减小后,保持平衡的电流也会同时减小.

磁场中的能量转化

磁场中实现能量转化的载体主要是通电导线或线框.电动机和发电机是其中两个最有代表性的实例.前者通过磁场对通电导线(或线框)的作用,将电能转化为机械能；后者通过导体做切割磁感线的运动或闭合电路中发生磁通的变化,将机械能转化为电能.在中学物理中遇到的有关磁场中能量转化的问题,尽管结构和形式上多种多样,其物理实质基本上都可以归结为这样的两大类.

如图 6.24 所示,是发生在静止的恒定不变的匀强磁场中能量转化的一个典型现象.用外力 F 拉动放在金属框上的导体,在导体的运动稳定前,外力的功一部分用于克服磁场力(f)做功,另一部分用于增加导体的动能.其中克服磁场力的这部分功就转化为电路中的电能.

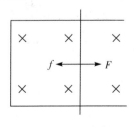

图 6.24

在纯电阻情况下最后转化为全电路中的内能(焦耳热).这个关系可以表示为

$$W_F - W_f = \Delta E_k$$
$$ \longrightarrow E_{电} \longrightarrow E_J$$

稳定后,导体做匀速运动,$\Delta E_k = 0$,上式可表示为

$$W_F = W_f$$
$$ \longrightarrow E_{电} \longrightarrow E_J$$

或用功率表示为

$$P_F = P_f$$
$$ \longrightarrow P_{电} \longrightarrow P_J$$

由于这里涉及导线或线框的运动,因此可以结合着位移、速度、加速度、力、功、动能、势能、动量、碰撞规律、简谐运动等许多概念和规律,以及有关函数图像与极值的运算等数学方法,涉及面广、综合度高、变化灵活,常常作为检验综合运用知识和能力的一个重要方面.

这部分内容的问题,其研究线索通常可以从力和能两方面展开,有时还往往交织应用.但遇到不均匀变化或变力作用的情况时,从力的线索考虑会出现困难,此时抓住能的转化和守恒就成为唯一的手段了.

图 6.25

例题 1 电阻为 R 的矩形导线框 $abcd$,边长 $ab = L, ad = h$,质量为 m.从某一高度自由落下,途中通过一匀强磁场,磁场方向垂直纸面向里,磁场区域的宽度为 h(图 6.25).若线框恰好以恒定的速度通过磁场,则线框中产生的焦耳热为多少?空气阻力

不计.

分析与解答　由于线框匀速通过磁场,在这个过程中,线框重力势能的减少完全转化为产生感应电流的电能,这些电能又全部转化为线框电阻上的焦耳热.因此,由能的转化和守恒立即可知

$$Q = mg \cdot 2h = 2mgh$$

说明　本题完全从能的转化和守恒出发,显得非常简洁.如果你对本题的解答理解清楚的话,下面的练习题应该很顺利了.

练习题

(1)(2008 北京)　均匀导线制成的单位正方形闭合线框 $abcd$,每边长为 L,总电阻为 R,总质量为 m.将其置于磁感应强度为 B 的水平匀强磁场上方 h 处,如图 6.26 所示.线框由静止自由下落,线框平面保持在竖直平面内,且 cd 边始终与水平的磁场边界平行.当 cd 边刚进入磁场时,若此时线框加速度恰好为零,求线框下落的高度 h 所应满足的条件.

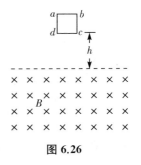

图 6.26

参考答案: $h = \dfrac{m^2 g R^2}{2 B^4 L^4}$.

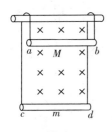

图 6.27

(2) 如图 6.27 所示,两金属杆 ab 和 cd 的长度均为 l,电阻均为 R,质量分别为 M 和 m,且 $M > m$.用两根质量和电阻均可忽略的不可伸长的柔软导线将它们连成闭合回路,并悬挂在水平、光滑、绝缘的圆棒两侧,两金属杆均处于水平位置,整个装置处在一个与回路平面垂直的匀强磁场中,磁感应强度为 B,若金属杆 ab 恰能匀速向下运动,求运动的速度 v.

参考答案：$v = \dfrac{(M-m)gR}{2B^2l^2}$.

提示：由重力的瞬时功率等于回路的电功率即得.

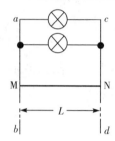

图 6.28

（3）（2011 全国理综）如图 6.28 所示，两根足够长的金属导轨 ab、cd 竖直放置，导轨间距为 l，电阻不计.在导轨上端并接两个额电功率均为 P、电阻均为 R 的小灯泡.整个系统置于匀强磁场中，磁感应强度方向与导轨所在平面垂直.现将一质量为 m、电阻可以忽略的金属棒 MN 从图示位置由静止开始释放.金属棒下落过程中保持水平，且与导轨接触良好.已知某时刻后两灯泡保持正常发光.重力加速度为 g.求：

① 磁感应强度的大小；

② 灯泡正常发光时导体棒的运动速率.

参考答案：① $\dfrac{mg}{2l}\sqrt{\dfrac{R}{P}}$；② $\dfrac{2P}{mg}$.

提示：某时刻后灯泡保持正常发光，意味着电流恒定，金属棒必定做匀速运动.① 重力等于安培力；② 重力的瞬时功率等于电功率.

（4）（2010 江苏） 如图 6.29 所示，两足够长的光滑导轨竖直放置，相距为 L，一理想电流表与两导轨相连，匀强磁场与导轨平面垂直.一质量为 m、有效电阻为 R 的导体棒在距磁场上边界 h 处静止释放.导体棒进入磁场后，流经电流表的电流逐渐减小，最终稳定为 I.整个运动过程中，导体棒与导轨接触良好，且始终保持水平，不计导轨的电阻.求：

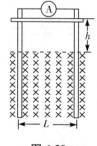

图 6.29

① 磁感应强度的大小 B；

② 电流稳定后，导体棒的运动速度的大小 v；

③ 流经电流表电流的最大值 I_m.

参考答案:① $B=\dfrac{mg}{IL}$;② $v=\dfrac{I^2R}{mg}$;③ $I_m=\dfrac{mg\sqrt{2gh}}{IR}$.

提示:① 电流稳定时,导体棒做匀速运动,重力等于安培力;② 由导体棒重力的瞬时功率等于电功率求得;③ 刚进入磁场时速度最大,电流最大.

(5)(2013 安徽)如图 6.30 所示,足够长的平行金属导轨倾斜放置,倾角为37°,宽度为 0.5 m,电阻忽略不计.其上端接一小灯泡,电阻为 1 Ω.一导体棒MN垂直于导轨放置,质量为 0.2 kg,接入电路的电阻为 1 Ω,

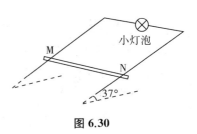

图 6.30

两端与导轨接触良好,与导轨间的动摩擦因数为 0.5.在导轨间存在着垂直于导轨平面的匀强磁场,磁感应强度为 0.8 T.将导体棒MN由静止释放,运动一段时间后,小灯泡稳定发光,此后导体棒MN的运动速度以及小灯泡消耗的电功率分别为( ).(重力加速度 g 取 10 m/s², sin 37°=0.6.)

A. 2.5 m/s,1 W　　　　B. 5 m/s,1 W
C. 7.5 m/s,9 W　　　　D. 15 m/s,9 W

参考答案:B.

提示:稳定后重力的瞬时功率等于电功率和克服摩擦的功率之和,求得 v 后,即可由切割运动得感应电动势和电流,从而得小灯泡电功率.

例题1和5个练习题中磁场都具有同样的特征,也都包含着稳定时重力的瞬时功率等于感应电流电功率的关系.列出这几个题进行比较,并非要求记住什么类型,而是希望能够更好地领会从能的关系上去考虑问题的方法和优势.在平时的学习中,如果能够经常做些类似这样的比较分析,而不是被动地陷于题海之中,无疑地对学习能力的提高会有很大的帮助.

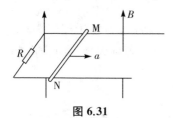

图 6.31

例题 2(2012 天津) 如图 6.31 所示,一对光滑的平行金属导轨固定在同一水平面内,导轨间距 $l=0.5$ m,左端接有阻值 $R=0.3$ Ω 的电阻,一质量 $m=0.1$ kg,电阻 $r=0.1$ Ω 的金属棒 MN 放置在导轨上,整个装置置于竖直向上的匀强磁场中,磁感应强度 $B=0.4$ T.棒在水平向右的外力作用下,由静止开始以加速度 $a=2$ m/s^2 做匀加速运动,当棒的位移 $x=9$ m 时撤去外力,棒继续运动一段距离后停下来.已知撤去外力前后回路中产生的焦耳热比 $Q_1:Q_2=2:1$,导轨足够长且电阻不计,棒在运动过程中始终与导轨垂直且两端与导轨保持良好接触,求:

(1) 棒在匀加速运动过程中,通过电阻 R 的电荷量 q;

(2) 撤去外力后回路中产生的焦耳热 Q;

(3) 外力做的功 W_F.

分析与解答 (1) 设匀加速运动的时间为 Δt,回路中产生的平均电流为 I,则通过电阻 R 的电荷量为

$$q = I\Delta t$$

根据闭合电路欧姆定律和法拉第电磁感应定律有关系式

$$I = \frac{E}{R+r}, \quad E = \frac{\Delta\varphi}{\Delta t} = \frac{Blx}{\Delta t}$$

联立以上三式得

$$q = \frac{Blx}{R+r} = \frac{0.4 \times 0.5 \times 9}{0.3+0.1} \text{ C} = 4.5 \text{ C}$$

(2) 撤去外力时棒的速度和动能分别为

$$v = \sqrt{2ax} = \sqrt{2 \times 2 \times 9} \text{ m/s} = 6 \text{ m/s}$$

$$E_k = \frac{1}{2}mv^2 = \frac{1}{2} \times 0.1 \times 6^2 \text{ J} = 1.8 \text{ J}$$

棒在安培力作用下减速滑行直至停止,根据能的转化和守恒可知,棒的动能最后完全转化为回路中的焦耳热,即

$$Q_2 = E_k = 1.8 \text{ J}$$

(3) 已知撤去外力前后回路中产生的焦耳热比 $Q_1 : Q_2 = 2 : 1$,得

$$Q_1 = 3.6 \text{ J}$$

当外力作用时,整个回路的能量转化关系为

$$W_F - W_f = \Delta E_k$$
$$\downarrow$$
$$\rightarrow Q_2$$
$$\rightarrow E_电 \rightarrow Q_1$$

所以,外力的功

$$W_F = Q_1 + Q_2 = 5.4 \text{ J}$$

说明　本题实际上也涵盖了研究电磁感应的两条基本线索,即力与运动的关系和能的转化,尤其是从能的线索出发,往往更为简洁.

例题 3　两根足够长的固定的平行光滑金属导轨位于同一水平面内,导轨间距为 l. 导轨上相隔一定距离垂直放置两根导体棒 ab 和 cd,如图 6.32 所示. 两导体棒的质量均为 m,电阻均为 R,电路中其他部分的电阻不计. 在整个导体平面内有竖直向上的匀强磁场,磁感应强度为 B. 开始时,cd 棒静止,ab 棒以初速度 v_0 向着 cd 棒运动. 假设两棒始终不会接触,求:

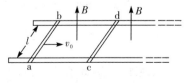

图 6.32

(1) 在运动过程中产生的焦耳热最多是多少?

(2) 当 ab 棒的速度变为初速度的 3/4 时,cd 棒的加速度是多少?

分析与解答 (1) ab 棒右移,切割磁感线,在回路中产生感应电流,使两棒通过磁场发生相互作用.把两棒作为一个系统,仅受内力作用,动量守恒.由

$$mv_0 = 2mv \Rightarrow v = \frac{v_0}{2}$$

根据整个系统能的转化和守恒,产生的热量最多为

$$Q = \frac{1}{2}mv_0^2 - \frac{1}{2}(2m)v^2 = \frac{1}{4}mv_0^2$$

(2) 当 ab 棒的速度变为 $\frac{3}{4}v_0$ 时,设 cd 棒的速度为 v_x,由动量守恒

$$mv_0 = m\left(\frac{3}{4}v_0\right) + mv_x \Rightarrow v_x = \frac{1}{4}v_0$$

整个电路中的感应电动势由两棒共同产生,它们的感应电动势方向相反,因此整个电路中的感应电动势和感应电流分别为

$$E_x = E_{ab} - E_{cd} = Bl\left(\frac{3}{4}v_0 - v_x\right) = \frac{1}{2}Blv_0$$

$$I_x = \frac{E_x}{R_{ab} + R_{cd}} = \frac{\frac{1}{2}Blv_0}{2R} = \frac{Blv_0}{4R}$$

cd 棒由于受到安培力而产生的加速度为

$$a = \frac{F_x}{m} = \frac{BI_xl}{m} = \frac{B^2l^2v_0}{4Rm}$$

说明 解答结果得到 cd 棒的加速度是一个确定的值,但它并非做匀加速运动.实际上,运动过程中对应着 ab 棒的速度从 v_0 变为 $\frac{v_0}{2}$

的不同瞬间,cd 棒有不同的加速度.

在两棒质量和电阻都相同的题设条件下,由

$$mv_0 = mv_{ab} + mv_{cd}, \quad E = Bl(v_{ab} - v_{cd})$$

可得 cd 棒(或 ab 棒)加速度的一般表达式

$$a = \frac{BIl}{m} = \frac{B^2l^2}{2Rm}(v_{ab} - v_{cd}) = \frac{B^2l^2}{2Rm}(2v_{ab} - v_0)$$

或

$$a = \frac{B^2l^2}{2Rm}(v_0 - 2v_{cd})$$

由此可见,对应于两棒的不同速度,两棒的加速度有不同的值,因此它们并非做匀变速运动.

当 $a = 0$ 时,$v_{ab} = v_{cd} = \dfrac{v_0}{2}$,即两棒达到共同速度.

例题 4(2012 上海) 如图 6.33 所示,质量为 M 的足够长金属导轨 abcd 放在光滑的绝缘水平面上.一根电阻不计,质量为 m 的导体棒 PQ 放置在导轨上,始终

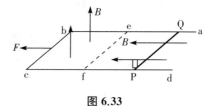

图 6.33

与导轨接触良好,PQbc 构成矩形.棒与导轨间动摩擦因数为 μ,棒左侧有两个固定于水平面的立柱.导轨 bc 段长为 L,开始时 PQ 左侧导轨的总电阻为 R,右侧导轨单位长度的电阻为 R_0.以 ef 为界,其左侧匀强磁场方向竖直向上,右侧匀强磁场水平向左,磁感应强度大小均为 B.在 $t = 0$ 时,一水平向左的拉力 F 垂直作用于导轨的 bc 边上,使导轨由静止开始做匀加速直线运动,加速度为 a.

(1) 求回路中感应电动势及感应电流随时间变化的表达式;

(2) 经过多少时间拉力 F 达到最大值,拉力 F 的最大值为多少?

(3)某一过程中回路产生的焦耳热为 Q,导轨克服摩擦力做功为 W,求导轨动能的增加量.

分析与解答 (1)施力后,导轨做初速为零的匀加速运动.经时间 t,其速度和位移分别为

$$v = at, \quad s = \frac{1}{2}at^2$$

导轨因切割磁感线产生的感应电动势和感应电流分别为

$$E = BLv = BLat, \quad I = \frac{BLv}{R_s} = \frac{BLat}{R + 2R_0 s} = \frac{BLat}{R + R_0 at^2}$$

电流方向沿着 cbQP 顺时针方向流动.

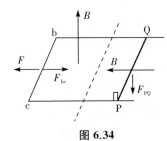

图 6.34

(2)感应电流的产生,使导轨的 bc 边受到竖直磁场水平向右的安培力 F_{bc},使导体棒 PQ 受到水平磁场竖直向下的安培力 F_{PQ},并将压紧导轨,增大了摩擦力,如图 6.34 所示.这两个安培力和摩擦力的大小分别为

$$F_{bc} = F_{PQ} = BIL = \frac{B^2 L^2 at}{R + R_0 at^2}$$

$$f = \mu N = \mu(mg + F_{PQ}) = \mu\left(mg + \frac{B^2 L^2 at}{R + R_0 at^2}\right)$$

根据牛顿第二定律 $F - F_{bc} - f = Ma$ 得

$$F = Ma + F_{bc} + f = Ma + \mu mg + (1+\mu)\frac{B^2 L^2 at}{R + R_0 at^2}$$

因为上式第三项中 $\frac{R}{t} \cdot R_0 at = RR_0 a$ 为一个常量,所以当 $\frac{R}{t} = R_0 at$,即 $t = \sqrt{\frac{R}{R_0 a}}$ 时,分母有最小值,外力 F 取最大值.其值为

$$F_{\max} = Ma + \mu mg + \frac{1}{2}(1+\mu)B^2 L^2 \sqrt{\frac{a}{RR_0}}$$

6　能的转化和守恒定律的应用

（3）为了计算动能增量,设某过程中导轨移动距离为 s,在这个过程中,克服 bc 边的安培力所做的功转化为导轨的电能,最后以焦耳热的形式放出来.因此,据题意有

$$Q = F_{bc}s = \left(\frac{B^2L^2at}{R+R_0at^2}\right)s$$

$$W = fs = \mu mg \cdot s + \mu\left(\frac{B^2L^2at}{R+R_0at^2}\right)s = \mu mgs + \mu Q$$

即

$$s = \frac{W-\mu Q}{\mu mg}$$

因为导轨所受合外力所做的功,应该等于其动能的增量,即

$$\Delta E_k = F_{合}s = Mas = \frac{Ma}{\mu mg}(W-\mu Q)$$

说明　本题的设计颇具匠心,涵盖了研究电磁感应现象的两条基本线索.由

$$F_{合} = F - F_{bc} - f = Ma$$

得

$$F_{合}s = Fs - F_{bc}s - fs = Mas = \Delta E_k$$

式中,Fs 为拉力做的功;$F_{bc}s$ 为安培力做的功,就是转化为感应电流的电能,最后转化为焦耳热的功;fs 为摩擦力做的功;很典型地体现了电磁感应现象中的能量转化关系.解题中应该领悟到两处假设的含义:导体棒 PQ 没有电阻,表示不产生焦耳热;它始终处于水平磁场内,受到的安培力竖直向下,仅起增大摩擦力的作用,不会直接出现在金属导轨 abcd 的运动方程中.

7 动量守恒定律的应用

7.1 正确理解动量守恒定律

(1) 动量守恒定律的内容与表达式

动量守恒定律是自然界的一条普遍规律.大至星座的宏观系统,小至原子、基本粒子的微观系统,无论系统内包含任何数目的物体,各个物体间相互作用是什么样性质的力,以及物体间相互作用后是黏合在一起或是分裂成许多碎块,只要整个系统不受外力或所受外力的矢量和为零,系统的动量必定保持不变.用公式表示可写成

$$\sum p_i = \sum p_i'$$

表示系统相互作用前后的动量和(总动量)不变.

对于常见的两个物体的系统,通常可以有实质相同的三种表达式:

① $m_1v_1 + m_2v_2 = m_1v_1' + m_2v_2'$ 表示两物体相互作用前后的动量和不变.

② $\Delta p_1 + \Delta p_2 = 0$(或 $\Delta p = 0$) 表示相互作用两物体动量的增量和为零.

③ $\Delta p_1 = -\Delta p_2$ 表示相互作用两物体动量的增量大小相等、方

7 动量守恒定律的应用

向相反.

两个物体组成的系统的动量守恒表达式,可以用牛顿运动定律推导出来:设两物体所受对方的作用力分别为 $F_{2对1}$ 和 $F_{1对2}$,其加速度分别为 a_1 和 a_2,根据牛顿第二定律有

$$F_{2对1}=m_1 a_1=m_1\frac{v'_1-v_1}{t_1}, \quad F_{1对2}=m_2 a_2=m_2\frac{v'_2-v_2}{t_2}$$

根据牛顿第三定律有

$$F_{2对1}=-F_{1对2}, \quad t_1=t_2$$

由上面四式得

$$m_1(v'_1-v_1)=-m_2(v'_2-v_2)$$

这就是表达式 ③,移项后为表达式 ②,整理后即为最常用表达式 ①,即为

$$m_1 v_1+m_2 v_2=m_1 v'_1+m_2 v'_2$$

应该指出的是,上面的动量守恒表达式虽然可以从牛顿运动定律推导出来,但它的适用范围并不受到牛顿运动定律的限制.

(2) 动量守恒定律的适用条件

动量守恒定律的严格适用条件是系统不受外力或所受外力的矢量和为零.在实践中,还有如下两种很有意义的情况:

① 近似适用条件——如果系统所受外力甚小于内力(如碰撞、爆炸等情况)或外力作用的时间极短,因而就可以忽略外力或外力的冲量作用,认为系统的动量守恒.

② 某方向上动量守恒——如果系统所受到的外力不为零,但系统的某一方向不受外力,或外力的矢量和等于零、或所受外力远小于内力,那么该方向上的动量守恒.

例如,在图 7.1 中质量均为 m 的两木块 a、b 从同一高度同时由静止下落.木块 a 落至某高度时被水平飞来的子弹很快击中,木块 b 刚开始下落即被水平飞来的子弹很快击中,子弹均未穿出两木块.那

么，两木块的运动情况有何不同？

图 7.1

因为子弹很快击中木块，可以忽略击中过程中重力的冲量作用，根据近似适用条件，所以子弹-木块系统的动量守恒.

木块 b 刚开始下落就被击中，意味着此刻木块的瞬时速度为零.设子弹的质量为 m_0，速度为 v_0，由水平方向动量守恒有

$$m_0 v_0 = (m_0 + m) v_b$$

可见木块 b 以小于 v_0 的速度做平抛运动.

木块 a 落至某位置被击中，此刻已具有一定的竖直向下速度 v_y，根据不同方向上的动量守恒条件，它在水平和竖直两方向上的动量都应该守恒，即

$$m_0 v_0 = (m_0 + m) v_x, \quad m v_y = (m_0 + m) v_y'$$

可见木块 a 击中后做斜下抛运动，其竖直(初)速度会变小.所以，两木块落地的时间关系为

$$t_a > t_b$$

如果你对这个问题的道理很清楚的话，下面的练习题就能得心应手地解决了.

练习题

一个质量为 M 的木块从空中自由落下，途中，突然被一颗沿水平方向飞行、质量为 m 的子弹很快击中(子弹未穿出)，则木块落地时间有何变化？如果木块自由下落一半高度时被子弹击中，则木块下落的总时间与原来自由下落的总时间相比为多少？设 $M \gg m$.

参考答案：落地时间将增加，$\dfrac{1+\sqrt{2}}{2} \approx 1.2$.

7 动量守恒定律的应用

(3) 动量守恒定律的特点

矢　量　性

动量是矢量,动量守恒是一个矢量方程.当相互作用前后各个物体的动量在一条直线上时,规定一个正方向后,各个动量可冠以正负号表示,并可用求代数和的方法计算作用前后的总动量.

动量守恒定律也可以有分量式.当系统在某方向上不受外力或外力的冲量可忽略不计,该方向上的动量守恒.

例如,一个静止的原子核发生β衰变,放出一个电子和一个中微子,它们的动量大小分别为 $p_e = 1.2 \times 10^{-22}$ kg·m/s, $p_\nu = 6.4 \times 10^{-23}$ kg·m/s,两者方向互相垂直,根据动量守恒方程的矢量性可知,衰变后原子核的动量应该为

$$p = \sqrt{p_e^2 + p_\nu^2} = \sqrt{(1.2 \times 10^{-22})^2 + (6.4 \times 10^{-23})^2} \text{ kg·m/s}$$
$$= 1.36 \times 10^{-22} \text{ kg·m/s}$$

容易算出其方向与中微子运动方向的夹角为118°4′,如图 7.2 中虚线所示.目前的高中物理课程仅研究一维运动的情况,就比较简单了.

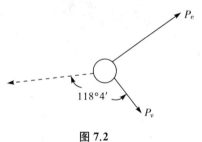

图 7.2

瞬　时　性

动量是一个瞬时量.动量守恒定律指的是系统任一瞬间的动量和恒定.因此,列出的动量守恒定律表达式为

$$m_1 v_1 + m_2 v_2 + \cdots = m_1 v_1' + m_2 v_2' + \cdots$$

式中, $v_1, v_2, \cdots$ 都是相互作用前同一时刻的瞬时速度, $v_1', v_2', \cdots$ 都是相互作用后同一时刻的瞬时速度.

所以,只要系统满足动量守恒定律的条件,在相互作用过程中的任何一个时刻,系统的总动量都守恒.在研究具体问题时,可以根据

任何一个瞬间系统内各个物体的动量,列出动量守恒表达式.

相 对 性

动量($p=mv$)是一个相对量,与参考系的选择有关.通常,都以地面为参考系,因此动量守恒定律中相互作用前后的速度一般都必须相对于地面.对于在太空中运动的物体,也可以选择空间站为参考系.

例题(2013 江苏) 如图7.3所示,进行太空行走的宇航员A和B的质量分别为80 kg和100 kg,他们携手远离空间站,相对空间站的速度为0.1 m/s.A将B向空间站方向轻推后,A的速度变为0.2 m/s,求此时B的速度大小和方向.

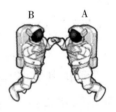

图 7.3

分析与解答 设A、B两宇航员原来远离空间站的速度为v_0,把他们作为一个系统,相互作用中可以不计其他外力作用,认为动量守恒.若规定以远离空间站的速度方向为正方向,由动量守恒

$$(m_A+m_B)v_0 = m_A v_A + m_B v_B$$

计算得宇航员B的速度为

$$v_B = \frac{(m_A+m_B)v_0 - m_A v_A}{m_B}$$

$$= \frac{180 \times 0.1 - 80 \times 0.2}{100} \text{ m/s}$$

$$= 0.02 \text{ m/s}$$

表示B被推后,将以0.02 m/s的速度离开空间站.

7 动量守恒定律的应用

说明 题中虽然指出,A将B向空间站方向轻推,由于B的速度是未知量,因此可以不必考虑其方向性,由解题结果确定.

(4) 动量守恒定律近似适用条件分析

前面说过,当系统所受的外力甚小于系统的内力时,可以近似地认为系统的动量守恒.那么,这个近似适用条件在具体问题中会受到哪些因素约束呢?下面,我们通过一个具体问题作一番探究.

问题 一个质量 $M=1$ kg 的木块,放在水平桌面上,木块与桌面间的动摩擦因数 $\mu=0.2$. 一颗质量为 $m=10$ g,以水平速度 $v_1=500$ m/s 飞行的子弹击中木块(子弹未穿出),求木块在水平桌面上滑行的距离.

这是在中学物理中很常见的问题,通常的解法:子弹击中木块过程中可以忽略桌面摩擦力的作用,认为子弹-木块系统动量守恒,先得出子弹击中木块后的共同速度为

$$v = \frac{m}{m+M}v_1 \qquad ①$$

接着应用动能定理,有

$$\frac{1}{2}(m+M)v^2 = \mu(m+M)gx \qquad ②$$

于是得滑行距离为

$$x = \frac{v^2}{2\mu g} = \frac{1}{2\mu g}\left(\frac{m}{m+M}v_1\right)^2 \qquad ③$$

让人感到困惑的是:为什么可以直接应用动量守恒定律计算两者的共同速度?一颗 10 g 的子弹射入几千克的木块中和射入几吨重的木块中是否都可以作同样的考虑? 这是一个很有意思的质疑.下面,我们抛开近似适用条件,采用动量定理进行分析,然后作一个比较.

设子弹从击中木块到陷入某一深度两者相对静止的过程中,子弹与木块间的平均相互作用力为 F,作用时间为 Δt.当规定子弹运动

的方向为正方向时,根据动量定理对木块和子弹可以分别列出方程

对木块有
$$[F - \mu(m+M)g]\Delta t = Mu - 0$$

对子弹有
$$-F\Delta t = mu - mv_1$$

两式相加得共同速度
$$u = \frac{m}{m+M}v_1 - \mu g \Delta t \qquad ④$$

这个共同速度包含着两项:第一项 $\frac{m}{m+M}v_1$ 是不考虑桌面摩擦力时直接根据动量守恒定律得出的共同速度;第二项是由于摩擦力的作用使系统在 Δt 时间内减少的速度值,这个减少量由 μ、Δt 共同决定.

如果满足条件
$$\frac{m}{m+M}v_1 \gg \mu g \Delta t$$

即要求相互作用时间
$$\Delta t \ll \frac{m}{\mu g(m+M)}v_1 = \frac{1}{1+\frac{M}{m}} \cdot \frac{v_1}{\mu g} \qquad ⑤$$

那么 ④ 式就可以近似为 ① 式,即得共同速度为
$$u = \frac{m}{m+M}v_1$$

通过上面的讨论,我们可以得到这样的结论:

① 当系统受到外力和内力同时作用时,相互作用后各个物体速度的变化,严格地应该根据受力分析,采用动量定理求解,一般情况下不能贸然套用动量守恒定律.

② 对"子弹-木块"系统,能否适用动量守恒定律,主要取决于相互作用的时间.从上面 Δt 的表达式即 ⑤ 式可知,相互作用的时间又

与木块与子弹的质量比、子弹速度、摩擦因数 μ 等有关.因此,为简化起见,在中学物理问题中常常采用"子弹很快击中"的表述,言下之意就是子弹与木块相互作用的时间可以满足有关条件,于是就可以直接应用动量守恒定律处理了.

7.2 动量守恒定律的应用要点

动量守恒定律的应用,可以概括为"四部曲":

① 确定系统

确定系统就是选取研究对象,通常由两个或几个物体组成.确定所考虑的系统时,需要仔细分析系统的受力情况,判断是否符合动量守恒的条件.

② 选取时刻

当所确定的系统满足动量守恒条件时,在相互作用的任何一个瞬时,系统的动量都守恒.为了便于建立方程,就需要选取有关的两个(或几个)瞬间,并找出这两个(或几个)瞬间的总动量.

③ 规定方向

正方向的规定是人为的,以方便为原则.在一维运动的简单情况下,规定正方向后,凡与正方向一致的动量取正值,反方向的动量取负值.问题中待求的未知量,先不必考虑其方向,可以根据最后结果的正负判断它的方向.实际应用中,对某些方向非常明确的过程,也可以省略规定方向这一步骤,直接列出动量守恒的方程.

④ 列出方程

根据动量守恒定律,针对所选取的时刻,列出动量守恒方程,并求出结果.

当然,研究实际问题时,完全不需要机械地按照先后顺序"套路子",物理学特别讲究思维的灵活性.不过,在应用动量守恒定律的每个问题中,无论这些问题的难易程度怎样,这些要点都会自然地渗透在整个过程中.下面,通过对两个问题的研究,共同体会一下.

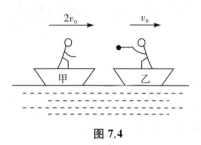

图 7.4

例题 1(2011 山东) 如图 7.4 所示,甲、乙两船的总质量(包括船、人和货物)分别为 $10m$、$12m$,两船沿同一直线同一方向运动,速度分别为 $2v_0$、v_0.为避免两船相撞,乙船上的人将一质量为 m 的货物沿水平方向抛向甲船,甲船上的人将货物接住,求抛出货物的最小速度.(不计水的阻力.)

分析与解答 在把货物抛出、接住的过程中,货物前后与乙和甲分别发生相互作用,这里涉及三个物体,因此可以分别考虑.

先把(乙+货物)作为一个系统,不计水的阻力时,系统在水平方向不受外力,动量守恒.设抛出货物的最小速度为 $v_{\min}$,乙抛出货物后的速度为 $v_乙$.以小船乙原来的运动方向为正方向,由动量守恒

$$12mv_0 = 11mv_乙 + mv_{\min} \quad \Rightarrow \quad v_乙 = \frac{12v_0 - v_{\min}}{11}$$

再把(甲+货物)作为一个系统,在接住货物的过程中其动量同样守恒.设甲接住货物后的速度为 $v_甲$,以甲原来的运动方向为正方向,同理由

$$10m \times 2v_0 + mv_{\min} = 11mv_甲 \quad \Rightarrow \quad v_甲 = \frac{v_{\min} + 20v_0}{11}$$

根据不相撞时的条件 $v_甲 = v_乙$,即

$$\frac{v_{\min} + 20v_0}{11} = \frac{12v_0 - v_{\min}}{11} \quad \Rightarrow \quad v_{\min} = -4v_0$$

式中负号表示货物抛出的速度方向与乙的船行方向相反.

说明 通过本题的解答,应该体会到:

① 应用动量守恒定律时对系统(研究对象)选取和时刻选取的意义.上面的解答中先后取(乙＋货物)和(甲＋货物)为系统,以乙抛出货物前后和甲接住货物前后的时刻建立方程.

如果始终以(甲＋乙＋货物)为系统,取乙抛出货物前、后与甲接住货物后的三个时刻建立方程,以原来的船行方向为正方向,即得

$$10m \times 2v_0 + 12mv_0 = 10m \times 2v_0 + 11mv_乙 + mv_{min}$$
$$= 11mv_甲 + 11mv_乙$$

由前面两式和前后两式分别可知

$$32v_0 = 20v_0 + 11v_乙 + v_{min}, \quad 32v_0 = 11v_甲 + 11v_乙$$

联立两式,结合不相撞条件 $v_甲 = v_乙$,同样可得结果 $v_{min} = -4v_0$.

② 对于抛出速度这样的未知量,列式中可以不必考虑其方向,只需根据解答结果的正负确定实际方向.

例题 2 两块厚度相同的木块 A 和 B,并列紧靠着放在光滑水平地面上,其质量分别

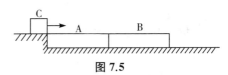

图 7.5

为 $m_A = 2.0$ kg,$m_B = 0.90$ kg.它们的下底面光滑,上表面粗糙.另有质量 $m_C = 0.10$ kg 的铅块 C(其长度可略去不计)以 $v_C = 10$ m/s 的速度恰好水平地滑到 A 的上表面(图 7.5),由于摩擦,铅块最后停在木块 B 上.测得 B、C 的共同速度为 $v = 0.50$ m/s.求木块 A 的速度和铅块 C 离开 A 时的速度.

分析与解答 C 滑上 A 时,由于 B、A 紧靠,将推动 B 一起运动.取(C＋A＋B)为系统,水平方向不受外力,动量守恒.设 C 离开 A 的速度为 v'_C,(A＋B)的共同速度为 v_A,对 C 刚滑上 A 和 C 刚离开 A 的两瞬间,有

$$m_C v_C = (m_A + m_B)v_A + m_C v'_C \qquad ①$$

C 滑出 A 后,C 在 B 的摩擦力作用下继续减速,B 在 C 的摩擦力作

用下继续做加速运动,于是A与B分离,最后C停在B上,C与B的共同速度为 v. 取(C+B)为系统,水平方向同样不受外力,动量守恒. 对C刚滑上B和C、B相对静止的两瞬间,有

$$m_C v'_C + m_B v_A = (m_B + m_C) v \qquad ②$$

由①式得

$$m_C v'_C = m_C v_C - (m_A + m_B) v_A$$

代入②式

$$m_C v_C - (m_A + m_B) v_A + m_B v_A = (m_B + m_C) v$$

得木块A的速度

$$v_A = \frac{m_C v_C - (m_B + m_C) v}{m_A}$$

$$= \frac{0.10 \times 10 - (0.90 + 0.10) \times 0.50}{2.0} \text{ m/s}$$

$$= 0.25 \text{ m/s}$$

所以铅块C离开A时的速度为

$$v'_C = \frac{m_C v_C - (m_A + m_B) v_A}{m_C}$$

$$= \frac{0.1 \times 10 - (2.0 + 0.90) \times 0.25}{0.10} \text{ m/s}$$

$$= 2.75 \text{ m/s}$$

说明 我们也可以始终以(C+A+B)为系统,考察C刚滑上A、刚离开A和C、B刚相对静止三个瞬间,列出动量守恒方程

$$m_C v_C = (m_A + m_B) v_A + m_C v'_C = m_A v_A + (m_B + m_C) v$$

同理可得

$$v_A = \frac{m_C v_C - (m_B + m_C) v}{m_A}, \quad v'_C = \frac{m_C v_C - (m_A + m_B) v_A}{m_C}$$

从上面的两例可以看到,作为应用动量守恒定律的基础——确定系统和选取时刻是极为重要的. 请用下面两个问题练习一下,应该

7 动量守恒定律的应用

如何确定系统和选取时刻.

练习题

(1) 一辆装载砂子的小车,以速度 v 沿光滑平面做匀速运动.当车中砂子不断从底部小孔漏出时(图7.6),小车的速度将会( ).

A. 增加   B. 减少
C. 保持不变   D. 无法判断

(2) 质量均为 m 的 n 个人,排着队跟着一辆质量为 M、以速度为 v_0 沿光滑水平面运动的小车,当这些人从车后与车速同方向、但比车速始终快 Δv 先后跳上小车后,则小车的速度变为多少?

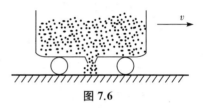

图 7.6

参考答案:(1) C;

(2) $v_0 + \dfrac{m}{M+m}\Delta v + \dfrac{m}{M+2m}\Delta v + \cdots + \dfrac{m}{M+nm}\Delta v.$

例题 3(2012 海南) 如图7.7所示,ab 和 cd 是两条竖直放置的长直光滑金属导轨,MN 和 M′N′ 是两根用细线连接的金属杆,其质量分别为 m 和 $2m$.竖直向上的外力 F 作用在杆 MN 上,使两杆水平静止,并刚好与导轨接触;两杆的总电阻为 R,导轨间距为 l.整个装置处在磁感应强度为 B 的匀强磁场中,磁场方向与导轨所在平面垂直.导轨电阻可忽略,重力加速度为 g.在 $t=0$ 时刻将细线烧断,保持 F 不变,金属杆和导轨始终接触良好.求:

图 7.7

(1) 细线烧断后,任意时刻两杆运动的速度之比;

(2) 两杆分别达到的最大速度.

分析与解答 原来两杆处于静止状态时满足条件:

$$F = (m+2m)g = 3mg$$

烧断细线后,MN杆向上做加速运动;M'N'向下做加速运动.它们分别切割磁感线,在回路中形成感应电流,并与磁场间形成相互作用的安培力.当把两金属杆作为一个系统时,所受外力的合力为零,系统的动量守恒.

（1）设烧断细线后某时刻 MN 和 M'N' 的速度分别为 v 和 v', 以向上为正方向, 由

$$mv - 2mv' = 0 \Rightarrow \frac{v}{v'} = \frac{2m}{m} = 2$$

这也就是任意时刻两者的速度比.

（2）由于两杆切割磁感线形成同向串联电动势,感应电流为

$$I = \frac{Blv + Blv'}{R} = \frac{3Blv'}{R}$$

若取 M'N' 杆考虑,烧断细线后的动态方程(以加速度方向为正方向)为

$$2mg - BIl = 2ma' \quad \text{或} \quad 2mg - \frac{3B^2l^2v'}{R} = 2ma'$$

显然杆的加速度随速度而变化.当 $a' = 0$ 时,速度达到最大.所以两杆速度的最大值分别为

$$v_{\max} = \frac{4mgR}{3B^2l^2}, \quad v'_{\max} = \frac{2mgR}{3B^2l^2}$$

说明 当取 MN 考虑时,其动态方程为

$$F - mg - B\frac{Bl(v+v')}{R}l = ma$$

求得的最大速度值相同.

动量守恒定律的速度

前面说过,动量守恒定律中的速度应该以地面为参考系.在研究

7 动量守恒定律的应用

有关跳车、掷球、发射子弹、原子核的衰变等问题中,如果给出的是相对于车、相对于人或枪、相对于母核的速度等情况时,就必须先把它转化为对地的速度.

由于无论是跳车、掷球乃至原子核的衰变,两者发生相互作用总得有个过程(即使时间极为短暂),因此,所谓的相对速度,都应该是相对于相互作用过程结束时刻而言的(否则,两者尚未形成相对运动).如果不明白这一点,求解这类问题时很容易产生错误.

下面再通过若干例题,并结合着动量守恒定律的应用要点,由浅入深对涉及相对速度的问题作较为仔细的分析.

例题 1 质量均为 M 的 A、B 两平板小车,以相同的速度 v_0 沿光滑平面紧跟着做匀速运动.B 车上有一个质量为 m 的人 C(图 7.8),当他以相对于自己那辆车的速度 v 跳上前面的 A 车后,A、B 两车的速度分别为多少?

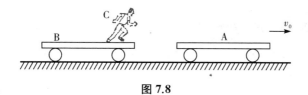

图 7.8

分析与解答 以(B+C)为一个系统,水平方向无外力作用,动量守恒.设人跳离 B 车后的车速为 v_B,则人相对于地面的速度为 $(v+v_B)$.取人跳离 B 车前、后两时刻考虑,由系统的动量守恒知

$$(M+m)v_0 = Mv_B + m(v+v_B)$$

得

$$v_B = v_0 - \frac{m}{M+m}v$$

再以(A+C)作为一个系统,由人跳上 A 车前、后两时刻的动量守恒知

$$m(v+v_B)+Mv_0=(M+m)v_A$$

得 A 车后来的速度为

$$v_A=v_0+\frac{mM}{(M+m)^2}v$$

例题 2 一个静止的质量为 M 的不稳定原子核,放射出一个质量为 m 的粒子,粒子离开原子核时相对核的速度为 v_0,则剩余部分的速度为(　　).

A. v_0　　B. $\frac{m}{M-m}v_0$　　C. $\frac{m}{M}v_0$　　D. $\frac{m}{2m-M}v_0$

分析与解答　以整个原子核作为一个系统,放射过程中可不计其他外力的冲量,系统的动量守恒.设放射出粒子的瞬间,剩余部分对地的反冲速度为 v'.若规定粒子运动方向为正方向,则放出粒子对地的速度为

$$v=v_0-v'$$

由系统的动量守恒

$$0=m(v_0-v')-(M-m)v'=mv_0-Mv'$$

得

$$v'=\frac{m}{M}v_0$$

所以 C 正确.

说明　本题很容易错选 B 和 D.这都是由于对速度的矢量性和相对性认识不足造成的.

如果没有注意到动量守恒定律中的速度必须统一相对于地面,误写成

$$0=mv_0-(M-m)v'\ \Rightarrow\ v'=\frac{m}{M-m}v_0\ (误选 B)$$

如果规定正方向后,计算矢量时没有注意到正负,误写成

7 动量守恒定律的应用

$$0 = m(v_0 - v') + (M-m)v' \Rightarrow v' = \frac{m}{2m-M}v_0 \quad (误选 D)$$

如果对动量的矢量性比较熟悉,未知量的速度也可以直接根据解题结果判断.如本题中,仍把粒子对地速度表示为

$$v = v_0 + v'$$

系统的动量守恒表示为

$$0 = mv + (M-m)v' = m(v_0 + v') + (M-m)v'$$

得

$$v' = -\frac{m}{M}v_0$$

式中"—"号表示反冲速度与粒子运动方向相反,所以正确的是 C.

例题 3(2004 江苏) 一个质量为 M 的雪橇静止在水平雪地上,一条质量为 m 的爱斯基摩狗站在该雪橇上.狗向雪橇的正后方跳下,随后又追赶并向前跳上雪橇;其后狗又反复地跳下、追赶并跳上雪橇.狗与雪橇始终沿一条直线运动.若狗跳离雪橇时的速度为 V,则此时狗相对于地面的速度为 $V+u$(其中 u 为狗相对于雪橇的速度,$V+u$ 为代数和.若以雪橇运动的方向为正方向,则 V 为正值,u 为负值).设狗总以速度 v 追赶和跳上雪橇.雪橇与雪地间的摩擦忽略不计.已知 v 的大小为 5 m/s,u 的大小为 4 m/s,$M=30$ kg,$m=10$ kg.(供使用但不一定用到的对数值:lg2 = 0.301,lg3 = 0.477.)

① 求狗第一次跳上雪橇后两者共同速度的大小.

② 求雪橇最终速度的大小和狗最多能跳上雪橇的次数.

分析与解答 ① 把雪橇和狗作为一个系统,狗跳离和跳上雪橇时可以认为仅有两者的相互作用,系统的动量守恒.

设雪橇运动的方向为正方向,狗第 1 次跳下雪橇后雪橇的速度为 V_1,则狗相对于地面的速度为 (V_1+u).由动量守恒定律得

$$0 = MV_1 + m(V_1 + u)$$

狗第 1 次跳上雪橇后，两者的共同速度为 V_1'，同理由动量守恒

$$MV_1 + mv = (M+m)V_1'$$

联立两式得

$$V_1' = \frac{-Mmu + (M+m)mv}{(M+m)^2}$$

代入数据后得

$$V_1' = \frac{-30 \times 10 \times (-4) + (30+10) \times 10 \times 5}{(30+10)^2} \text{ m/s} = 2 \text{ m/s}$$

② 利用从下一节"人船模型"的分离关系中得到的结果可以知道，狗每次相对于雪橇以速度 u 跳离时，雪橇可以获得（增加）的速度大小为

$$\Delta v = \frac{m}{M+m}u = \frac{10}{30+10} \times 4 \text{ m/s} = 1 \text{ m/s}$$

由于狗第 1 次跳上雪橇时，两者的共同速度 $V_1' = 2$ m/s，容易推知，第 2 次跳下后，雪橇的速度为

$$V_2 = V_1' + \Delta v = 3 \text{ m/s}$$

第 2 次跳上后的共同速度为

$$V_2' = \frac{MV_2 + mv}{M+m} = \frac{30 \times 3 + 10 \times 5}{30+10} \text{ m/s} = 3.5 \text{ m/s}$$

第 3 次跳下后，雪橇的速度为

$$V_3 = V_2' + \Delta v = 4.5 \text{ m/s}$$

第 3 次跳上后的共同速度为

$$V_3' = \frac{MV_3 + mv}{M+m} = \frac{30 \times 4.5 + 10 \times 5}{30+10} \text{ m/s} = 4.625 \text{ m/s}$$

第 4 次跳下后，雪橇的速度为

$$V_4 = V_3' + \Delta v = 5.625 \text{ m/s} > v$$

可见，此后狗已经无法追上雪橇了。所以，狗最多能跳上雪橇 3 次。

7 动量守恒定律的应用

说明 （1）动量守恒定律中的速度必须统一以地面为参考系，因此狗第 1 次跳下雪橇时相对地面的速度

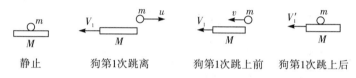

当以雪橇运动方向为正方向，代入数据时 u 取负值（这就是题文中提示的意思）.狗第 1 次跳离和第 1 次跳上雪橇两者的示意图如图 7.9 所示.画出了这样的示意图，可以给正确列式和求解第 ② 问作铺垫.

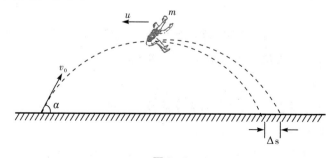

图 7.9

（2）上面对第 ② 问的求解，采用了"人船模型"中分离时的结果，目的在于体会"人船模型"的结论，同时也比较简单，容易理解，不失为是一个很好的补充方法.当然，用这样的方法求跳上次数仅限于总数不大的情况，更一般的还是应该采用归纳推理方法.

例题 4 质量为 M 的运动员手里拿着一个质量为 m 的球，以与水平方向成 α 角的速度 v_0 向前跳去，当他到达最高点时将小球以相对于自己为 u 的速度水平向后抛出，试问：由于小球的抛出，跳过的水平距离增加多少？

图 7.10

分析与解答 将人的初速度 v_0 分解为水平和竖直两分量

$$v_x = v_0 \cos \alpha, \quad v_y = v_0 \sin \alpha$$

到达最高点时 v_y 减小为零,仅有沿水平方向的速度,大小为 $v = v_x = v_0 \cos \alpha$. 设小球抛出后人的速度为 v_1,则被抛出小球对地的速度 $v_2 = -u + v_1 = v_1 - u$(以原运动方向为正方向).

对人、球系统,抛出过程中水平方向无其他外力,动量守恒. 取抛出小球前、后两时刻,由

$$(M+m)v_0 \cos \alpha = Mv_1 + m(v_1 - u)$$

得

$$v_1 = v_0 \cos \alpha + \frac{m}{M+m}u$$

人抛出小球后水平速度的增量为

$$\Delta v = v_1 - v = \frac{m}{M+m}u$$

人从最高点落地所需时间

$$t = \frac{v_0 \sin \alpha}{g}$$

所以,由于抛出小球使他增加的水平距离为

$$\Delta s = \Delta v t = \frac{m u v_0 \sin \alpha}{(M+m)g}$$

例题 5 火箭最初的总质量为 M,相对于地面水平飞行的速度为 v_0. 若发动机每次向水平方向喷出的气体质量恒为 m,喷出的气体相对于火箭的速度恒为 u,不计空气阻力,试求第 n 批气体喷出后火箭的速度.

分析与解答 把火箭的壳体和被喷气体作为一个系统,喷气过程中水平方向系统的动量守恒.

设喷出第一批气体、第二批气体 …… 第 n 批气体后火箭的速度

依次为 $v_1, v_2, \cdots, v_n$. 取每次喷气前后两瞬间考察系统的总动量,并以火箭原飞行方向为正方向,则第一批气体喷出后有关系式

$$Mv_0 = (M-m)v_1 + m(v_1 - u)$$

得

$$v_1 = v_0 + \frac{m}{M}u$$

第二批气体喷出后,同理有关系式

$$(M-m)v_0 = (M-2m)v_2 + m(v_2 - u)$$

得

$$v_2 = v_0 + \frac{m}{M}u + \frac{m}{M-m}u$$

第三批气体喷出后,有

$$(M-2m)v_2 = (M-3m)v_3 + m(v_3 - u)$$

得

$$v_3 = v_0 + \frac{m}{M}u + \frac{m}{M-m}u + \frac{m}{M-2m}u$$

依次类推,当第 n 批气体喷出后,火箭的速度为

$$v_n = v_0 + \frac{m}{M}u + \frac{m}{M-m}u + \frac{m}{M-2m}u + \cdots$$
$$+ \frac{m}{M-(n-1)m}u$$
$$= v_0 + mu \sum_{i=0}^{n-1} \frac{1}{M-im}$$

例题 6 在光滑的水平轨道上有一辆质量为 M 的炮车,在炮筒的仰角为 θ 时发射一颗质量为 m 的炮弹,设炮弹出口时对地的速度大小为 v_0,求炮车的反冲速度.

分析与解答 炮弹出口时,由于炮身的反冲,发射角(出口速度与水平方向间夹角)并不等于炮筒的仰角,而应该略大一些,设为

α(图 7.11).

设炮弹出口时相对炮身的速度为 v_0',炮身反冲速度为 V,由图 7.11 可建立关系:

$$v_{oy} = v_{oy}' = v_0' \sin\theta \qquad ①$$

$$v_{ox} = v_{ox}' + V = v_0' \cos\theta + V \qquad ②$$

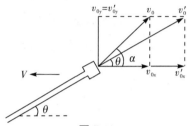

图 7.11

炮弹发射时,对(炮身+炮弹)系统,水平方向无其他外力,动量守恒.取发射前、后两时刻,由

$$0 = mv_{ox} + MV$$

得

$$V = -\frac{m}{M} v_{ox} \qquad ③$$

将③式代入②式,得

$$v_{ox} = v_0' \cos\theta - \frac{m}{M} v_{ox}$$

即

$$\left(1 + \frac{m}{M}\right) v_{ox} = v_0' \cos\theta \qquad ④$$

再将①÷④,得

$$\frac{v_{oy}}{v_{ox}} = \tan\alpha = \left(1 + \frac{m}{M}\right) \tan\theta$$

于是,由③式可得炮弹出口时,炮身的反冲速度

$$V = -\frac{m}{M}v_{ax} = -\frac{m}{M}v_0\cos\alpha$$

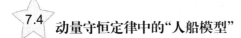

当 $m \ll M$ 时,上式可近似为

$$V = -\frac{mv_0}{M\sqrt{1+\tan^2\theta}} = -\frac{m}{M}v_0\cos\theta$$

7.4 动量守恒定律中的"人船模型"

人在船上走动,不计水的阻力时,水平方向仅有人与船的相互作用,因此(人+船)的系统在水平方向动量守恒.在中学物理中,有许多类似于"人在船上走动"的问题,使"人船模型"具有非常典型的意义.下面,我们先对"人船模型"作一些普遍的讨论,然后举例研究动量守恒定律在有关的"人船模型"问题中的应用.

(1) "人船模型"的几个关系及其应用

速度关系

如图 7.12 所示,一条质量为 m_1 的静止小船上,站着一个质量为 m_2 的人.在人从船头走向船尾的过程中,不计水的阻力时,(人+船)系统在水平方向不受其他外力,系统在水平方向上动量守恒,且总动量为零.设相互作用中某一瞬间船与人的速度(相对于地)分别为 v_1、v_2,则

$$m_1v_1 + m_2v_2 = 0$$

或

$$v_1 = -\frac{m_2}{m_1}v_2 \qquad ①$$

式中负号表示船与人运动方向相反.

守 恒
SHOU HENG

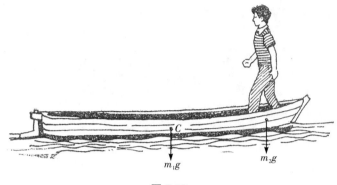

图 7.12

位 移 关 系

把人从船头走到船尾的时间(即两者相互作用时间)t 分成 n 小段,每一小段为 Δt。当 n 足够大时,Δt 就足够小,可以认为人和船在 Δt 内的速度保持不变。因此,在时间 t 内船的位移为

$$s_1 = v_{11}\Delta t + v_{12}\Delta t + v_{13}\Delta t + \cdots + v_{1n}\Delta t \quad ②$$

式中 $v_{11}, v_{12}, v_{13}, \cdots, v_{1n}$ 分别为第一小段时间、第二小段时间……第 n 小段时间内的船速(相对于地)。

在同一时间 t 内人的位移为

$$s_2 = v_{21}\Delta t + v_{22}\Delta t + v_{23}\Delta t + \cdots + v_{2n}\Delta t \quad ③$$

式中 $v_{21}, v_{22}, v_{23}, \cdots, v_{2n}$ 分别为第一小段时间、第二小段时间……第 n 小段时间内人对地的速度。

由于①式对相互作用中任一瞬间都成立,把它代入②式,并考虑到③的结果,可得

$$s_1 = \left(-\frac{m_2}{m_1}v_{21}\right)\Delta t + \left(-\frac{m_2}{m_1}v_{22}\right)\Delta t + \cdots$$

$$+ \left(-\frac{m_2}{m_1}v_{2n}\right)\Delta t$$

$$= -\frac{m_2}{m_1}(v_{21}\Delta t + v_{22}\Delta t + \cdots + v_{2n}\Delta t)$$

7 动量守恒定律的应用

$$= -\frac{m_2}{m_1}s_2$$

即
$$m_1 s_1 + m_2 s_2 = 0 \qquad ④$$

这就是说,不计阻力时,人船相互作用中每一个物体的质量与其对地位移乘积的代数和恒为零.

把这个结论推广到多个物体组成的系统,可表示为
$$m_1 s_1 + m_2 s_2 + \cdots + m_n s_n = 0 \qquad ⑤$$
即一个总动量为零(或某方向总动量为零)的物体系统,在内力作用下,系统中每个物体的质量与其位移(或某方向上的位移)乘积的代数和恒为零.这就是由动量守恒定律得出的一个重要关系.用这条关系解某些问题常显得很有用.

分离关系

如果引入人相对于船的速度
$$u = v_人 - v_船$$
利用上面得到的速度关系,有
$$u = v_2 - v_1 = -\frac{m_1}{m_2}v_1 - v_1 = -\left(\frac{m_1 + m_2}{m_2}\right)v_1$$
可见,当人相对于船以速度 u 跳离船时,船能够获得的速度为
$$v_1 = -\frac{m_2}{m_1 + m_2}u$$
或者更明确些表示为
$$v_船 = -\frac{m_人}{m_船 + m_人}u_{人对船} \qquad ④$$

这就是说,船获得速度的大小为 $\frac{m_人}{m_船 + m_人}u_{人对船}$,方向与人跳离的速度方向相反.利用这个关系,用来处理从船(或车)上抛出物体时,有关船(或车)速度变化等问题,常常能够变得简单一些.

例题 1 质量为 m_1 的气球吊着质量为 m_2 的重物,恰好停在离地面高 h 的空中.当吊绳突然断裂,重物落到地面时,气球离地的高度为多少?

分析与解答 当绳子断裂,重物下落时,气球和重物系统所受的合外力仍然为零,系统的动量守恒,且总动量恒为零.由上述推论得

$$m_1 h' + m_2 h = 0$$

得

$$h' = -\frac{m_2}{m_1} h$$

这就是在重物离开气球落到地面的这段时间内,气体对地的位移.负号表示气球位移与重物位移相反,即上升了 h'.所以,当重物落到地面时,气球离地面的高度为

$$H = h + |h'| = h + \frac{m_2}{m_1} h = \frac{m_1 + m_2}{m_1} h$$

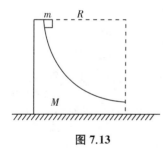

图 7.13

例题 2 质量为 M、半径为 R 的 1/4 光滑圆槽放在光滑水平面上,一个质量为 m 的滑块从槽顶静止滑下,当它滑到槽口时,槽的位移是多少(图 7.13)?

分析与解答 滑块和圆槽组成的系统在水平方向不受外力,系统水平方向动量守恒且总动量为零.由前面的推论得

$$M s_1 + m s_2 = 0 \quad \text{①}$$

式中 s_1、s_2 分别为圆槽和滑块在滑块从顶端滑到槽口的过程中对地的位移.

因为滑块相对圆槽的水平位移 $s' = R$,因此

$$s_2 = s' + s_1 = R + s_1 \quad \text{②}$$

把②式代入①式,得

$$Ms_1 + m(s' + s_1) = 0$$

所以

$$s_1 = -\frac{m}{M+m}s' = -\frac{m}{M+m}R$$

负号表示圆槽位移 s_1 的方向与 s' 的方向相反.

例题 3 一浮吊的质量 $M = 20$ t,由岸上吊起质量 $m = 2$ t 的物体后,将吊杆与水平方向的夹角由 $\alpha = 30°$ 转到 $\beta = 60°$(图 7.14).设吊杆长 $l = 8$ m,水的阻力与杆重不计,试求浮吊在水中移动的距离.

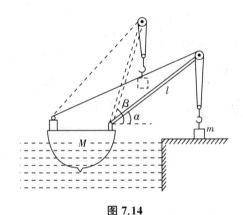

图 7.14

分析与解答 对浮吊与货物系统,起吊过程中水平方向不受外力,水平方向的动量守恒且总动量为零.设吊杆转动过程中,浮吊和货物相对于地的水平位移分别为 s_1 和 s_2,由位移关系得

$$Ms_1 + ms_2 = 0 \qquad ①$$

设在这个过程中货物相对于浮吊的水平位移为 s_2',则

$$s_2 = s_2' + s_1 \qquad ②$$

式中

$$s_2' = l(\cos\alpha - \cos\beta) \qquad ③$$

把 ② 式代入 ① 式,并考虑到 ③ 式,得

$$s_1 = -\frac{m}{M+m}s_2' = -\frac{m}{M+m}l(\cos\alpha - \cos\beta)$$

$$= -\frac{2}{20+2} \times 8 \times (0.866 - 0.5) \text{ m}$$

$$= -0.267 \text{ m}$$

负号表示 s_1 的方向与 s_2' 的方向相反,即浮吊应靠向河岸.

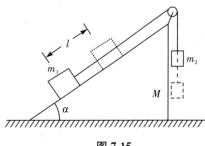

图 7.15

例题 4 如图 7.15 所示,质量为 M、倾角为 α 的斜面体,放在光滑水平地面上,细绳绕过顶端的定滑轮连着质量分别为 m_1、m_2 的两个物体.当 m_1 从静止起在斜面上滑下一段距离 l 时,斜面体在水平地面上移动多少距离?

分析与解答 对斜面体和两物体的系统,水平方向无外力作用,系统水平方向动量守恒,且总动量为零.设 m_1 在斜面上滑下 l 时,m_1、m_2、M 对地的水平位移分别为 s_1、s_2、s,则由位移关系知

$$m_1 s_1 + m_2 s_2 + Ms = 0 \qquad ①$$

设 m_1 下滑 l 时相对于 M 的水平位移为 s',则

$$s_1 = s' + s \qquad ②$$

而

$$s_2 = s \qquad ③$$

把②、③两式代入①式,可写成

$$m_1(s' + s) + m_2 s + Ms = 0$$

得

$$s = -\frac{m_1}{m_1 + m_2 + M}s_1'$$

式中负号表示 s 与 s_1' 的方向相反.

7 动量守恒定律的应用

因为 $s_1' = l\cos\alpha$，所以

$$s = -\frac{m_1 l\cos\alpha}{m_1 + m_2 + M}$$

(2) "人船模型"的一个重要推论及其应用

在前面得到一个结论

$$m_1 s_1 + m_2 s_2 = 0$$

由于这里的位移 s_1 与 s_2 的方向一定相反. 若规定 s_1 的方向为正，上式可表示为

$$m_1 s_1 - m_2 s_2 = 0 \quad \text{或} \quad m_1 g s_1 = m_2 g s_2$$

如果把前面的"人船模型"简化为质量分别为 m_1、m_2 的两木块，设系统的质量中心位于 C，如图 7.16 所示，那么上式中 s_1 与 s_2 就是两者对质心的距离. 因此，从这个"人船模型"可以推知，在人

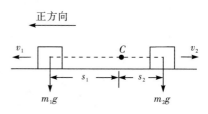

图 7.16

与船的相互作用过程中，也就是说在系统内力的作用下，经任何时间后系统质心的位置保持不变. 这就是所谓的质心定理. 在学习牛顿第二定律强调外力作用时经常会有人风趣地说，"人不能揪住头发把自己拉上天"，两者的道理是一致的.

下面，通过几个具体问题，体会一下质心定理的应用.

例题 1 质量为 M、长为 l 的小船，静止在湖面上，船头和船尾分别坐着质量为 m_1 和 m_2 的两个捕鱼人. 当两者交换位置后，小船的位移是多少？（设船的质心在中央，水的阻力不计.）

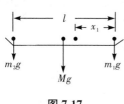

图 7.17

分析与解答 未交换位置时，设系统质心 C 偏在中央右方，离开右边捕鱼人为 x_1（图 7.17）. 由

$$m_1 g x_1 = m_2 g(l - x_1) + Mg\left(\frac{l}{2} - x_1\right)$$

得

$$x_1 = \frac{m_2 + \dfrac{M}{2}}{m_1 + m_2 + M} l$$

两人易位后,系统质心偏在中央左方,离开船的左端 x_1.由于系统水平方向不受外力,质心位置应该不变.所以两人易位后船的位移为

$$x = 2\left(\frac{l}{2} - x_1\right) = l - 2x_1$$

$$= l - 2\frac{m_2 + \dfrac{M}{2}}{m_1 + m_2 + M} l$$

$$= \frac{m_1 - m_2}{m_1 + m_2 + M} l$$

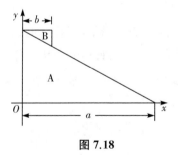

图 7.18

例题 2 在光滑的水平面上叠放着两个均质斜面体 A、B,已知 A 的质量是 B 的 3 倍,水平底边长分别为 a 和 b(图 7.18).当斜面体 B 从 A 的顶端滑到底端时,斜面体 a 移动的距离是多少?

分析与解答 设 B 的质量为 m,A 的质量为 $3m$.建立直角坐标系 Oxy,设两斜面体的质心 C_A、C_B 的初始横坐标分别为 x_A、x_B,当 B 滑到底端时 C_A、C_B 的终、末横坐标为 x'_A、x'_B.

由几何知识知,A、B 的初始横坐标分别为

$$x_A = \frac{a}{3}, \quad x_B = \frac{2b}{3}$$

如果 B 滑到 A 的底端时,A 移动距离为 l,则 A、B 的终、末横坐标

分别为

$$x'_A = \frac{a}{3} + l, \quad x'_B = a - \frac{b}{3} + l$$

由力矩平衡得 A、B 两斜面体滑动前后的公共质心坐标分别为

$$x_C = \frac{3mg \cdot \frac{a}{3} + mg \cdot \frac{2}{3}b}{4mg} = \frac{3a + 2b}{12}$$

$$x'_C = \frac{3mg\left(\frac{a}{3} + l\right) + mg\left(a - \frac{b}{3} + l\right)}{4mg} = \frac{6a - b + 12l}{12}$$

由于整个系统不受外力，系统质心的横坐标应该不变，则由 $x'_C = x_C$，即

$$\frac{6a - b + 12l}{12} = \frac{3a + 2b}{12} \quad \Rightarrow \quad l = -\frac{a-b}{4}$$

表示斜面体会向左移动距离 $\frac{a-b}{4}$。

例题 3　质量分别为 m_1 和 m_2 的两个物块，用一根原长 l_0、劲度系数 k 的轻弹簧连接后放在光滑水平面上．现先把弹簧压缩至 a（$a < l_0$）后，用细线缚住，然后烧断细线，试分析两物块的运动，并求出运动中的最大速度．

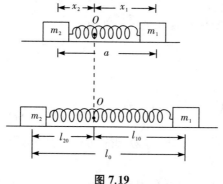

图 7.19

分析与解答 细线烧断前后,整个系统水平方向不受外力,系统的动量守恒.由于系统的初动量为零,因此在以后的整个运动过程中质心的位置始终不变.也就是说,运动过程中系统上会有一个静止的点,它就是质心 O.两物块原来离开质心的距离分别为

$$x_1 = \frac{m_2}{m_1+m_2}a, \quad x_2 = \frac{m_1}{m_1+m_2}a$$

细线烧断后,两个物块仿佛挂在两根轻弹簧上构成两个独立的弹簧振子,分别做简谐运动.

这两个弹簧的原长就是弹簧恢复为 l_0 时两者离开质心的距离,分别为

$$l_{10} = \frac{m_2}{m_1+m_2}l_0, \quad l_{20} = \frac{m_1}{m_1+m_2}l_0$$

根据串联弹簧性质得两个弹簧的劲度系数*分别为

$$k_1 = \frac{m_1+m_2}{m_2}k, \quad k_2 = \frac{m_1+m_2}{m_1}k$$

两个物块做简谐运动的周期分别为

$$T_1 = 2\pi\sqrt{\frac{m_1}{k_1}} = 2\pi\sqrt{\frac{m_1 m_2}{(m_1+m_2)k}}$$

$$T_2 = 2\pi\sqrt{\frac{m_2}{k_2}} = 2\pi\sqrt{\frac{m_1 m_2}{(m_1+m_2)k}} = T_1$$

所以,两物块振动中的最大速度分别为

$$v_{1\max} = \omega_1 A_1 = \sqrt{\frac{k_1}{m_1}}(l_{10} - x_1) = \sqrt{\frac{m_2}{(m_1+m_2)m_1}}(l_0 - a)$$

$$v_{2\max} = \omega_2 A_2 = \sqrt{\frac{k_2}{m_2}}(l_{20} - x_2) = \sqrt{\frac{m_1}{(m_1+m_2)m_2}}(l_0 - a)$$

说明 弹簧释放后,两物块都做复杂的变速运动,无法用初等

---

* 关于串联弹簧的等效劲度系数的概念,请参阅本丛书《等效》一册.

数学方法计算最大速度.采用了质心定理后可以绕开数学上的困难,仅借用了串联弹簧的等效劲度系数的概念,就可以直接根据简谐运动的周期公式算出最大速度了.

7.5 动量守恒定律中的临界问题

在动量守恒的应用中,常常会遇到要求相互作用的两物体相距最近、刚好避免相撞、刚好不滑出界面或刚好开始做反向运动以及有关的取值范围等具有临界意义的问题.求解这类问题的关键,除了恰当选择系统(研究对象)外,主要是分析有关的临界条件.其中,有很多情况表现在两物体的速度关系或位移关系等方面.下面,选择几个具有临界意义的问题,共同体会一下对它们的分析、研究方法.

例题 1 如图 7.20 所示,质量为 m 的物块 A 以速度 v_0 在平台上运动,滑到与平台等高、质量为 M 的静止小车 B 上,小车放在光滑的水平地面上,物块与车板间的动摩擦因数为 μ.不计物块的体积,为使物块不致滑出小车,小车的长度至少为多少?

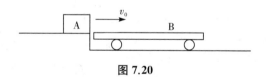

图 7.20

分析与解答 物块不致滑出小车时的长度,就是临界长度,应该使物块滑到小车右端时刚好与车相对静止.以物块和小车作为一个系统,水平方向不受外力,动量守恒.设两者相对静止时的速度为 v,则有

$$mv_0 = (m+M)v \qquad ①$$

设这个过程中,车板的摩擦力使物块减速、小车加速,设两者相对静止时小车的位移为 s,则物块的位移为 $s+l$,如图 7.21 所示.对物

块和小车分别应用动能定理,有

图 7.21

$$-\mu mg(s+l) = \frac{1}{2}mv^2 - \frac{1}{2}mv_0^2 \qquad ②$$

$$\mu mgs = \frac{1}{2}Mv^2 - 0 \qquad ③$$

联立三式,即得车的最小长度为

$$l = \frac{Mv_0^2}{2\mu g(m+M)}$$

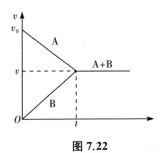

图 7.22

说明 本题比较基础,但很典型,而且可以有多种方法求解.例如,画出 $v\text{-}t$ 图(图 7.22),图中的速度 v 和时间 t 分别由动量守恒和牛顿运动定律得

$$v = \frac{mv_0}{m+M}$$

$$t = \frac{v}{a_M} = \frac{v}{\frac{\mu mg}{M}} = \frac{Mv_0}{\mu g(m+M)}$$

小车最小长度就等于图中三角形的面积,于是立即可得

$$l = \frac{1}{2}v_0 t = \frac{Mv_0^2}{2\mu g(m+M)}$$

例题 2(2013 山东) 如图 7.23 所示,光滑水平轨道上放置长木板 A(上表面粗糙)和滑块 C,滑块 B 置于 A 的左端,三者质量分别为 $m_A = 2$ kg、$m_B = 1$ kg、$m_C = 2$ kg. 开始时 C 静止,A、B 一起以 $v_0 = 5$ m/s 的速度匀速向右运动,A 与 C 发生碰撞(时间极短)后 C 向右运

动,经过一段时间,A、B再次达到共同速度一起向右运动,且恰好不再与C碰撞.求A与C发生碰撞后瞬间A的速度大小.

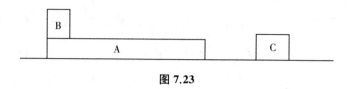

图 7.23

分析与解答 (1)由于A与C碰撞的时间极短,可以认为来不及对B传递力的作用,因此可以选A与C为一个系统,满足动量守恒条件.设A与C碰后的速度分别为 v_A 和 v_C,以向右为正方向,有

$$m_A v_0 = m_A v_A + m_C v_C \qquad ①$$

接着,B与A发生相互作用,在摩擦力作用下使B向右加速,A向右减速,最后两者达到共同的速度 v_{AB}.把A与B作为一个系统,它们之间的摩擦力属于内力,系统的动量守恒.以 v_A 的方向为正方向,有

$$m_A v_A + m_B v_0 = (m_A + m_B) v_{AB} \qquad ②$$

要求A、B达到共同速度向右运动时恰好不再与C碰撞,它们的速度应该满足的临界条件为

$$v_{AB} = v_C \qquad ③$$

联立以上三式依次得

$$v_C = \frac{m_A + m_B}{m_A + m_B + m_C} v_0 = \frac{2+1}{2+1+2} \times 5 \text{ m/s} = 3 \text{ m/s}$$

$$v_A = \frac{m_A v_0 - m_C v_C}{m_A} = \frac{2 \times 5 - 2 \times 3}{2} \text{ m/s} = 2 \text{ m/s}$$

说明 本题的临界意义表现为速度条件——当两物体在一条直线上运动时,要求后方物体不与前方物体相撞的条件是

$$v_{后方} \leqslant v_{前方}$$

取等号时为刚好不相撞的临界条件,也就是两者相遇而不相撞的

条件.

例题 3(2010 山东)　如图 7.24 所示,滑块 A、C 质量均为 m,滑块 B 质量为 $\frac{3}{2}m$.开始时 A、B 分别以 v_1、v_2 的速度沿光滑水平轨道向固定在右侧的挡板运动,现将 C 无初速地放在 A 上,并与 A 粘在一起后不再分开,此时 A 与 B 相距较近,B 与挡板碰撞将以原速率反弹,A 与 B 碰撞将粘在一起.为使 B 能与挡板碰撞两次,v_1、v_2 应满足什么关系?

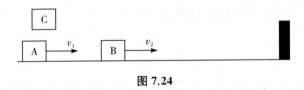

图 7.24

分析与解答　设 A 与 C 粘在一起的共同速度 v',以向右为正方向,由动量定理得

$$mv_1 = 2mv' \Rightarrow v' = \frac{1}{2}v_1 \quad \text{①}$$

题设此时 A 与 B 相距较近,为保证 B 与挡板相碰前 A 未能追上 B,应满足条件

$$v' \leqslant v_2 \Rightarrow v_1 \leqslant 2v_2 \quad \text{②}$$

设(A+C)与 B 相碰后的共同速度为 v'',仍以向右为正方向,由动量守恒得

$$2mv' - \frac{3}{2}mv_2 = \left(2m + \frac{3}{2}m\right)v'' \Rightarrow v'' = \frac{2}{7}v_1 - \frac{3}{7}v_2 \quad \text{③}$$

要求 B 能够再次与挡板碰撞,其运动方向必须向右,要求 $v'' > 0$,即要求

$$\frac{2}{7}v_1 - \frac{3}{7}v_2 > 0 \Rightarrow v_1 > \frac{3}{2}v_2 \quad \text{④}$$

综合②、④两个条件,得 v_1、v_2 应满足的关系为

$$\frac{3}{2}v_2 < v_1 \leqslant 2v_2$$

7.6 碰撞——动量守恒与动能守恒的综合应用

在许多物理问题中,常常会同时满足动量守恒和能量守恒.弹性碰撞就是其中的一个最典型的实例.

(1) 碰撞的特点

碰撞的特点如下:

① 作用时间短,相互作用力大,外力的冲量一般可忽略.

② 系统的总动量守恒.

③ 两球(物块)相碰时,其动量的变化等值反向,即

$$\Delta p_1 = -\Delta p_2$$

(2) 碰撞的规律

① 弹性碰撞(动量守恒、动能守恒)

如图 7.25 所示,设有质量分别为 m_1、m_2,速度分别为 v_{10} 和 v_{20} 的两个弹性小球做对心碰撞*,设碰后速度分别为 v_1、v_2.由于在相碰

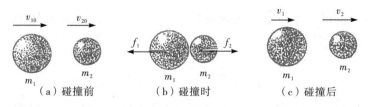

图 7.25 两球对心碰撞

的极短时间内,两者相互作用的冲量往往远大于外力的冲量,因此对发生碰撞的物体系统而言,可认为不受外力(或某方向不受外力)作

---

* 碰撞前后两球的速度方向都在通过两球中心的连线上,又称为正碰撞(简称正碰).

用,系统的动量(或某方向上的动量)守恒.如果碰撞过程中的形变能完全释放出来,又无其他机械能损失,则同时满足机械能守恒.于是由动量守恒和机械能守恒可得

$$m_1v_{10}+m_2v_{20}=m_1v_1+m_2v_2 \qquad ①$$

$$\frac{1}{2}m_1v_{10}^2+\frac{1}{2}m_2v_{20}^2=\frac{1}{2}m_1v_1^2+\frac{1}{2}m_2v_2^2 \qquad ②$$

将①、②两式分别改写为

$$m_1(v_{10}-v_1)=m_2(v_2-v_{20}) \qquad ③$$

$$m_1(v_{10}^2-v_1^2)=m_2(v_2^2-v_{20}^2) \qquad ④$$

由③、④两式得到

$$v_1+v_{10}=v_2+v_{20}$$

或

$$v_{10}-v_{20}=v_2-v_1 \qquad ⑤$$

从③、⑤两式可解出

$$v_1=\frac{(m_1-m_2)v_{10}+2m_2v_{20}}{m_1+m_2} \qquad ⑥$$

$$v_1=\frac{(m_2-m_1)v_{20}+2m_1v_{10}}{m_1+m_2} \qquad ⑦$$

在中学物理中的弹性碰撞,主要研究运动球(m_1)与静止球(m_2)的碰撞.在上面得到的一般关系式中,令 $v_{20}=0$,即得两球的碰后速度分别为

$$v_1=\frac{m_1-m_2}{m_1+m_2}v_{10}, \quad v_2=\frac{2m_1}{m_1+m_2}v_{10}$$

当 $m_1=m_2$ 时,$v_1=0$,$v_2=v_{10}$,可得到两球互换速度的结论.这就是前面说过的英国皇家学会上所表演的实验结果.

当 $m_2 \gg m_1$,且 $v_{20}=0$,则得

$$v_1 \approx -v_{10}, \quad v_2 \approx 0$$

即一个质量很小的运动球与另一个质量很大的静止球发生弹性正碰

撞时,小球以原速率反弹,大球仍保持静止.

当 $m_2 \ll m_1$,且 $v_{20} = 0$,则得
$$v_1 \approx v_{10}, \quad v_2 \approx 2v_{10}$$
表示一个质量很大的运动球与另一个质量很小的静止球发生弹性正碰后,大球的速度几乎不发生变化,但小球却以接近于两倍的大球速度运动.

② 完全非弹性碰撞(动量守恒,动能损失最大)

发生完全非弹性碰撞时,运动球与静止球碰后结合在一起,由
$$m_1 v_{10} + 0 = (m_1 + m_2) u$$
得共同速度为
$$u = \frac{m_1}{m_1 + m_2} v_1$$

③ 一般情况下运动球与静止球碰撞

一般情况下,运动球与静止球发生碰撞后,两球速度的取值范围为

$$\frac{m_1}{m_1 + m_2} v_{10} \geqslant v_1 \geqslant \frac{m_1 - m_2}{m_1 + m_2} v_{10}$$

$$\frac{2m_1}{m_1 + m_2} v_{10} \geqslant v_2 \geqslant \frac{m_1}{m_1 + m_2} v_{10}$$

(3) 碰撞中的能量传递

① 在弹性碰撞中,传递的能量跟两者质量比(m_1/m_2)有关.即

$$E_{k2} = \frac{1}{2} m_2 v_2^2 = \frac{1}{2} m_2 \left(\frac{2m_1}{m_1 + m_2} v_{10} \right)^2$$

$$= \frac{4 m_1 m_2}{(m_1 + m_2)^2} E_{k1} = \frac{4 \frac{m_1}{m_2}}{\left(1 + \frac{m_1}{m_2}\right)^2} E_{k1}$$

由此可见,两球质量越接近,碰撞中传递的能量越大;在 m_1/m_2

$=k$ 和 $m_1/m_2=1/k$ 两种情况下,传递的能量相等.

② 在完全非弹性碰撞中,损失的动能最大,其值为

$$\Delta E_{损失} = \frac{1}{2}m_1 v_{10}^2 - \frac{1}{2}(m_1+m_2)u^2$$
$$= \frac{1}{2}m_1 v_{10}^2 - \frac{1}{2}(m_1+m_2)\left(\frac{m_1 v_{10}}{m_1+m_2}\right)^2$$
$$= \frac{m_2}{m_1+m_2} \cdot \frac{1}{2}m_1 v_{10}^2 = \frac{m_2}{m_1+m_2}E_{k1}$$

当 $m_1 \ll m_2$ 时

$$\Delta E_{损失} \approx E_{k1}$$

碰撞并非只局限于两球之间,它可以表现为多种形式,因此研究碰撞具有非常重要的意义.同时,有关碰撞的问题往往交织着多种过程,需要综合运用物理规律,既考验着分析问题、解决问题的能力,也颇具引人入胜的魅力.下面选取几个实例,希望通过对它们的分析、研究,提高对碰撞问题的认识和研究能力.

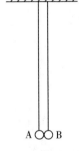

图 7.26

例题 1(2008 宁夏理综) 某同学利用如图 7.26 所示的装置验证动量守恒定律.图中两摆的摆长相等,悬挂于同一高度,A、B 两摆球均很小,质量之比为 1∶2.当两摆均处于自由静止状态时,其侧面刚好接触.向右上方拉动 B 球使其摆线伸直并与竖直方向成 45°角,然后将其由静止释放.结果观察到两摆粘在一起摆动,且最大摆角为 30°.若本实验允许的最大误差为±4%,此实验是否成功地验证了动量守恒定律?

分析与解答 设 A、B 两摆球的质量分别为 m_A 和 m_B,摆长为 l,B 球碰前的速度为 v_B,两球黏合后的共同速度为 v.

B 球静止释放和两球黏合后一起摆动的过程,都满足机械能守恒条件,有关系式

7　动量守恒定律的应用

$$\frac{1}{2}m_B v_B^2 = m_B gl(1-\cos 45°)$$

$$\frac{1}{2}(m_A+m_B)v^2 = (m_A+m_B)gl(1-\cos 30°)$$

因此,B球碰前的动量和两球粘合后的动量分别为

$$p_1 = m_B v_B = m_B \sqrt{2gl(1-\cos 45°)}$$

$$p_2 = (m_A+m_B)v = (m_A+m_B)\sqrt{2gl(1-\cos 30°)}$$

则

$$\frac{p_2}{p_1} = \frac{m_A+m_B}{m_B}\sqrt{\frac{1-\cos 30°}{1-\cos 45°}} = \frac{1+2}{2}\sqrt{\frac{2-\sqrt{3}}{2-\sqrt{2}}} = 1.02$$

或

$$\left|\frac{p_2-p_1}{p_1}\right| = \frac{1.02-1}{1} = 0.02 = 2\% < 4\%$$

由于实验的误差在规定的要求以内,所以,这个实验成功地验证了动量守恒定律.

说明　在中学物理教学中,常采用滑块沿光滑水平面(气垫导轨)的碰撞验证动量守恒定律.这里提出了另外一种简单的验证方法,并考虑了误差要求,很有意义,同学们不妨自己尝试一下.建议有兴趣的同学,继续提出其他的验证方法,并相互交流、共同探究.

例题2(2010 全国Ⅱ)　小球A和B的质量分别为 m_A 和 m_B,且 $m_A > m_B$,在某高度处将A和B先后从静止释放.小球A与水平地面碰撞后向上弹回,在释放处下方距离释放处为 H 的地方恰好与正在下落的小球B发生正碰,设所有碰撞都是弹性的,碰撞时间极短.求小球A、B碰撞后B上升的最大高度.

分析与解答　根据直线运动的规律,容易判知两球相碰时的速度大小一定相等,设均为 v_0(参见"说明"中的证明).由机械能守恒

定律

$$mgH = \frac{1}{2}mv_0^2 \Rightarrow v_0^2 = 2gH \qquad ①$$

设 A、B 两小球碰后的速度分别为 v_1 和 v_2，由于相碰时间很短，可以忽略重力的冲量作用，认为碰撞过程中动量守恒. 若以竖直向上为正方向，则有

$$m_A v_0 + m_B(-v_0) = m_A v_1 + m_B v_2 \qquad ②$$

由于两球做弹性碰撞，动能守恒，又有

$$\frac{1}{2}m_A v_0^2 + \frac{1}{2}m_B v_0^2 = \frac{1}{2}m_A v_1^2 + \frac{1}{2}m_B v_2^2 \qquad ③$$

联立②、③两式，得

$$v_2 = \frac{3m_A - m_B}{m_A + m_B} v_0 \qquad ④$$

代入①式的结果，根据竖直上抛公式，即得 B 球上升的最大高度为

$$h = \frac{v_2^2}{2g} = \left(\frac{3m_A - m_B}{m_A + m_B}\right)^2 H \qquad ⑤$$

说明 （1）题中设置的第一个障碍——要求从运动学规律确定两球相碰时的速度. 为此，可假设开始释放处的高度为 H_0，A 球着地后以大小为 $v_t = \sqrt{2gH_0}$ 的速度上抛，至相碰处的速度为 v_0，则

$$v_0^2 = v_t^2 - 2g(H_0 - H) = 2gH$$

显然，它恰好跟从释放处自由下落到 H 的 B 球速度大小相等.

（2）题中的第二个障碍——出现了以往高考中少见的两个运动球的弹性碰撞，需要通过解动量守恒、动能守恒的联立方程才能得到碰后速度，数学上有一定的要求. 如果对照前面的一般公式

$$v_2 = \frac{(m_2 - m_1)v_{20} + 2m_1 v_{10}}{m_1 + m_2}$$

则 v_{20} 应该用 $-v_0$ 代入.

例题 3（2006 江苏） 如图 7.27 所示，质量均为 m 的 A、B 两个弹

性小球,用长为 $2l$ 的不可伸长的轻绳连接.现把 A、B 两球置于距地面高 H 处(H 足够大),间距为 l,当 A 球自由下落的同时,B 球以速度 v_0 指向 A 球水平抛出.求:

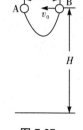

图 7.27

(1) 两球从开始运动到相碰,A 球下落的高度;

(2) A、B 两球碰撞(碰撞时无机械能损失)后,各自速度的水平分量;

(3) 轻绳拉直过程中,B 球受到绳子拉力的冲量大小.

分析与解答 (1) B 球水平抛出后,在竖直方向上同样做自由落体运动,因此 A、B 两球从开始运动起,始终在同一水平面上.设 A 球下落高度 h、经历时间 t 两球相碰,则有

$$h = \frac{1}{2}gt^2, \quad l = v_0 t \qquad ①$$

联立两式得

$$h = \frac{gl^2}{2v_0^2} \qquad ②$$

(2) 相碰时,可以忽略重力的冲量作用,A、B 两球系统的总动量守恒.设 A、B 两球碰撞过程中速度的水平分量变化分别为 $0 \to v_{Ax}$ 和 $v_0 \to v_{Bx}$,且满足条件

$$mv_0 = mv_{Ax} + mv_{Bx} \qquad ③$$

A、B 两球在竖直方向上的速度分量碰撞前后没有变化,且始终相同,即

$$v_{Ay} = v'_{Ay} = v_{By} = v'_{By} \qquad ④$$

由于碰撞中没有机械能的损失,又有关系式

$$\frac{1}{2}mv_{Ay}^2 + \frac{1}{2}m(v_0^2 + v_{By}^2) = \frac{1}{2}m(v_{Ax}^2 + v_{Ay}^2) + \frac{1}{2}m(v_{Bx}^2 + v_{By}^2) \qquad ⑤$$

联立三式得碰后 A、B 两球速度的水平分量分别为

$$v_{Ax} = v_0, \quad v_{Bx} = 0 \qquad ⑥$$

(3) 轻绳拉直后，两球在水平方向的速度一定相同，设为 v_t. 由水平方向动量守恒

$$mv_0 = 2mv_t \Rightarrow v_t = \frac{v_0}{2} \qquad ⑦$$

以 B 球为研究对象，根据动量定理得绳中拉力的冲量为

$$I = \Delta mv = mv_t - 0 = \frac{1}{2}mv_0 \qquad ⑧$$

说明 两球相碰时，B 球的速度沿着斜下方，但由于两球在竖直方向上的速度相同，这样就把一个表面上的斜碰转化为仅是水平方向运动球与静止球的碰撞，没有超出一维碰撞的教学范围，充分体现了命题的巧妙匠心.

上面解答中，通过水平方向的动量守恒和总机械能守恒得到⑥式的结果. 列出机械能守恒方程时，动能这一项必须用合速度，如果仅用水平方向的速度代入就错了. 实际上，如果认识到了仅是水平方向相同球的弹性碰撞，碰撞后两球一定互换速度，因此立即可以得出⑥式的结果.

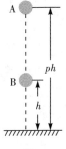

图 7.28

例题 4（2013 重庆） 在一种新的"子母球"表演中，让同一竖直线上的小球 A 和小球 B 从距水平地面高度为 $ph(p>1)$ 和 h 的地方同时由静止释放，如图 7.28 所示. 球 A 的质量为 m，球 B 的质量为 $3m$. 设所有碰撞都是弹性碰撞，重力加速度大小为 g，忽略球的直径、空气阻力及碰撞时间.

(1) 求球 B 第一次落地时球 A 的速度大小；

(2) 若球 B 在第一次上升过程中就能与球 A 相碰，求 p 的取值范围；

(3) 在(2)的情况下，要使球 A 第一次碰后能到达比其释放点更

7 动量守恒定律的应用

高的位置,求 p 应满足的条件.

分析与解答 （1）由于两球同时释放都做自由落体运动,因此球 B 第一次落地时,球 A 的速度就是球 B 的落地速度,即

$$v_0 = \sqrt{2gh} \qquad ①$$

（2）要求 B 在第一次上升过程中与 A 相碰,也就是要求 B 在上升到 h 高度前与 A 相碰,极限情况上升高度刚好是 h.因为 B 上升到 h 高度的时间和 A 下落到该处的时间分别为

$$t_B = 2\sqrt{\frac{2h}{g}}, \quad t_A = \sqrt{\frac{2h(p-1)}{g}} \qquad ②$$

由于这是极限情况,只能要求

$$t_A < t_B$$

即

$$\sqrt{\frac{2h(p-1)}{g}} < 2\sqrt{\frac{2h}{g}}$$

得

$$p < 5$$

所以 p 的取值范围应该满足条件

$$1 < p < 5 \qquad ③$$

（3）要求碰后 A 球反弹到比释放处更高,A 球碰后的速率必须大于碰前的速率.设当 B 球第一次反弹上升到高 x 处两球相碰,A、B 两球碰前速率分别为 v_A、v_B,碰后速率分别为 v_A'、v_B'.忽略碰撞时间后,意味着忽略重力和空气阻力的冲量,系统的动量守恒和动能守恒.以竖直向下为正方向,有

$$mv_A - 3mv_B = -mv_A' + 3mv_B' \qquad ④$$

$$\frac{1}{2}mv_A^2 + \frac{1}{2}(3m)v_B^2 = \frac{1}{2}mv_A'^2 + \frac{1}{2}(3m)v_B'^2 \qquad ⑤$$

$$v_A = \sqrt{2g(ph-x)} \qquad ⑥$$

$$v_B = \sqrt{2g(h-x)} \qquad ⑦$$

且

$$v'_A > v_A \qquad ⑧$$

式④、⑤即

$$v_A + v'_A = 3v_B + 3v'_B \qquad ⑨$$

$$v_A^2 - v'^2_A = 3v'^2_B - 3v_B^2 \qquad ⑩$$

联立方程⑥~⑩,得

$$p < 3$$

所以,p 应该满足的条件为

$$1 < p < 3$$

说明　"子母球"是一个很生动的实验现象.常见的一种表演方式是将一个小球放在大球上从某高度 h 一起自由下落,跟坚硬的地面发生碰撞后,结果小球竟然可以反弹到 $9h$ 的高度[*].

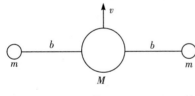

图 7.29

例题 5　长为 $2b$ 的轻绳,两端各系一质量为 m 的小球,中央系一质量为 M 的小球,三球均静止于光滑的水平桌面上,绳处于拉直状态.今给小球 M 以一个冲击,使它获得水平速度 v,v 的方向与绳垂直(图 7.29),求当两端的小球发生互碰前的瞬间绳中的弹力.

分析与解答　两边小球碰撞的瞬间,每球相对于 M 做圆周运动,把 m 球互碰前的速度正交分解为 $v_{//}$(沿绳子方向)和 $v_\perp$(与绳子方向垂直)的两个分量.由于绳子长度不变,故互碰前瞬间 M 球和 m 球在绳子方向速度是相同的,均为 $v_{//}$,但它们在绳子方向的加速度不同.设 M 球的加速度为 a_M,m 球的加速度为 a_m,且有

---

[*] 关于子母球实验的论证,可参阅本丛书《模型》一册.

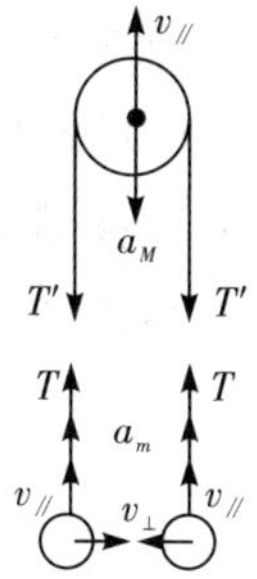

$$a_m = \frac{v_\perp^2}{b} - a_M \qquad ①$$

式中 $\frac{v_\perp^2}{b}$ 是 m 球相对于 M 球做圆周运动的向心加速度，a_M、a_m 的方向如图 7.30 所示.

设 m 球受到绳子拉力为 T，则 M 球受到绳子拉力为 $2T'(T'=T)$，其方向如图所示.

图 7.30

根据牛顿第二定律有
$$T = ma_m \qquad ②$$
$$2T' = Ma_M \qquad ③$$

因为对于这三个小球组成的系统，水平方向动量守恒和动能守恒，于是得
$$(M + 2m)v_{/\!/} = Mv \qquad ④$$
$$\frac{1}{2}Mv^2 = \frac{1}{2}Mv_{/\!/}^2 + 2 \times \frac{1}{2}m(v_\perp^2 + v_{/\!/}^2) \qquad ⑤$$

联立 ①～⑤ 式即可解得
$$T = \frac{mM^2v^2}{(M+2m)^2 b}$$

例题 6(2012 安徽) 如图 7.31 所示，装置的左边是足够长的光滑水平面，一轻质弹簧左端固定，右端连接着质量 $M = 2$ kg 的小物块 A. 装置的中间是水平传送带，它与左右两边的台面等高，并能平滑对接. 传送带始终以 $u = 2$ m/s 的速率逆时针转动. 装置的右边是一光滑的曲面，质量 $m = 1$ kg 的小物块 B 从其上距水平台面 $h = 1.0$ m 处由静止释放. 已知物块 B 与传送带之间的摩擦因数 $\mu = 0.2$，$l = 1.0$ m. 设物块 A、B 中间发生的是对心弹性碰撞，第一次碰撞前物块 A 静止且处于平衡状态. 取 $g = 10$ m/s².

(1) 求物块 B 与物块 A 第一次碰撞前的速度大小；

(2) 通过计算说明物块 B 与物块 A 第一次碰撞后能否运动到右

边曲面上.

(3) 如果物块 A、B 每次碰撞后,物块 A 再回到平衡位置时都会立即被锁定,而当它们再次碰撞前锁定被解除,试求出物块 B 第 n 次碰撞后的运动速度大小.

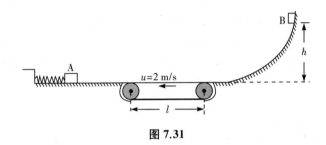

图 7.31

分析与解答 (1) 设物块 B 沿光滑曲面下滑到水平位置时的速度大小为 v_0,由机械能守恒 $mgh = \frac{1}{2}mv_0^2$ 得

$$v_0 = \sqrt{2gh} = \sqrt{2 \times 10 \times 1.0} \text{ m/s} = 2\sqrt{5} \text{ m/s}$$

物块 B 滑上传送带后做匀减速运动,加速度大小 $a = \mu g$,通过传送带后的速度为

$$v = \sqrt{v_0^2 - 2\mu gl} = \sqrt{20 - 2 \times 0.2 \times 10 \times 1} \text{ m/s} = 4 \text{ m/s}$$

由于 $v > u = 2$ m/s,所以 $v = 4$ m/s 也就是物块 B 与 A 第一次碰撞前的速度大小.

(2) 设物块 A、B 第一次碰撞后的速度分别为 V、v_1,由动量守恒和动能守恒

$$mv = mv_1 + MV \qquad ①$$

$$\frac{1}{2}mv^2 = \frac{1}{2}mv_1^2 + \frac{1}{2}MV^2 \qquad ②$$

得

7 动量守恒定律的应用

$$v_1 = \frac{m-M}{m+M}v = -\frac{1}{3}v = -\frac{4}{3} \text{ m/s}$$

$$V = \frac{2m}{m+M}v = \frac{2}{3}v = \frac{8}{3} \text{ m/s}$$

所以,碰撞后物块 B 沿着水平台面向右匀速运动(物块 A 与弹簧不断发生动能与弹性势能的相互转换,最后又归于静止).它滑上传送带后做匀减速运动,向右运动的最大位移

$$l' = \frac{v_1^2}{2\mu g} = \frac{\left(\frac{4}{3}\right)^2}{2 \times 0.1 \times 10} \text{ m} = \frac{4}{9} \text{ m} < 1 \text{ m}$$

说明物块 B 碰后无法通过传送带运动到右边的曲面上.

(3) 当物块 B 在传送带上向右运动的速度减为零时,又会在传送带的摩擦力作用下向左加速运动.显然,物块 B 运动到达传送带左边时的速度大小仍为 v_1,接着与物块 A 发生第二次碰撞.设第二次碰撞后物块 B 速度大小为 v_2,同理可知

$$v_2 = \frac{1}{3}v_1 = \left(\frac{1}{3}\right)^2 v$$

以后,物块 B 与物块 A 继续发生第三次碰撞、第四次碰撞……碰撞后物块 B 的速度大小依次为

$$v_3 = \frac{1}{3}v_2 = \left(\frac{1}{3}\right)^3 v, \quad v_4 = \frac{1}{3}v_3 = \left(\frac{1}{3}\right)^4 v, \cdots$$

所以,跟物块 A 发生第 n 次碰撞后物块 B 的速度大小为

$$v_n = \left(\frac{1}{3}\right)^n v$$

说明 本题中(1)体现对基础知识的考核,(2)和(3)要求熟悉弹性碰撞的规律——运动球与静止球碰后速度公式,并能通过对物块运动的分析,运用递推方法确定第 n 次碰撞后的速度大小.本题综合性强,数理结合紧密,是一个设计很优秀的考题,需多加品味.

例题 7（2009 北京） 如图 7.32(a)所示，ABC 为一固定在竖直平面内的光滑轨道，BC 段水平，AB 段与 BC 段平滑连接．质量为 m_1 的小球从高为 h 处由静止开始沿轨道下滑，与静止在轨道 BC 段上质量为 m_2 的小球发生碰撞，碰撞前后两球的运动方向处于同一水平线上，且在碰撞过程中无机械能损失．

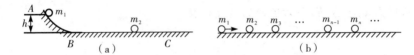

图 7.32

(1) 求碰撞后小球 m_2 的速度大小 v_2；

(2) 碰撞过程中的能量传递规律在物理学中有着广泛的应用．为了探究这一规律，我们采用多球依次碰撞、碰撞前后速度在同一直线上、且无机械能损失的简化力学模型．如图 7.32(b)所示，在固定光滑水平直轨道上，质量分别为 $m_1, m_2, m_3, \cdots, m_{n-1}, m_n, \cdots$ 的若干个球沿直线静止相间排列．给第 1 个球初动能 E_{k1}，从而引起各球的依次碰撞．定义其中第 n 个球经过一次碰撞后获得的动能 E_{kn} 与 E_{k1} 之比为第 1 个球对第 n 个球的动能传递系数 k_{1n}．

a. 求 k_{1n}；

b. 若 $m_1 = 4m_0, m_3 = m_0, m_0$ 为确定的已知量．求 m_2 为何值时，k_{13} 最大．

分析与解答 (1) 设 m_1 下滑到水平面上与 m_2 碰前的速度为 v_{10}，由机械能守恒易得

$$v_{10} = \sqrt{2gh} \qquad \text{①}$$

设 m_1 与 m_2 碰后的速度分别为 v_1、v_2，由动量守恒和动能守恒

$$m_1 v_{10} = m_1 v_1 + m_2 v_2 \qquad \text{②}$$

$$\frac{1}{2} m_1 v_{10}^2 = \frac{1}{2} m_1 v_1^2 + \frac{1}{2} m_2 v_2^2 \qquad \text{③}$$

联立得

$$v_2 = \frac{2m_1}{m_1+m_2}v_{10} \qquad ④$$

将①代入④得

$$v_2 = \frac{2m_1}{m_1+m_2}\sqrt{2gh}$$

(2) a. 设第1个球碰前速度为 v_{10},结合④式知

$$E_{k1} = \frac{1}{2}m_1 v_{10}^2, \quad E_{k2} = \frac{1}{2}m_2 v_2^2 = \frac{2m_1^2 m_2}{(m_1+m_2)^2}v_{10}^2$$

根据动能传递系数的定义,对1、2两球的动能传递系数为

$$k_{12} = \frac{E_{k2}}{E_{k1}} = \frac{4m_1 m_2}{(m_1+m_2)^2} \qquad ⑤$$

同理得,球 m_2 与 m_3 碰撞后,第1个球对第3个球的动能传递系数

$$k_{13} = \frac{E_{k3}}{E_{k1}} = \frac{E_{k2}}{E_{k1}} \cdot \frac{E_{k3}}{E_{k2}} = \frac{4m_1 m_2}{(m_1+m_2)^2} \cdot \frac{4m_2 m_3}{(m_2+m_3)^2} \qquad ⑥$$

依此类推,第1个球对第 n 个球的动能传递系数

$$k_{1n} = \frac{E_{kn}}{E_{k1}} = \frac{E_{k2}}{E_{k1}} \cdot \frac{E_{k3}}{E_{k2}} \cdot \cdots \cdot \frac{E_{kn}}{E_{k(n-1)}}$$

$$= \frac{4m_1 m_2}{(m_1+m_2)^2} \cdot \frac{4m_2 m_3}{(m_2+m_3)^2} \cdot \cdots \cdot \frac{4m_{n-1} m_n}{(m_{n-1}+m_n)^2}$$

解得

$$k_{1n} = \frac{4^{n-1} m_1 m_2^2 m_3^2 \cdots m_{n-1}^2 m_n}{(m_1+m_2)^2 (m_2+m_3)^2 \cdots (m_{n-1}+m_n)^2}$$

b. 将 $m_1 = 4m_0, m_3 = m_0$ 代入⑥式得

$$k_{13} = 64 m_0^2 \left(\frac{m_2}{(4m_0+m_2)(m_2+m_0)} \right)^2$$

对上式方括号内的算式变形

$$\frac{m_2}{(4m_0+m_2)(m_2+m_0)} = \frac{1}{m_2 + \frac{4m_0^2}{m_2} + 5m_0}$$

为使 k_{13} 最大,只需使上式最大.因为 $m_2 \cdot \dfrac{4m_0^2}{m_2} = 4m_0^2$ 是个常数,根据不等式性质有

$$m_2 + \dfrac{4m_0^2}{m_2} \geqslant 2\sqrt{m_2 \cdot \dfrac{4m_0^2}{m_2}} = 4m_0$$

因此,只有当 $m_2 = \dfrac{4m_0^2}{m_2}$,即 $m_2 = 2m_0$ 时,k_{13} 最大.

说明 本题同样可以直接应用运动球与静止球做弹性正碰后两球的速度关系,但解题时必须先写出 ②、③ 作为依据.题中提出了碰撞中的能量传递,击中了以往学习中的一个"盲点",值得重视.

动量守恒与总能量守恒的综合应用

满足动量守恒条件的系统,有时机械能并不守恒,如非弹性碰撞中有一部分机械能转化为内能.但包含着内能在内的总能量依然守恒.在中学物理中,以动量守恒定律为核心(或纽带),结合着机械能与内能的转化、机械能与电场能(或电磁能)的转化等现象非常普遍.这些问题往往联系面广、综合性强,它们跟碰撞问题一样,都是考查分析问题能力的最佳选题.下面这些例题,可以仔细品味.

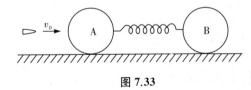

图 7.33

例题 1 在质量相等的 A、B 两小球间,用一轻弹簧将它们相连,然后放于光滑的水平桌面上(图 7.33).如果 A 球被水平方向飞来、速度为 v_0 的子弹很快射中(嵌入球内),已知子弹的质量为 A 球质量的 1/4,问在以后的运动过程中,B 球的最大速度和 A 球的最小速度各为多少?

分析与解答 当子弹很快射入 A 球时,由于子弹和 A 球组成的系统只有内力作用,系统动量守恒,则有

$$\frac{1}{4}mv_0 = \left(m + \frac{1}{4}m\right)v \qquad ①$$

式中 m 为小球的质量,v 为子弹嵌入 A 球后子弹和小球 A 的共同速度.

A 球(包含子弹)获得速度 v 后,随即压缩弹簧,小球 B 被加速,直至弹簧恢复自由状态,小球 B 不再加速,其速度达到最大.而小球 A 在压缩弹簧和后来弹簧的恢复阶段,始终受向左的弹力作用,做减速运动,直至弹簧处于自由状态,小球 A 不再减速,其速度达到最小.以后弹簧继续伸长而使 B 球速度变小,使 A 球速度变大,如此反复进行.由此可知,当弹簧无形变时,两球速度有极值,B 球速度最大,A 球速度最小.此时 A、B 两球和弹簧组成的系统的总能量仅为 A、B 两小球的动能之和,它等于子弹射入 A 球后,子弹和 A 球的动能.根据能量守恒

$$\frac{1}{2}\left(m + \frac{1}{4}m\right)v_{A\min}^2 + \frac{1}{2}mv_{B\max}^2$$
$$= \frac{1}{2}\left(m + \frac{1}{4}m\right)v^2 \qquad ②$$

又根据动量守恒,则有

$$\left(m + \frac{1}{4}m\right)v_{A\min} + mv_{B\max} = \frac{1}{4}mv_0 \qquad ③$$

联立解①、②、③式,取合理值,即可得

$$v_{A\min} = \frac{1}{45}v_0, \quad v_{B\max} = \frac{2}{9}v_0$$

例题 2 在光滑水平面上,有一质量为 $m_1 = 20$ kg 的小车,通过一根几乎不可伸长的轻绳与另一个质量为 $m_2 = 25$ kg 的拖车相连接.一个质量为 $m_3 = 15$ kg 的物体放在拖车的平板上,物体与平板间的动摩擦因数为 $\mu = 0.2$.开始时,拖车静止,绳未拉紧,小车以 $v_0 = 3$ m/s 的速度向前运动(图 7.34).求当 m_1、m_2、m_3 以同一速度前进时,

物体在拖车平板上移动的距离.(g 取 10 m/s^2)

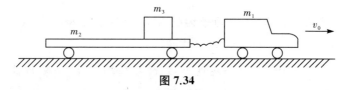

图 7.34

分析与解答 从绳开始拉紧到 m_1、m_2 和 m_3 以同一速度运动的过程中,m_1、m_2 和 m_3 这三个物体组成的系统不受外力作用,动量守恒.由

$$m_1 v_0 = (m_1 + m_2 + m_3)v$$

得三者一起运动的速度为

$$v = \frac{m_1 v_0}{m_1 + m_2 + m_3} = \frac{20 \times 3}{20 + 25 + 15} \text{ m/s} = 1 \text{ m/s}$$

在绳拉紧的极短时间内,m_1 和 m_2 的相互作用可看作一种碰撞过程,在此过程中 m_3 作用于 m_2 的摩擦力可忽略不计.故 m_1、m_2 组成的系统动量守恒,可得

$$m_1 v_0 = (m_1 + m_2) v_{12}$$

式中 v_{12} 是绳拉紧的时刻 m_1 和 m_2 的共同速度,得

$$v_{12} = \frac{m_1 v_0}{m_1 + m_2} = \frac{20 \times 3}{20 + 25} \text{ m/s} = \frac{4}{3} \text{ m/s}$$

此时系统的动能为

$$E_k = \frac{1}{2}(m_1 + m_2)v_{12}^2 = 40 \text{ J}$$

当 m_1、m_2、m_3 三者以相同的速度一起运动时,三者的总动能为

$$E_k' = \frac{1}{2}(m_1 + m_2 + m_3)v^2 = 30 \text{ J}$$

从 m_1、m_2 两者一起以速度 v_{12} 运动到 m_1、m_2、m_3 三者一起以速度 v 运动的过程中,动能的损失为

$$\Delta E_k = E_k - E_k' = 10 \text{ J}$$

7 动量守恒定律的应用

显然,损失的动能转化为 m_3 和 m_2 的内能了.由能量守恒,得

$$\mu m_3 g \Delta s = \Delta E_k$$

式中 $\mu m_3 g \Delta s$ 为 m_3 在 m_2 上滑动时,产生的内能的量度式.由此得 m_3 在 m_2 上滑行的距离为

$$\Delta s = \frac{\Delta E_k}{\mu m_3 g} = \frac{10}{0.2 \times 15 \times 10} \text{ m} \approx 0.33 \text{ m}$$

例题 3(2010 安徽) 如图 7.35 所示,ABD 为竖直平面内的光滑绝缘轨道,其中 AB 段是水平的,BD 段为半径 $R=0.2$ m 的半圆,两段轨道相切于 B 点,整个轨道处在竖直向下的匀强电场中,场强大小 $E=5.0 \times 10^3$ V/m.一个不带电的绝缘小球甲,以速度 v_0 沿水平轨道向右运动,与静止在 B 点带正电的小球乙发生弹性碰撞.已知甲、乙两球的质量均为 $m=1.0 \times 10^{-2}$ kg,乙所带电荷量 $q=2.0 \times 10^{-5}$ C,g 取 10 m/s^2,水平轨道足够长,甲、乙两球可视为质点,整个运动过程无电荷转移.

(1) 甲、乙两球碰撞后,乙恰好能通过轨道最高点 D,求乙在轨道上的首次落点到 B 的距离;

(2) 在满足(1)的条件下,求甲的速度 v_0;

(3) 若甲仍以速度 v_0 向右运动,增大甲的质量,保持乙的质量不变,求乙在轨道上首次落点到 B 点的距离范围.

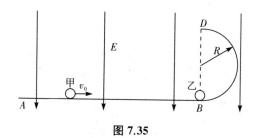

图 7.35

分析与解答 (1) 设乙到达最高点 D 的速度为 v_D,由向心力

条件

$$mg + qE = m\frac{v_D^2}{R} \Rightarrow v_D = \sqrt{Rg + \frac{qER}{m}} \quad ①$$

代入数据得

$$v_D = 2 \text{ m/s}$$

乙球离开最高点后做平抛运动,设到达水平轨道的时间为 t,其落点距离 B 点为 x,由

$$2R = \frac{1}{2}\left(\frac{mg+qE}{m}\right)t^2 \Rightarrow t = 2\sqrt{\frac{mR}{mg+qE}} \quad ②$$

代入数据得

$$t = 0.2 \text{ s}$$

所以首次落点到 B 的距离

$$x = v_D t = 2 \times 0.2 \text{ m} = 0.4 \text{ m}$$

(2) 设甲、乙两球碰撞后乙的速度为 $v_乙$,乙从 B 运动到 D 的过程中,由总能量守恒

$$\frac{1}{2}mv_乙^2 = \frac{1}{2}mv_D^2 + mg \cdot 2R + qE \cdot 2R \quad ③$$

联立①、③两式,得

$$v_乙 = \sqrt{\frac{5(mg+qE)R}{m}} \quad ④$$

代入数据得

$$v_乙 = 2\sqrt{5} \text{ m/s}$$

因为甲、乙两球质量相等,它们发生弹性碰撞时互换速度,所以碰撞前甲的速度为

$$v_0 = v_乙 = 2\sqrt{5} \text{ m/s} \quad ⑤$$

(3) 设甲的质量为 M,碰撞后甲、乙的速度分别为 v_M、v_m,根据动量守恒和动能守恒

7 动量守恒定律的应用

$$Mv_0 = Mv_M + mv_m, \quad \frac{1}{2}Mv_0^2 = \frac{1}{2}Mv_M^2 + \frac{1}{2}mv_m^2 \qquad ⑥$$

联立两式得

$$v_m = \frac{2M}{M+m}v_0 \qquad ⑦$$

设到达轨道最高点时的速度为 v_D'，同理有

$$\frac{1}{2}mv_m^2 = \frac{1}{2}mv_D'^2 + mg \cdot 2R + qE \cdot 2R \qquad ⑧$$

根据⑦、⑧两式，作讨论如下：

① 当 $M = m$ 时，$v_m = v_0$，这就是题(1)得到的结果，则

$$v_D' = v_D = 2\sqrt{5} \text{ m/s}, \quad x = 0.4 \text{ m}$$

② 当 $M > m$ 时，碰后乙的速度 $v_0 < v_m < 2v_0$；当 $M \to \infty$ 时，$v_m \to 2v_0$，由⑧式得到达最高点 D 的速度

$$v_D'^2 = v_m^2 - 4\left(Rg + \frac{qER}{m}\right)$$

联立④、⑤两式的结果，得

$$v_D' = 8\text{m/s}, \quad x' = v_D't = 1.6 \text{ m}$$

所以乙在轨道上的落点到 B 点的距离范围为

$$0.4 \text{ m} \leqslant x' < 1.6 \text{ m}$$

说明 本题(3)具有一定的开放性，即放宽了质量条件，要求从小球质量的变化讨论落点的范围.作为卷中的一个亮点，无疑对发散性思维的培养极有好处.类似于本题(3)，题设条件不确定、题中过程多样性、解答结果不唯一等有创新意义的这类问题，在近年高考中屡见不鲜，应予以重视.

8 动量矩守恒定律的应用

8.1 动量矩守恒定律

从现象谈起

动量矩守恒定律表面上好像很陌生,实际上一直伴随在我们的生活中.下面,我们先来考察几个常见的现象.

电视中常会看到芭蕾舞演员或花样滑冰运动员,在翩翩起舞中将舒展的身体突然收拢后,旋转速度会急剧增加(图 8.1).这里的奥秘就是演员们巧妙地利用了动量矩守恒的结果.

图 8.1 演员从舒展身体到急剧收拢,会使旋转速度加快

8 动量矩守恒定律的应用

反过来,如果为了降低转动的角速度,就应该尽量把两臂和双腿舒展出去.一些京剧武生演员、体操运动员和跳水运动员在空中翻筋斗时,常常把身体蜷缩起来,等到接近地面或水面时才伸直双臂和腿,从而可以减小转动速度,保证平稳地落到地面上或沿着接近竖直的方向进入水中(图 8.2).

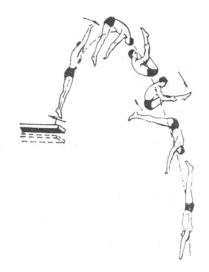

图 8.2 跳水运动员的空中动作

小时候玩过"滚铁环"吗?用一根带钩的铁条推着铁环的下半部分,铁环就能够保持竖直状态乖乖地跟着一边转动、一边前进了.如果铁环不转动,即使魔术师也无法保证它长时间竖立起来.

平时我们骑自行车到学校或回家,你可曾想过,为什么只有两个轮子的自行车静止时马上倒下,运动起来后就不会倒呢?这里的道理跟"滚铁环"一样,都是运用了动量矩守恒的缘故.

类似的实例还有很多,可见动量矩概念跟我们的生活联系得非常紧密.

守恒 SHOU HENG

什么叫动量矩

为了进一步认识上面这些现象的原因,就需要从认识基本的概念着手.

一个质点做圆周运动时,质点的动量(mv)与运动半径(r)的乘积,称为这个质点对转轴(或转动中心)的动量矩,或者称为角动量. 用数学式表示为

$$L = mvr = mr^2\omega$$

对于由许多质点组成的物体(刚体),它对某一固定转动轴的动量矩等于各质点对同一转轴动量矩的总和,即

$$L = \sum m_i v_i r_i = \left(\sum m_i r_i^2\right)\omega = J\omega$$

式中 $J = \sum m_i r_i^2$ 称为这个物体对该轴的转动惯量.它反映了转动物体惯性的大小,相当于物体平动时用质量 m 反映惯性的大小一样.所不同的是,转动惯量 J 不仅与这个物体的总质量有关,还与各部分质量的分布情况有关.一个物体各部分质量分布得离转轴越远,转动惯量越大,一旦转动起来后越不容易停下.

动量矩守恒

力学中指出,一个物体动量矩的变化是由于外力矩作用的缘故,相互间的关系为

$$M = \frac{\Delta L}{\Delta t} = \frac{\Delta J\omega}{\Delta t}$$

上式表示,物体所受合外力对某一固定轴的力矩(M)等于物体对同一转轴动量矩的变化率.这就是动量矩定理.

如果外力 $F = 0$,或者作用力 F 始终通过转轴(转动中心),则 $M = 0$,因而

$$\Delta L = \Delta J\omega = \Delta\left(\sum m_i r_i^2\right)\omega = 0$$

即

8 动量矩守恒定律的应用

$$L = J\omega = \sum m_i r_i^2 \omega = 恒量$$

也就是说,当外力矩等于零时,物体的动量矩保持不变.这一结论称为动量矩守恒定律.它与动量守恒定律、能量守恒定律一样,是自然界的一个普遍规律.当年玻尔在提出他的轨道量子化假设时,就是根据氢原子核外电子受到中心力作用($M=0$)动量矩守恒的道理,再加上他创造性地运用了量子化条件而得出来的.

一个重要特性

转动体不受外力矩时,由动量矩守恒可得到一个重要的特性——转轴方向保持不变.它可用图 8.3 中常平架上的回转仪进行演示.

常平架由支在框架 L 上的内外两个圆环组成.外环能绕光滑支点 A、A' 所确定的轴自由转动,内环能绕与外环相连的光滑支点 B、B' 所确定的轴自由转动.回转仪 D 是一个能以高速旋转的厚重、对称的转子,其轴 CC' 装在常平架的内环

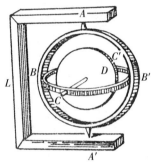

图 8.3 常平架上的回转仪

上.AA'、BB'、CC' 三轴相互垂直,可使回转仪的轴在空间作任何取向.我们从实验中可看到,当使转子高速旋转以后不再加任何外力矩时,即使把支架做任何转动,也不会改变转子的转轴方向.

飞机上的应用

根据物体不受外力矩时动量矩(角动量)守恒,具有保持转轴方向不变的特性而制成的回转仪,常被用于飞机自动驾驶仪或火箭及导弹的导航.如图 8.4 表示飞机(或导弹)偏离正常飞行方向的姿态:图 8.4(a)为飞机(或导弹)头部的上下摆动,可用俯仰角表示;图 8.4(b)为飞机(或导弹)头部左右摆动,可用偏航角表示;(c)为飞机(或导弹)绕它本身纵向轴线的转动,可用侧滚角表示.用一个回转

仪绕铅直轴转动,并规定其转动轴线为铅直基准线,飞机(或导弹)的侧滚角和俯仰角可根据铅直基准线测出.用另一个回转仪绕水平轴转动,规定其转动轴线为水平基准线,用它可测出飞机(或导弹)的偏航角.将测出的信号送给计算系统,就能够发出信号随时纠正飞机(或导弹)飞行的方向和姿态了.

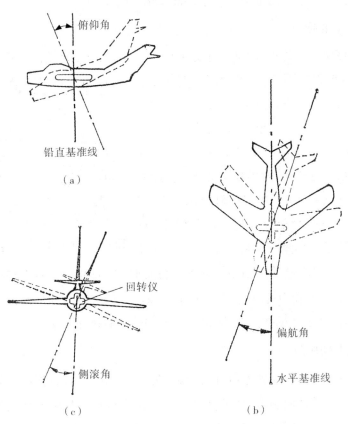

图 8.4　飞行中的偏航姿态

8.2 动量矩守恒的实例分析

例题 1 如图 8.5 所示,在光滑的水平桌面上有一小孔 O,把系在绳子一端的一个小球 m 置于桌面上,另一端穿过小孔挂一重物 M.当给小球 m 某一垂直于绳子的初速度 v_0 后,小球就可绕中心 O 转动.试分析小球的转动速度与半径的关系.

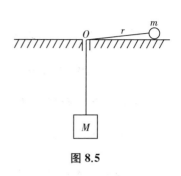

图 8.5

分析与解答 小球转动时,依靠绳中的拉力作为向心力.由于拉力方向始终通过圆心,因此绳子拉力的力矩等于零,小球转动中的角动量守恒,即

$$mvr = 恒量$$

所以,如小球转动时所需的向心力 $F_n = m\dfrac{v_0^2}{r_0}$ 小于重物的重力 Mg,则重物下降使小球的转动半径 r 变小,小球运动的速度 v 增大;反之,如小球开始转动时所需的向心力 $F_n = m\dfrac{v_0^2}{r_0} > Mg$,则小球将向外甩出,转动半径 r 变大,重物上升,小球运动的速度 v 减小.

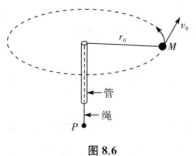

图 8.6

例题 2 质量为 M 的小球系在一根绳子上,并被限制在一个水平面(虚线所示的平面)上运动(图 8.6),当绳长为 r_0 时,小球的速度为 v_0,则把绳子(转动半径)缩短到 r,需做多少功?

分析与解答 绳子对球的拉

力始终通过转动中心,拉力的力矩恒为零.因此,当绳子缩短时,小球的动量矩保持不变,即

$$Mv_0r_0 = Mvr$$

绳子缩短后,小球的动能变为

$$E_k = \frac{1}{2}Mv^2 = \frac{1}{2}Mv_0^2\left(\frac{r_0}{r}\right)^2 = \left(\frac{r_0}{r}\right)^2 E_{k0}$$

由动能定理得绳子从 r_0 缩短为 r 时,外界所做的功为

$$W = \Delta E_k = E_k - E_{k0} = \left[\left(\frac{r_0}{r}\right)^2 - 1\right]\frac{1}{2}Mv_0^2$$

例题3 人造地球卫星绕地球沿椭圆轨道运动,地球位于轨道的一个焦点处(开普勒轨道定律).设近地点的距离为 a,远地点的距离为 b,则卫星在近地点与远地点时的速度之比 $\dfrac{v_a}{v_b}$ 多大(图 8.7)?

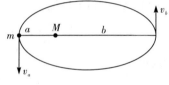

图 8.7

分析与解答 常见到一些学生由

$$G\frac{Mm}{r^2} = m\frac{v^2}{r}$$

得出

$$\frac{v_a}{v_b} = \sqrt{\frac{r_b}{r_a}}$$

这是不正确的.因为卫星在近地点与远地点时的运动半径并不等于 a 与 b.

正确的方法除了用开普勒第二定律等方法外,也可根据动量矩守恒定律求解.

由于卫星在近地点与远地点时所受地球的吸引力沿地球与卫星的连线,引力的力矩等于零,因此卫星运动中的动量矩守恒.即

$$mv_a a = mv_b b$$

立即可得

$$\frac{v_a}{v_b} = \frac{b}{a}$$

例题 4 芭蕾舞演员或花样溜冰运动员翩翩起舞做旋转动作时,常常先舒展两臂,然后猛地把两臂收在胸前,可以使身体急速旋转,此时运动员消耗的体能如何变化?

分析与解答 演员或运动员舒展两臂时,手臂这部分质量分布得离转轴较远,转动惯量较大,把两臂收拢后,手臂这部分质量分布得离转轴较近,转动惯量较小.根据动量矩守恒表达式,转动的角速度 ω 就会增加.

设演员舒展身体时和收拢身体时的转动惯量分别为 I_1 和 I_2($I_2 < I_1$),相应的旋转角速度分别为 ω_1 和 ω_2.当演员不受外力矩作用时,其动量矩守恒,即

$$I_1\omega_1 = I_2\omega_2$$

则

$$\omega_2 = \frac{I_1}{I_2}\omega_1 > \omega_1$$

因此我们会看到急速旋转的姿态.

此时人体的转动动能*为

$$E_{k2} = \frac{1}{2}I_2\omega_2^2 = \frac{1}{2}I_2\left(\frac{I_1}{I_2}\omega_1\right)^2 = \frac{I_1}{I_2} \cdot \frac{1}{2}I_1\omega_1^2 = \frac{I_1}{I_2}E_{k1} > E_{k1}$$

可见,转动角速度增大时,芭蕾舞演员或滑冰运动员需要多消耗体力,也就是说需要把人体内部贮存的能量转化为机械能.

例题 5 玻尔的氢原子理论提出了轨道量子化的假设——氢原

---

* 刚体的转动动能 $E_k = \frac{1}{2}I\omega^2$.式中转动惯量 I 和角速度 ω 可类比于平动时的质量 m 和速度 v.

子的核外电子只能在一系列不连续的轨道上运动,这些轨道的半径与电子动量的乘积满足条件

$$mvr = n\frac{h}{2\pi} \quad (n=1,2,3,\cdots)$$

也就是说,氢原子核外电子的动量矩只能取一系列不连续的数值.试根据轨道量子化条件和核外电子绕核做匀速圆周运动的条件,推导氢原子核外电子的轨道半径表达式和能级能量的表达式.

分析与解答 设氢原子的核外电子在半径为 r_n 的某一轨道上运动,对应的速度为 v_n.由氢原子核对它的库仑力作为圆运动的向心力,即

$$m\frac{v_n^2}{r_n} = k\frac{e^2}{r_n^2} \qquad ①$$

轨道量子化条件

$$mv_n r_n = n\frac{h}{2\pi} \qquad ②$$

将②式平方得

$$m^2 v_n^2 r_n^2 = n^2 \frac{h^2}{4\pi^2} \qquad ③$$

将③式除以①式,即得轨道半径

$$r_n = \frac{n^2 h^2}{4\pi^2 k e^2 m} \qquad ④$$

因为氢原子能级的能量表示核外电子的总能量,包括绕核运动的动能、核与电子相互作用的势能两部分,即

$$E_n = E_{kn} + E_{pn} = \frac{1}{2}mv_n^2 + \left(-k\frac{e^2}{r_n}\right) = \frac{ke^2}{2r_n} + \left(-k\frac{e^2}{r_n}\right) = -\frac{ke^2}{2r_n} \qquad ⑤$$

将④式的值代入⑤式,得能级值

$$E_n = -\frac{2\pi^2 k^2 e^4 m}{n^2 h^2} \qquad ⑥$$

当 $n=1$ 时,由④、⑥两式得

$$r_1 = \frac{h^2}{4\pi^2 k e^2 m}, \quad E_1 = -\frac{2\pi^2 k^2 e^4 m}{h^2}$$

代入 h、k、e、m 的值,即得

$$r_1 = 0.53 \times 10^{-10} \text{ m}, \quad E_1 = -13.6 \text{ eV}$$

由于上面两式中 h、k、e、m 都是常量,因此可以把④、⑥两式表示为

$$r_n = n^2 r_1, \quad E_n = \frac{1}{n^2} E_1 \quad (n=1,2,3,\cdots)$$

这就是目前中学物理中玻尔理论的两个公式.

说明 氢原子核外电子处于半径 r_n 时的电势能,就是点电荷的电势能,即为

$$E_p = e\varphi_n = e\left(-k\frac{e}{r_n}\right) = -k\frac{e^2}{r_n}$$

在离开核无穷远处的电势能取为零(最大),从无穷远向核靠近时,核对电子的引力做功,电势能减小,因此都为负值.

9 电荷守恒和质量守恒在解题中的应用

9.1 电荷守恒

电荷守恒是自然界的一条普遍规律,可以说,凡是涉及电荷的地方都会有它的影踪.不过,电荷守恒在解题中的应用范围比较窄,相对说也比较简单.除了核反应外,主要体现在静电场的静电感应和电容器的带电、电荷的转移等方面.

由于带电和电荷的转移等都是微观行为,因此它的一些现象都只能根据电荷守恒(及有关的规律)进行解释和判断结果.

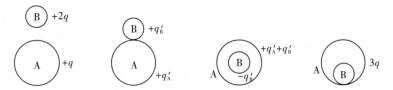

图 9.1

如图 9.1 所示,两个大小不同的导体球壳,球半径 $R_A > R_B$,分别带有同种电荷 q 与 $2q$.让两者接触一下后将 B 放进 A 的内部(不与 A 内壁接触).此时 A、B 间发生了电荷的转移,根据电荷守恒可以很方便地判断.

9 电荷守恒和质量守恒在解题中的应用

因为两球接触后,电荷将重新分配.每球带电量的多少由静电平衡时两者电势相等及其电容量的大小决定,但无论如何分配,其电量的总和保持不变(电荷守恒).设两者接触后 A、B 的带电量分别为 q'_A 和 q'_B,则

$$q'_A + q'_B = q + 2q = 3q$$

当把 B 放进 A 球壳内后,由于静电感应,在 A 的内表面感应出电量等于 q'_B 的负电荷,这些负电荷是从 A 的外表面转移过去的,因此在其外表面必然增加电量等于 q'_B 的正电荷.结果,A 球壳的外表面带有 $q'_A + q'_B = 3q$ 的正电荷,但 A 球壳的净电荷仍为 q'_A.

如果将 B 放进 A 内部后与其内壁接触一下,则 B 的正电荷与 A 内壁的负电荷中和,B 不带电,A 的外壁带正电荷 $3q$(相当于 B 的正电荷全部转移到 A 的外壳).

下面的几个例题中,在电荷转移和分配过程中都遵循着电荷守恒的规律,共同体会一下.

例题1 (2011 海南) 三个相同的金属小球 1、2、3 分别置于绝缘支架上,各球之间的距离远大于小球的直径.球 1 的带电量为 q,球 2 的带电量为 nq,球 3 不带电且离球 1 和球 2 很远,此时球 1、2 之间作用力的大小为 F.现使球 3 先与球 2 接触,再与球 1 接触,然后将球 3 移至远处,此时球 1、2 之间作用力的大小仍为 F,方向不变.由此可知(   )

A. $n=3$ B. $n=4$ C. $n=5$ D. $n=6$

分析与解答 球 3 与球 2 接触后,每球带电量为 $\dfrac{nq}{2}$;球 3 与球 1 接触后,每球带电量为 $\dfrac{1}{2}\left(q+\dfrac{nq}{2}\right)$.此后球 1、2 间相互作用力的大小、方向以及间距都不变,说明球 1、2 间电荷的乘积不变,即

$$q \cdot (nq) = \dfrac{1}{2}\left(q+\dfrac{nq}{2}\right) \cdot \dfrac{nq}{2}$$

由此得
$$n = 6$$
所以 D 正确.

说明 相同小球接触后平分电量,是库仑实验中的一个重要思想方法.处理类似问题时必须注意两球的电性.同种电荷的小球接触后,每球带电量为两者电量之和的一半;异种电荷的小球接触后,每球带电量为两者电荷中和后的一半.

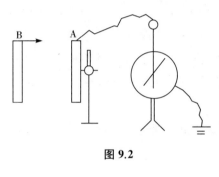

图 9.2

例题 2 如图 9.2 所示,把绝缘金属板 A 与静电计相连,用一根与丝绸摩擦过的有机玻璃棒接触金属板 A,静电计指针有一偏角.现用另一块不带电金属板 B 靠近 A,则静电计指针的偏角( ).

A. 变大   B. 变小

C. 不变   D. 上述三种情况都可能

分析与解答 有机玻璃棒跟丝绸摩擦,棒上带有正电荷,用它接触金属板 A,则 A 板带上正电荷,于是静电计指针有一偏角.这个偏角的大小反映了指针(包括金属杆、A 板等)与静电计外壳间电势差的大小.

B 板靠近后,由于静电感应,B 板两侧呈现等量异号的感应电荷,靠近 A 板的内侧为负电荷,外侧为正电荷.

根据电势的叠加原理,此时 A 板的电势由它自身的电荷跟 B 板两侧的感应电荷共同决定.由于 B 板上的负电荷离 A 板近,它使 A 板电势降低的影响比正电荷使 A 板电势升高的影响大,结果使 A 板(包括指针等)的电势降低,指针偏角减小.B 正确.

说明 如果 B 板接地,其外侧正电荷被中和,使 A 板的电势更为降低.B 板靠近后,如果要使指针的偏角恢复原来的大小,就需要对 A 板再增加带电量.这个事实正说明了电容器的作用——靠近的两板在同样电势差条件下,比单独的一块板可以容纳更多的电荷.

例题 3 三块平行放置的板 A、B、C 的有效面积均相同,A、B 间相距 $d_2=4$ mm,A、C 间相距 $d_1=2$ mm.B、C 两板接地(图 9.3).若使 A 板带正电,电量 $Q=3\times10^{-8}$ C,求 B、C 板上感应电荷的电量各为多少?

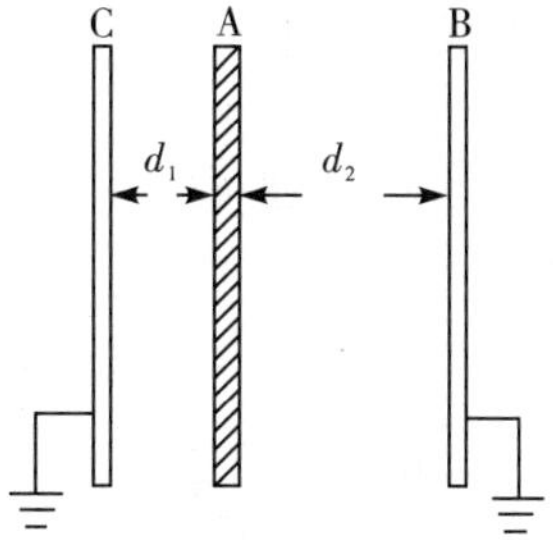

分析与解答 A 板的左面和 C 板构成电容器 C_1,A 板的右面和 B 板构成电容器 C_2,而 C_1、C_2 组成并联电容器组,如图 9.4 所示.

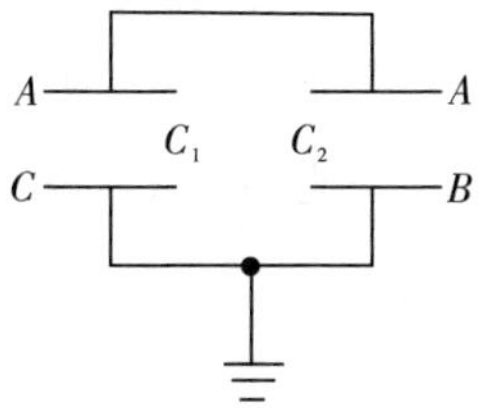

图 9.3

图 9.4

因为平板电容器的电容量和两板间的距离成反比,得

$$\frac{C_1}{C_2}=\frac{d_2}{d_1}=\frac{4}{2}=2$$

又由 $Q=CU$ 可得 C_1、C_2 带电量分别为

$$Q_1=C_1U, \quad Q_2=C_2U$$

式中,U 为 C_1、C_2 两电容器两板之间的电压.因此

$$\frac{Q_1}{Q_2}=\frac{C_1}{C_2}=2 \qquad ①$$

根据电荷守恒,有

$$Q_1+Q_2=3\times10^{-8}\text{ C} \qquad ②$$

由①、②式,得

$$Q_1=2\times10^{-8}\text{ C}, \quad Q_2=1\times10^{-8}\text{ C}$$

例题 4 如图 9.5 所示,$C_1=20\ \mu\text{F}$,$C_2=5\ \mu\text{F}$,$U=1000$ V.先将 S

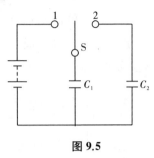

图 9.5

拨向 1，足够长时间后，再将 S 拨向 2，试问：

(1) C_1、C_2 各带的电量为多少？

(2) 再将 S 拨向 1 对 C_1 充电后，又拨回到 2.此时 C_2 上电量将增加多少？电压将增加多少？

(3) 如果反复不断地变换电键 K 的位置，C_2 的电量将趋向何值？

分析与解答 (1) S 接 1 时，C_1 充电至 $U_1 = 1000$ V，则 C_1 所带的电量为

$$Q_1 = C_1 U_1 = 20 \times 10^{-6} \times 1000 \text{ C} = 2 \times 10^{-2} \text{ C}$$

S 转向 2 时，C_1、C_2 并联.设此时 C_1 电量为 Q_1'，C_2 电量为 Q_2'，根据电荷守恒，有

$$Q_1' + Q_2' = 2 \times 10^{-2} \text{ C} \qquad ①$$

又因 C_1、C_2 并联，电容器两端电压相等，则有

$$\frac{Q_1'}{Q_2'} = \frac{C_1}{C_2} = 4 \qquad ②$$

联立 ①、② 两式，得

$$Q_1' = 1.6 \times 10^{-2} \text{ C}, \quad Q_2' = 4 \times 10^{-3} \text{ C}$$

(2) 电容 C_1 对 C_2 放电后，电压将降低.再将 S 拨向 1 时，C_1 又充电，它的电压又升到 1000 V，电量又增加到 2×10^{-2} C.当把 S 拨向 2 时，C_1、C_2 电量重新分配，设此时 C_1 电量为 Q_1''，C_2 电量为 Q_2''，根据电荷守恒有

$$Q_1'' + Q_2'' = 2.4 \times 10^{-2} \text{ C} \qquad ③$$

又

$$\frac{Q_1''}{Q_2''} = 4 \qquad ④$$

联立③、④两式,得
$$Q_2'' = 4.8 \times 10^{-3} \text{ C}$$

C_2 上增加的电量为
$$\Delta Q_2 = Q_2'' - Q_2' = 8 \times 10^{-4} \text{ C}$$

C_2 上增加的电压为
$$\Delta U = \frac{\Delta Q_2}{C_2} = \frac{8 \times 10^{-4}}{5 \times 10^{-6}} \text{ V} = 160 \text{ V}$$

(3) 由上述分析可以看出,电键 S 每变换一次,C_2 的电量和电压就增加一些,反复多次,电压最终趋近于 1000 V,电量趋近于 Q_2,且
$$Q_2 = C_2 U = 5 \times 10^{-6} \times 1000 \text{ C} = 5 \times 10^{-3} \text{ C}$$

例题 5 如图 9.6 所示,电源电动势为 3 V,内阻不计,$R_1 = 5$ Ω,$R_2 = 10$ Ω,$C_1 = 5$ μF,$C_2 = 10$ μF,C_1、C_2 原来都不带电. 现先将 S_1 合上,再合上 S_2,试判断 S_2 合上的瞬间,流过电键 S_2 的电流方向和流过 S_2 的电量.

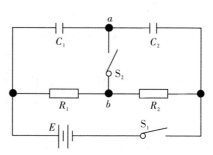

图 9.6

分析与解答 当 S_1 先合上时,C_1、C_2 被充电,C_1 右板带负电,C_2 左板带正电,根据电荷守恒,C_1、C_2 直接相连的这两板带电量之和为零.

当 S_2 合上达稳定后,C_1、C_2 分别与 R_1、R_2 两端电压相等,其值分别为
$$U_1 = \frac{R_1 E}{R_1 + R_2} = \frac{5 \times 3}{5 + 10} \text{ V} = 1 \text{ V}$$
$$U_2 = \frac{R_2 E}{R_1 + R_2} = \frac{10 \times 3}{5 + 10} \text{ V} = 2 \text{ V}$$

这时 C_1 右板仍带负电,电量为

$$Q_1 = C_1 U_1 = 5 \times 10^{-6} \times 1 \text{ C} = 5 \times 10^{-6} \text{ C}$$

C_2 左板仍带正电,电量为

$$Q_2 = C_2 U_2 = 10 \times 10^{-6} \times 2 \text{ C} = 2 \times 10^{-5} \text{ C}$$

C_1、C_2 直接相连的这两板带的总电量为

$$Q = Q_2 - Q_1 = (2 \times 10^{-5} - 5 \times 10^{-6}) \text{ C} = 1.5 \times 10^{-5} \text{ C}$$

且 Q 为正值.

由上述分析可知,在 S_2 合上后,电容器 C_1、C_2 与 a 点相连的极板上的总电量由零变为 $+1.5 \times 10^{-5}$ C.根据电荷守恒,这显然是在合上 S_2 的瞬时,有总电量为 1.5×10^{-5} C 的一些电子由 a 经过电键 S_2 流向 b.故合上 S_2 的瞬间,通过 S_2 的电流方向由 b 流向 a.

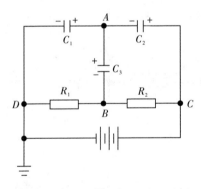

图 9.7

例题 6 如图 9.7 所示,已知 $C_1 = 25 \mu\text{F}$,$C_2 = 10 \mu\text{F}$,$C_3 = 5 \mu\text{F}$,$R_1 = 10 \Omega$,$R_2 = 5 \Omega$,电源电动势 $E = 3$ V,内阻忽略不计,试求各电容器所带的电量.(假设各电容器原来均不带电.)

分析与解答 设 C_1、C_2、C_3 所带电量分别为 Q_1、Q_2、Q_3,并假设各电容器极板所带电荷的正负如图上所标.则有

$$Q_1 = C_1(U_A - U_D), \quad Q_2 = C_2(U_C - U_A), \quad Q_3 = C_3(U_A - U_B)$$

又

$$U_{BD} = \frac{E}{R_1 + R_2} \cdot R_1 = \frac{3}{10+5} \times 10 \text{ V} = 2 \text{ V}$$

$$U_{CD} = 3 \text{ V}$$

因 $U_D = 0$,故可得

$$U_B = 2 \text{ V}, \quad U_C = 3 \text{ V}$$

根据电荷守恒,和 A 点相连的各电容器极板所带的总电量为零,故有

$$Q_1 - Q_2 + Q_3 = 0$$

即

$$C_1(U_A - U_D) - C_2(U_C - U_A) + C_3(U_A - U_B) = 0$$

解上式得

$$U_A = \frac{C_1 U_D + C_2 U_C + C_3 U_B}{C_1 + C_2 + C_3}$$

把 $U_D = 0$, $U_B = 2$ V, $U_C = 3$ V 和 C_1、C_2、C_3 的已知值代入上式,即可得

$$U_A = 1 \text{ V}$$

在电容器 C_1 上,因 $U_A > U_D$,故原假设极板所带电的正负是正确的,且

$$Q_1 = C_1(U_A - U_D) = 25 \times 10^{-6} \times 1 \text{ C} = 2.5 \times 10^{-5} \text{ C}$$

在电容器 C_2 上,因 $U_C > U_A$,故原假设极板所带电的正负也是正确的,且

$$Q_2 = C_2(U_C - U_A) = 10 \times 10^{-6} \times 2 \text{ C} = 2 \times 10^{-5} \text{ C}$$

在电容器 C_3 上,因 $U_B > U_A$,故原假设极板所带电的正负跟实际情况恰恰相反.则

$$Q_3 = C_3(U_B - U_A) = 5 \times 10^{-6} \times 1 \text{ C} = 5 \times 10^{-6} \text{ C}$$

例题 7 四块相同的金属板,每板面积均为 S,各板带电量分别为 Q_1、$-Q_1$、Q_2、$-Q_2$.各板彼此相距为 d 且平行放置(d 比板的线尺寸小得多).当板 1 与板 4 的外面用导线连接后(图 9.8),则板 2 与板 3 间的电势差为多少?

分析与解答 当板 1 与板 4 用导线相连后,它们之间的电势差 $U_{14} = 0$.在板 2 与板 3 上电荷的影响下,板 1 与板 4 内侧依然分别带有正、负电荷,其电量设为 q_1'、$-q_2'$.同时,板 2 与板 3 上电荷的分布也相

应发生影响,各板两侧电荷分布和场强方向如图 9.9 所示.由电荷守恒定律,板 2 与板 3 上电荷应满足条件:

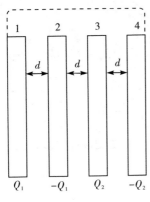

图 9.8

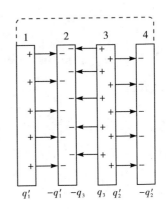

图 9.9

$$-q'_1-q_3=-Q_1, \quad q_3+q'_2=Q_2$$

根据匀强电场中场强与电势差的关系知

$$U_{14}=E_1d-E_3d+E_2d$$

式中

$$E_1=\frac{U_{12}}{d}=\frac{q'_1}{dC}, \quad E_3=\frac{U_{23}}{d}=\frac{q_3}{dC}, \quad E_2=\frac{U_{34}}{d}=\frac{q_2}{dC}$$

代入上式后得

$$U_{14}=\frac{1}{C}(q'_1-q_3+q'_2)=0$$

即

$$q'_1-q_3+q'_2=0 \quad 或 \quad q_3=q'_1+q'_2 \qquad ②$$

联立①、②两式得

$$q_3=\frac{Q_1+Q_2}{3}$$

所以 2、3 两板间电势差为

$$U_{23}=\frac{q_3}{C}=\frac{4\pi kd}{3S}(Q_1+Q_2)$$

9 电荷守恒和质量守恒在解题中的应用

  9.2 质 量 守 恒

质量守恒在中学物理解题中的应用,主要体现在气体问题中.由于玻意耳定律等三条实验定律都只是适用于一定质量的气体,在方程中并不包含质量,只有克拉伯龙方程直接建立了气体质量与其状态参量之间的关系.因此,当气体的质量发生变化时,应该选用克拉伯龙方程.尤其是从克拉伯龙方程和质量守恒推导出来的气体状态方程分态式,对解决变质量的气体问题提供了极为有用的手段.

状态方程分态式

设有一定质量(设为 m)的理想气体,其初始状态为(p、T、V),若把它分成 n 个部分,每一部分的状态依次为 p_1、T_1、V_1,p_2、T_2、V_2,…,p_n、T_n、V_n,气体的质量依次为 $m_1, m_2, \cdots, m_n$(图 9.10).

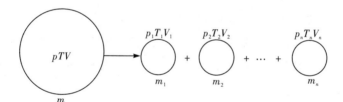

图 9.10

由克拉伯龙方程 $m = \dfrac{pVM}{TR}$ 可知

$$m_1 = \frac{p_1 V_1 M}{T_1 R}, m_2 = \frac{p_2 V_2 M}{T_2 R}, \cdots, m_n = \frac{p_n V_n M}{T_n R}$$

因状态变化前后气体的质量不变(守恒),即

$$m = m_1 + m_2 + \cdots + m_n$$

所以

$$\frac{pV}{T} = \frac{p_1 V_1}{T_1} + \frac{p_2 V_2}{T_2} + \cdots + \frac{p_n V_n}{T_n}$$

①

如果原来有 n 部分同种理想气体,经状态变化后组成 n' 部分气体(图 9.11),则同样可由克拉伯龙方程和质量守恒得

图 9.11

$$\frac{p_1V_1}{T_1}+\frac{p_2V_2}{T_2}+\cdots=\frac{p'_1V'_1}{T'_1}+\frac{p'_2V'_2}{T'_2}+\cdots \qquad ②$$

方程①、②都称为理想气体状态方程的分态式,对于研究气体的迁移、分装、混合等状态变化问题显得十分方便.

应用实例

例题 1(2012 福建) 空气压缩机的贮气罐中贮有 1.0 atm 的空气 6.0 L,现再充入 1.0 atm 的空气 9.0 L.设充气过程为等温过程,空气可看作理想气体,则充气后贮气罐中气体压强为( ).

A. 2.5 atm　　B. 2.0 atm　　C. 1.5 atm　　D. 1.0 atm

分析与解答 贮气罐内原来的气体和充入贮气罐的气体的初始状态为

$p_1=1.0$ atm, $V_1=6.0$ L; $p_2=1.0$ atm, $V_2=9.0$ L

状态方程分态式在等温过程中可以简化为

$$pV=p_1V_1+p_2V_2$$

由此得充气后贮气罐内的压强为

$$p=\frac{p_1V_1+p_2V_2}{V}=\frac{1.0\times 6.0+1.0\times 9.0}{6.0}\text{ atm}=2.5\text{ atm}$$

所以 A 正确.

例题 2 氧气瓶容积 $V=32$ L,压强 $p_1=1300$ N/cm^2,一般规定使用到压强为 $p_2=100$ N/cm^2 时就要重新充气.某厂吹玻璃每天要用 1 个大气压下的氧气 $V_0=400$ L,问一瓶氧气能用多少天?设 1 个

大气压下 $p_0 = 10 \text{ N/cm}^2$,使用时温度不变.

分析与解答 以瓶内气体为研究对象,耗氧的过程相当于把瓶内氧气进行分装,如图 9.12 所示.

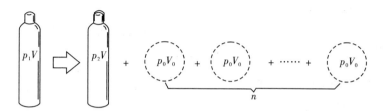

图 9.12

由理想气体分态式方程得

$$p_1 V = p_2 V + n p_0 V_0$$

式中 n 为可用天数,由此式可求得

$$n = \frac{p_1 V - p_2 V}{p_2 V_0} = \frac{1300 - 100}{10 \times 400} = 9.6(\text{天})$$

例题 3 有内径相等、粗细均匀的两根细玻璃管 A、B,A 的上端封闭,B 的上端开口,它们的下端用软管连通,灌入水银后,A 中封入的空气柱被一小段水银隔成两段 m 和 n.将这套装置竖直放置,调节 B 管,使 B 中水银面与 A 管中小段水银柱下表面相平,这时气柱的长 $l_m = 20 \text{ cm}$,$l_n = 10 \text{ cm}$,$h_1 = 4 \text{ cm}$,如图 9.13(a) 所示.现设法使气柱 n 上升与 m 合并,然后调节 B 管位置,当 B 管中水银面比 A 管中的水银面高 $h_2 = 24 \text{ cm}$ 时,被封闭的空气柱长 $l = 25 \text{ cm}$[图

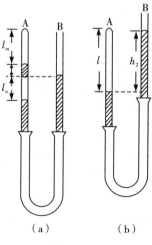

图 9.13

9.13(b)].设整个过程中温度保持不变,则大气压等于多少?

分析与解答 把 l_m、l_n 内的气体作为研究对象.这样,气体的初态就由两个分态组成.l_n 内气体设为第一分态,并设大气压为 p_0(cmHg),则

$$p_1 = p_0 + l_n = (p_0 + 10) \text{ cmHg}$$
$$V_1 = l_n S = 10S \text{ cm}^3$$

式中 S 为玻璃的横截面积.

l_m 内气体设为第二分态,则

$$p_2 = p_1 - h_1 = (p_0 + 6) \text{ cmHg}$$
$$V_2 = l_m S = 20S \text{ cm}^3$$

l 内的气体为终态,则

$$p = p_0 + h_2 = (p_0 + 24) \text{ cmHg}$$
$$V = lS = 25S \text{ cm}^3$$

由理想气体的分态式方程,得

$$p_1 V_1 + p_2 V_2 = pV$$

即

$$(p_0 + 10) \times 10S + (p_0 + 6) \times 20S = (p_0 + 24) \times 25S$$

解上式,得

$$p_0 = 76 \text{ cmHg}$$

例题 4 一潜水艇位于水面下 200 m,艇上有一个容积 $V_1 = 2 \text{ m}^3$ 的贮气钢筒.筒内贮有压缩空气,将筒内一部分空气压入水箱,水箱有排水孔与海水相连,排出海水 10 m^3,此时筒内剩余空气的压强是 95 atm(图 9.14).设在排水过程中温度保持不

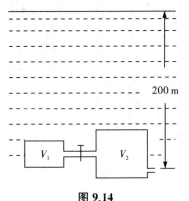

图 9.14

变,求贮气筒内原来的压缩空气的压强.(计算时 1 大气压 = 10 N/cm², 海水密度 $\rho_\text{水} = 1.0 \times 10^3$ kg/m³.)

分析与解答 把原贮气筒内的空气作为研究对象,压入水箱前的状态为

$$p_1 = ?, \quad V_1 = 2 \text{ m}^3$$

贮气筒内一部分空气压入水箱后的状态,可以看成由贮气筒和水箱内的空气两个分态所组成.设这两个分态的压强分别用 p_1' 和 p_2' 表示,体积用 V_1' 和 V_2' 表示,则

$$p_1' = 95 \text{ atm}, \quad V_1' = 2 \text{ m}^3$$
$$p_2' = p_0 + h\rho_\text{水} g = 21 \text{ atm}, \quad V_2' = 10 \text{ m}^3$$

根据理想气体的分态式方程,在温度不变时,有

$$p_1 V_1 = p_1' V_1' + p_2' V_2'$$

即

$$p_1 \times 2 = 95 \times 2 + 21 \times 10$$

解得

$$p_1 = 200 \text{ atm}$$

例题 5 如图 9.15 所示,气缸 A 和容器 B 由一细管经阀门 K 相连.A 和 B 的壁都是透热的,A 放在 27 ℃、1 atm 的空气中,B 浸在 127 ℃ 的恒温槽内.开始时,K 是关闭的.B 内为真空,容积 $V_B = 2.4$ L;A 内装有理想气体,体积为 $V_A = 4.8$ L.假设气缸壁与活塞 D 之间无摩擦,细管的容积可忽略不计.打开 K,使气体由 A 流入 B,等到活塞 D 停止移动时,A 内气体的体积将是多少?

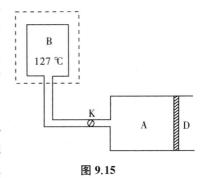

图 9.15

分析与解答 打开 K,A 内气体流入 B 内,当活塞 D 停止移动

时，A、B 内气体的压强均等于大气压强.

以打开 K 前 A 内原来的气体为研究对象，且设此时气体所处状态为初态，则

$$P_A = 1 \text{ atm}, \quad V_A = 4.8 \text{ L}, \quad T_A = 300 \text{ K}$$

打开 K 后，A 内气体流入 B 内，当活塞停止移动时，气体的终态由 A、B 两部分气体的两个分态所组成. 其状态参量分别为

$$p'_A = 1 \text{ atm}, \quad V'_A = ?, \quad T'_A = 300 \text{ K}$$

$$p'_B = 1 \text{ atm}, \quad V'_B = 2.4 \text{ L}, \quad T'_B = 400 \text{ K}$$

根据理想气体的分态式方程，有

$$\frac{p_A V_A}{T_A} = \frac{p'_A V'_A}{T'_A} + \frac{p'_B V'_B}{T'_B}$$

即

$$\frac{1 \times 4.8}{300} = \frac{1 \times V'_A}{300} + \frac{1 \times 2.4}{400}$$

解上式即得 $V'_A = 3$ L.

10 守恒定律在核反应中的应用

在中学物理中常见的核反应有四种:衰变、人工转变、裂变、聚变.在这些核反应中,物理学中几条重要的守恒定律(质量守恒、电量守恒、能量守恒、动量守恒)都会有所体现.

由于这些守恒定律在不同的核反应中的具体表现不同,因此下面把它们分成几个小专题分别讨论.当然,这种划分仅是为了便于说明而已,并非很严格的,而且在实际应用中也无需划分.

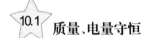 10.1 质量、电量守恒

质量、电量守恒在核反应中具体表现为质量数守恒和核电荷数守恒,它也是建立任何核反应方程的依据.例如:

α 衰变 $\quad {}_{z}^{m}X \rightarrow {}_{z-2}^{m-4}Y + {}_{2}^{4}He$

β 衰变 $\quad {}_{z}^{m}X \rightarrow {}_{z+1}^{m}Y + {}_{-1}^{0}e$

原子核符号的左下角的数字表示核内的质子数(核电荷数),左上角的数字表示核的质量数(核子数).发生一次 α 衰变得到的新核,在元素周期表中原来元素的前两位;发生一次 β 衰变得到的新核,在元素周期表中原来元素的后一位.

原子核发生 α 衰变和 β 衰变时,多余的能量就以 γ 射线的形式放出来.因此,γ 射线总是伴随着 α 射线和 β 射线一起发出,这就是反应

中同时遵循能量守恒的表现.所以,只能说在核反应中质量数守恒,而不应该说成质量守恒.

必须注意的是:核反应通常都是不可逆的,所以反应方程只能用单向箭头表示,不能用等号;同时,核反应方程都有一定的实验依据,有许多核反应的产物不是唯一的,因此不能仅根据质量数守恒、核电荷数守恒杜撰几个反应方程.

通过下面几个例题,可以体会到在核反应中质量数守恒和核电荷数守恒的应用.通常,仅考虑这两方面守恒时的问题相对都比较简单.

例题1(2012 全国理综) $^{235}_{92}U$ 经过 m 次 α 衰变和 n 次 β 衰变为 $^{207}_{82}Pb$,则( ).

A. $m=7, n=3$ B. $m=7, n=4$
C. $m=14, n=9$ D. $m=14, n=18$

分析与解答 根据题意,可以把 $^{235}_{92}U$ 衰变成 $^{207}_{82}Pb$,用方程表示为

$$^{235}_{92}U \rightarrow m\,^{4}_{2}He + n\,^{0}_{-1}e + ^{207}_{82}Pb$$

根据位移规律可得两方程

$$4m+207=235, \quad 2m-n+82=92$$

解得

$$m=7, \quad n=4$$

所以 B 正确.

例题2(2013 上海) 放射性元素 $^{210}_{84}Po$ 衰变为 $^{206}_{82}Pb$,此衰变过程的核反应方程是_____;用此衰变过程中发出的射线轰击 $^{19}_{9}F$,可得到质量数为22的氖(Ne)元素和另一种粒子,此核反应过程的方程是_____.

分析与解答 根据衰变中质量数守恒和核电荷数守恒,前后两

10　守恒定律在核反应中的应用

个核反应方程分别为

$$^{210}_{84}\text{Po} \rightarrow ^{206}_{82}\text{Po} + ^{4}_{2}\text{He}, \quad ^{19}_{9}\text{F} + ^{4}_{2}\text{He} \rightarrow ^{22}_{10}\text{Ne} + ^{1}_{1}\text{H}$$

例题3（2009 安徽）　原子核聚变有望给人类的未来提供丰富的洁净能源.当氘等离子体被加热到适当高温时,氘核参与的几种聚变反应可能发生,放出热量.这几种反应的总效果可以表示为

$$6^{2}_{1}\text{H} \rightarrow k^{4}_{2}\text{He} + d^{1}_{1}\text{H} + 2^{1}_{0}\text{n} + 43.15 \text{ MeV}$$

由平衡条件可知（　　）.

A. $k=1, d=4$　　B. $k=2, d=2$

C. $k=1, d=6$　　D. $k=2, d=3$

分析与解答　根据质量数和核电荷数守恒可得两方程

$$6 \times 1 = 2k + d, \quad 6 \times 2 = 4k + d + 2 \times 1$$

联立得

$$k=2, \quad d=2$$

所以 B 正确.

例题4（2013 全国新课标）　一质子束入射到静止靶核 $^{27}_{13}\text{Al}$ 上,产生如下核反应:

$$\text{P} + ^{27}_{13}\text{Al} \rightarrow \text{X} + \text{n}$$

式中,P 代表质子,n 代表中子,X 代表核反应产生的新核.由反应式可知,新核 X 的质子数为 _____,中子数为 _____.

分析与解答　质子就是氢原子核（$^{1}_{1}\text{H}$）,中子可以表示为 $^{1}_{0}\text{n}$,因此新核的质子数和质量数分别为

$$1 + 13 - 0 = 14, \quad 1 + 27 - 1 = 27$$

所以新核为 $^{27}_{14}\text{X}$.

说明　为了顺利地写出核反应,记住一些常见粒子的质量数和核电荷数很有好处.如质子（$^{1}_{1}\text{H}$）、中子（$^{1}_{0}\text{n}$）、电子（$^{0}_{-1}\text{e}$）、正电子（$^{0}_{1}\text{e}$）、α 粒子（$^{4}_{2}\text{He}$）、β 粒子（$^{0}_{-1}\text{e}$）、氘核（$^{2}_{1}\text{H}$）、氚核（$^{3}_{1}\text{H}$）等.

核反应中有能量转化时(无论是释放能量或吸收能量),总伴随着质量亏损出现.所谓"质量亏损",实际上并不是质量的消失,只是在核反应中以辐射能量的形式体现了所"分离"出来的那一小部分"动质量"而已,反应前后的质量仍然是守恒的.根据爱因斯坦质能方程,与这一部分"动质量"Δm相联系的能量为$\Delta E = \Delta mc^2$,这就是核反应中释放出来(或需要吸收)的能量.

在核反应中若仅包含质-能守恒,这样的问题呈现在中学物理平台上,一般不会有很复杂的过程,但由于它比较容易联系现代对粒子物理、宇宙学等方面研究的新技术、新成果,往往可以组成许多带着新信息的问题.面对这样的问题时,首先应该通过审题,从冗长的题文中概括出它的核心内容,然后确定它所适用的物理规律.同时,涉及核能的计算往往数值庞大,一定程度上很好地考查了运算能力.因此,解答时特别要求厘清思路,耐心细致.

例题1(2008 全国理综)　中子和质子结合成氘核时,质量亏损为Δm,相应的能量$\Delta E = \Delta mc^2 = 2.2$ MeV是氘核的结合能.下列说法正确的是(　　).

A. 用能量小于2.2 MeV的光子照射静止氘核时,氘核不能分解为一个质子和一个中子

B. 用能量等于2.2 MeV的光子照射静止氘核时,氘核可能分解为一个质子和一个中子,它们的动能之和为零

C. 用能量大于2.2 MeV的光子照射静止氘核时,氘核可能分解为一个质子和一个中子,它们的动能之和为零

D. 用能量大于2.2 MeV的光子照射静止氘核时,氘核可能分解为一个质子和一个中子,它们的动能之和不为零

10 守恒定律在核反应中的应用

分析与解答 结合能就是自由核子结合成原子核的过程中放出的能量或把一个稳定的原子核分解成自由核子时所需要吸收的能量.例如,一个质子和一个中子结合成氘核时会放出2.2 MeV的能量. 反应式为

$$_1^2\text{H} + _0^1\text{n} \rightarrow _1^2\text{H} + 2.2\,\text{MeV}$$

反之,将一个氘核分解成一个自由质子和一个自由中子,就必须提供2.2 MeV的能量,即

$$2.2\,\text{MeV} + _1^2\text{H} \rightarrow _1^1\text{H} + _0^1\text{n}$$

用能量小于2.2 MeV的光子照射,氘核不会分解.所以A正确.用能量大于2.2 MeV的光子照射,氘核能够分解.而一旦分解,质子和中子都会有一定的速度,其动能之和一定不为零.所以B、C都错,D正确.

说明 动能是标量,分解出来的质子和中子的动能不可能出现负值,因此其动能之和也不可能为零.一些同学错选B,原因之一是误认为分解出来的质子和中子是静止的;原因之二是把动能与动量混淆起来,根据原来的氘核是静止的,从而得出错误的结论.

例题2 1 kg的氘和氚全部发生热核反应,释放出的核能相当于完全燃烧多少煤放出的能量(设煤的热值$q = 2.9 \times 10^7$ J/kg)?已知氘核质量为$m_1 = 2.0141$ u,氚核质量为$m_2 = 3.0160$ u,氦核质量$m_3 = 4.0026$ u,中子质量$m_4 = 1.0087$ u.已知 1 u $= 931.5$ MeV/c^2.

分析与解答 氘和氚聚变的核反应方程为

$$_1^2\text{H} + _1^3\text{H} \rightarrow _2^4\text{He} + _0^1\text{n}$$

核反应中的质量亏损为

$$\Delta m = m_1 + m_2 - (m_3 + m_4)$$
$$= 2.0141\,\text{u} + 3.0160\,\text{u} - (4.0026 + 1.0087)\,\text{u}$$
$$= 0.0188\,\text{u}$$

所以聚合成一个氦核释放的能量为

$\Delta E = \Delta mc^2 = 0.0188 \times 931.5 \text{ MeV} = 17.51 \text{ MeV} = 28.02 \times 10^{-13}$ J

根据完全反应条件，1 kg 的氘和氚中含有的氘原子核数和氚原子核数均为

$$n = \frac{6.023 \times 10^{23}}{5} \times 10^3$$

这也就是能发生聚变的次数.

所以 1 kg 的氘和氚完全反应释放的核能为

$$E = n\Delta E = \frac{6.023 \times 10^{23}}{5} \times 10^3 \times 28.02 \times 10^{-13} \text{ J} = 3.375 \times 10^{14} \text{ J}$$

这些能量相当于燃烧煤的质量数为

$$M = \frac{E}{q} = \frac{3.375 \times 10^{14}}{2.9 \times 10^7} \text{ kg} = 1.164 \times 10^7 \text{ kg}$$

例题3（2009 重庆） 某科学家提出年轻热星体中核聚变的一种理论，其中的两个核反应方程为

$$^1_1\text{H} + ^{12}_6\text{C} \rightarrow ^{13}_7\text{N} + Q_1, \quad ^1_1\text{H} + ^{15}_7\text{N} \rightarrow ^{12}_6\text{C} + X + Q_2$$

方程式中 Q_1、Q_2 表示释放的热量，相关的原子核质量见下表.下列正确的是（　　）.

原子核	$^1_1$H	$^3_2$He	$^4_2$He	$^{12}_6$C	$^{13}_7$N	$^{15}_7$N
质量(u)	1.0078	3.0160	4.0026	12.0000	13.0057	15.0001

A. X 是 $^3_2$He，$Q_2 > Q_1$　　　　B. X 是 $^4_2$He，$Q_2 > Q_1$

C. X 是 $^3_2$He，$Q_2 < Q_1$　　　　D. X 是 $^4_2$He，$Q_2 < Q_1$

分析与解答 根据核反应中核电荷数守恒和质量数守恒知，第二式中 X 的电荷数为 2，质量数为 4，应该是氦核，完整的核反应式为

$$^1_1\text{H} + ^{15}_7\text{N} \rightarrow ^{12}_6\text{C} + ^4_2\text{He} + Q_2$$

两个核反应中的质量亏损分别为

$\Delta m_1 = (1.0078 + 12.0000 - 13.0057) \text{ u} = 0.0021 \text{ u}$

$\Delta m_2 = (1.0078 + 15.0001 - 12.0000 - 4.0026) \text{ u} = 0.0053 \text{ u}$

10 守恒定律在核反应中的应用

根据爱因斯坦质能方程 $\Delta E = \Delta mc^2$ 可知,核反应中质量亏损越大时,释放的能量越多,由于 $\Delta m_2 > \Delta m_1$,所以 $Q_2 > Q_1$. 正确的是 B.

说明 根据 $1\,\text{u} = 931.5\,\text{MeV}/c^2$,可以算出题中两反应中释放的能量分别为

$\Delta E_1 = \Delta m_1 \times c^2 = 0.0021\,\text{u} \times c^2 = 0.0021 \times 931.5\,\text{MeV} \approx 1.96\,\text{MeV}$

$\Delta E_2 = \Delta m_2 \times c^2 = 0.0053\,\text{u} \times c^2 = 0.0053 \times 931.5\,\text{MeV} \approx 4.94\,\text{MeV}$

例题 4(2006 江苏) 天文学家测得银河系中氦的含量约为 25%,有关研究表明,宇宙中氦生成的途径有两条:一是在宇宙诞生后 3 分钟左右生成的;二是在宇宙演化到恒星诞生后,由恒星内部的氢核聚变反应生成的.

(1) 把氢核聚变反应简化为 4 个氢核($_1^1\text{H}$)聚变成氦核,同时放出 2 个正电子($_1^0\text{e}$)和 2 个中微子(ν_e),请写出氢核聚变反应方程式,并计算一次反应释放的能量.

(2) 研究表明,银河系的年龄约为 $t = 3.8 \times 10^{17}\,\text{s}$,每秒钟银河系产生的能量约为 $1 \times 10^{37}\,\text{J}$(即 $P = 1 \times 10^{37}\,\text{J/s}$).现假定该能量全部来自上述氢核聚变反应,试估算银河系中氦的含量(最后结果保留一位有效数字).

(3) 根据你的估算结果,对银河系中氦的主要生成途径作出判断.

(可以用到的数据:银河系质量约为 $M = 3 \times 10^{41}\,\text{kg}$,原子质量单位 $1\,\text{u} = 1.66 \times 10^{-27}\,\text{kg}$,$1\,\text{u}$ 相当于 $1.5 \times 10^{-10}\,\text{J}$ 的能量,电子质量 $m_e = 0.0005\,\text{u}$,氦核质量 $m_{\text{He}} = 4.0026\,\text{u}$,氢核质量 $m_P = 1.0078\,\text{u}$,中微子 ν_e 质量为零.)

分析与解答 (1) 氢核的聚变反应方程为

$$4_1^1\text{H} \rightarrow _2^4\text{He} + 2_1^0\text{e} + 2\nu_e$$

反应中的质量亏损为

$\Delta m = 4 \times 1.0078\,\text{u} - (4.0026 + 2 \times 0.0005 + 0)\,\text{u} = 0.0276\,\text{u}$

放出的能量为

$$\Delta E = 0.0276 \times 1.5 \times 10^{-10} \text{ J} = 4.14 \times 10^{-12} \text{ J}$$

（2）由宇宙的年龄和每秒产生的能量可知宇宙产生的总能量

$$E_\text{总} = Pt$$

根据聚合一个氦核放出的能量，可知宇宙中总的氦核数

$$N = \frac{E_\text{总}}{\Delta E} = \frac{Pt}{\Delta E}$$

因此氦的质量为

$$m = Nm_{\text{He}} = \frac{Pt}{\Delta E} m_{\text{He}}$$

$$= \frac{1 \times 10^{37} \times 3.8 \times 10^{17}}{4.14 \times 10^{-12}} \times 4.0026 \times 1.66 \times 10^{-27} \text{ kg}$$

$$= 6.1 \times 10^{39} \text{ kg}$$

氦在银河系中的含量为

$$\eta = \frac{m}{M} \times 100\% = \frac{6.1 \times 10^{39}}{3 \times 10^{41}} \times 100\% \approx 2\%$$

（3）由上述计算看出，氦的质量仅占银河系总质量的 2%，甚小于测量值的 25%，所以银河系中的氦应该是在宇宙诞生不久产生的.

说明　根据爱因斯坦的质能方程：

$$E = mc^2 \quad \text{或} \quad \Delta E = \Delta mc^2$$

计算能量时，要注意单位的选用：

① 当质量 m 或质量亏损 Δm 的单位用"kg"、光速 c 的单位用"m/s"，则能量 $E(\Delta E)$ 的单位为"J".

② 当质量 m 或质量亏损 Δm 的单位用"u"，可以直接以 $1 \text{ u} = 931.5 \text{ MeV}/c^2$ 进行计算，得到的能量 $E(\Delta E)$ 的单位为 MeV.

10.3 动量守恒、能量守恒

放射性元素的原子核发生衰变,或两个微观粒子发生碰撞等情况时,由于其作用时间极短或相互作用力极大,因此可以认为不受其他外力作用,整个粒子系统的动量守恒.

如果这样的衰变或相互作用在磁场里进行,就会形成两条圆弧形轨迹.通过对磁场中轨迹的研究,可以获得有关粒子的许多信息.

原子核之间发生相互作用时,跟力学中两个小球发生相互作用有些相似,往往同时遵循动量守恒和动能(能量)守恒.下面的几个例题,讨论了动量守恒、动能守恒在有关核反应中的应用,并得到某些很有意义的结论,请注意体会.

例题 1 如果一个静止的放射性元素的原子核在发生 γ 衰变时只发出一个 γ 光子,则衰变后的原子核( ).

A. 仍然静止

B. 沿着与光子运动方向相同的方向运动

C. 沿着与光子运动方向相反的方向运动

D. 可能向任何方向运动

分析与解答 衰变的过程中整个原子核的总动量守恒.由于光子有动量,静止原子核发出一个 γ 光子后,剩余部分将会反冲,即沿着与光子运动相反的方向运动.C 正确.

说明 本题系根据 2000 年江苏高考题改编.一些同学只知道光子的能量为 $h\nu$,疏忽了光子的动量 $\left(\dfrac{h\nu}{c}\right)$,造成错选.本题强调了这样的一个事实:即使仅辐射一个没有静质量的光子的微观系统,同样要遵循动量守恒定律.

例题 2 一个静止在磁场中的放射性同位素原子核原子核 $^{30}_{15}P$,

放出一个正电子后变成 $^{30}_{14}\text{Si}$,图 10.1 中能近似反映正电子和 Si 核轨迹的图是

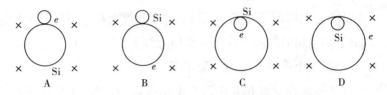

图 10.1

分析与解答 把放出的正电子和衰变生成物 Si 核看成一个系统,衰变过程中系统的动量守恒,发出正电子的方向跟 Si 核运动方向一定相反.由于它们都带正电,在洛伦兹力作用下一定形成两个外切圆的轨迹,C、D 可排除.

根据洛伦兹力作为向心力的条件,由

$$qvB = m\frac{v^2}{r} \Rightarrow r = \frac{mv}{qB}$$

衰变时,放出的正电子获得的动量大小与反冲核 Si 的动量大小相等,因此在同一个磁场中做圆周运动的半径与它们的电量成反比,即

$$\frac{r_e}{r_{\text{Si}}} = \frac{q_{\text{Si}}}{q_e} = \frac{15}{1}$$

可见正电子运动的圆半径大,B 正确.

说明 根据上述道理可知,静止在磁场中的放射性元素原子核发生 α 衰变时,一定形成两个外切圆的轨迹(图 10.2).发生 β 衰变时,一定形成两个内切圆的轨迹(图 10.3).它们与图中的外加磁场垂直纸面向里或向外无关.

根据发生 α 衰变和 β 衰变的一般反应式

$$^m_z\text{A} \rightarrow ^{m-4}_{z-2}\text{X} + ^4_2\text{He}, \quad ^m_z\text{A} \rightarrow ^m_{z+1}\text{Y} + ^0_{-1}\text{e}$$

同理可知,发生 α 衰变和 β 衰变时得到的两粒子运动半径之比分别为

$$\frac{r_\alpha}{r_x} = \frac{q_x}{q_\alpha} = \frac{z-2}{2}, \quad \frac{r_e}{r_y} = \frac{q_y}{q_e} = \frac{z+1}{1}$$

图 10.2 在磁场中发生 α 衰变后的轨迹   图 10.3 在磁场中发生 β 衰变后的轨迹

例题 3(2003 全国理综) K^- 介子衰变的方程为 $K^- \to \pi^- + \pi^0$,其中 K^- 介子和 π^- 介子带负的基元电荷,π^0 介子不带电.一个 K^- 介子沿垂直于磁场的方向射入匀强磁场中,其轨迹为圆弧 AP,衰变后产生的 π^- 介子的轨迹为圆弧 PB,两轨迹在 P 点相切,它们的半径 R_{K^-} 与 R_{π^-} 之比为 2/1. π^0 介子的轨迹未画出(图 10.4).由此可知 π^- 的动量大小与 π^0 的动量大小之比为( ).

A. 1 : 1 B. 1 : 2
C. 1 : 3 D. 1 : 6

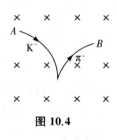

图 10.4

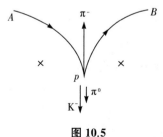

图 10.5

分析与解答 K^- 介子在磁场中衰变为 π^0 与 π^- 的速度方向一定相反,由题中轨迹图知,π^- 介子的运动方向与 K^- 介子的运动方向相反,因此 π^0 介子的运动方向一定与 K^- 介子的运动方向相同(图 10.5).设 K^-、π^-、π^0 介子在磁场中运动时的动量大小分别为 p_{K^-}、p_{π^-}、p_{π^0},根据动量守恒定律知

$$p_{K^-} = p_{\pi^0} - p_{\pi^-} \quad \Rightarrow \quad p_{\pi^0} = p_{K^-} + p_{\pi^-}$$

带电粒子在磁场中运动时,由洛伦兹力提供向心力,即

$$qvB = m\frac{v^2}{r} \quad \Rightarrow \quad r = \frac{mv}{qB} = \frac{p}{qB}$$

由于 K^- 和 π^- 介子的电量相同,它们在同一磁场中运动的动量与其半径成正比,即

$$\frac{p_{K^-}}{p_{\pi^-}} = \frac{R_{K^-}}{R_{\pi^-}} = \frac{2}{1}$$

或

$$\frac{p_{K^-} + p_{\pi^-}}{p_{\pi^-}} = \frac{p_{\pi^0}}{p_{\pi^-}} = \frac{3}{1} \quad \Rightarrow \quad \frac{p_{\pi^-}}{p_{\pi^0}} = \frac{1}{3}$$

所以 C 正确.

说明 本题情景较新,一些同学因粒子的符号懵了,当年该题的失分率较高.其实,通过分析把 P 点看成发生衰变的位置,粒子的运动方向在 P 点与 AP、BP 相切,画出三个粒子运动方向的示意图,本题就被突破了.

例题 4 一个静止的原子核发生 α 衰变后,α 粒子和反冲核在垂直于它们运动方向的磁场中分别做匀速圆周运动,其半径之比为 45∶1,周期之比为 90∶117,则 α 粒子与反冲核的动能之比为多少?

分析与解答 设 α 粒子与反冲核的质量分别为 m_α、m_x,速度分别为 v_α、v_x,衰变时两者的动量大小相等,即

$$m_\alpha v_\alpha = m_x v_x$$

在磁场中做匀速圆周运动时,由洛伦兹力作为向心力,即

$$qvB = m\frac{v^2}{r}$$

得圆半径和周期分别为

$$r = \frac{mv}{qB}, \quad T = \frac{2\pi m}{qB}$$

10 守恒定律在核反应中的应用

则 α 粒子与反冲核的圆半径之比和周期之比分别为

$$\frac{r_\alpha}{r_x}=\frac{q_x}{q_\alpha}=\frac{q_x}{2}=\frac{45}{1}, \quad \frac{T_\alpha}{T_x}=\frac{m_\alpha q_x}{m_x q_\alpha}$$

由此可得反冲核的核电荷数和质量数分别为

$$q_x=90, \quad m_x=\frac{q_x T_x}{q_\alpha T_\alpha}m_\alpha=\frac{90}{2}\times\frac{117}{90}\times 4=234$$

所以 α 粒子与反冲核的动能之比为

$$\frac{E_{k\alpha}}{E_{kx}}=\frac{m_\alpha v_\alpha^2}{m_x v_x^2}=\frac{p_\alpha/m_\alpha}{p_x/m_x}=\frac{m_x}{m_\alpha}=\frac{234}{4}=\frac{117}{2}$$

说明 从本题可知:原子核发生衰变后,放出的粒子和反冲核的动能之比与其质量成反比.这个结论是否有普遍意义,请思考.

例题 5(2010 海南) 在核反应中,常用减速剂使快中子减速.假设减速剂的原子核质量是中子的 k 倍.中子和原子核的每次碰撞都可以看成是弹性碰撞.设每次碰撞前原子核可认为是静止的.求 N 次碰撞后中子速率与原速率之比.

分析与解答 设中子和减速剂物质的原子核的质量分别为 m_n 和 m_x,碰撞前中子的速度为 v_n,碰撞后的中子和减速剂物质原子核的速度分别为 v_n' 和 v_x'.由碰撞前后的动量守恒和动能守恒有

$$m_n v_n = m_n v_n' + m_x v_x'$$

$$\frac{1}{2}m_n v_n^2 = \frac{1}{2}m_n v_n'^2 + \frac{1}{2}m_x v_x'^2$$

联立解得经一次碰撞后中子的速度为

$$v_1=\frac{m_n-m_x}{m_n+m_x}v_n=\frac{m_n-km_n}{m_n+km_n}v_n=\frac{1-k}{1+k}v_n$$

当 $k>1$ 时,v_1 与 v_n 的速度方向相反.题中只需考虑其大小时,可以写为

$$v_1=\frac{k-1}{k+1}v_n$$

接着，中子以速率 v_1 与静止的减速剂原子核做第 2 次碰撞，同理由动量守恒和动能守恒得碰撞后中子的速率为

$$v_2 = \frac{m_n - m_x}{m_n + m_x} v_1 = \frac{m_n - km_n}{m_n + km_n} v_1 = \left(\frac{k-1}{k+1}\right)^2 v_n$$

依此类推，当中子与静止的减速剂原子核经 N 次碰撞后的速度为

$$v_N = \left(\frac{k-1}{k+1}\right)^N v_n$$

所以，中子速度与原速度大小之比为

$$\frac{v_N}{v_n} = \left(\frac{k-1}{k+1}\right)^N$$

说明 目前的许多核反应堆都采用重水和石墨（碳）作减速剂．以石墨为例，碳核质量是中子质量的 12 倍，如果碰撞前中子的动能为 E_0，那么需要经过多少次这样的碰撞后，中子的动能才会小于 $10^{-6} E_0$？请读者根据上述道理自己推算一下．

10.4 质量、电量、动量和能量守恒

这是守恒定律在核反应中的综合表现．通常首先需要写出核反应方程，然后再根据核反应过程中的质量亏损确定释放的能量，或根据核子间的相互作用确定各个核的能量等．这样的问题总体上要求较高，同时还往往伴随着比较繁复的数值计算，因此必须认真审题，仔细运算．

例题 1（2011 江苏） 有些核反应过程是要吸收能量的．例如，在 $X + {}^{14}_{7}N \rightarrow {}^{17}_{8}O + {}^{1}_{1}H$ 中，核反应吸收的能量 $Q = [(m_O + m_H) - (m_X + m_N)]c^2$．在该核反应方程中，$X$ 表示什么粒子？X 粒子以动能 E_k 轰击静止的 ${}^{14}_{7}N$ 核，若 $E_k = Q$，则该核反应能否发生？请简要说明理由．

分析与解答 根据核反应中质量数守恒和核电荷数守恒知，X

10 守恒定律在核反应中的应用

表示 α 粒子,即 ^4_2He 核.核反应式为

$$^4_2\text{He} + ^{14}_7\text{N} \rightarrow ^{17}_8\text{O} + ^1_1\text{H}$$

将 ^4_2He 核和 $^{14}_7\text{N}$ 作为一个系统,原来的总动能和总动量分别为

$$E_k \neq 0, \quad p = \sqrt{2m_{\text{He}}E_k} \neq 0$$

如果发生核反应时吸收的能量 $Q = E_k$,那就意味着反应后系统的总动能等于零,则总动量也为零,系统处于静止状态.显然违背了能量守恒和动量守恒.因此这样的反应不能实现.

说明　本题包含着两个重要的事实:(1)核反应也可能需要吸收能量的;(2)任何核反应必须遵循守恒定律.这也就是说,守恒定律就是任何核反应能否发生的必要判据.

例题 2(2009 海南)　钚的放射性同位素 $^{239}_{94}\text{Pu}$ 静止时衰变为铀核激发态 $^{235}_{92}\text{U}^*$ 和 α 粒子,而铀核激发态 $^{235}_{92}\text{U}^*$ 立即衰变为铀核 $^{235}_{92}\text{U}$,并放出能量为 0.097 MeV 的 γ 光子.已知 $^{239}_{94}\text{Pu}$、$^{235}_{92}\text{U}$ 和 α 粒子的质量分别为 $m_{\text{Pu}} = 239.0521$ u、$m_{\text{U}} = 235.0439$ u 和 $m_\alpha = 4.0026$ u,1 u = 931.5 MeV/c^2.

(1)写出衰变方程;

(2)已知衰变放出的光子的动量可忽略,求 α 粒子的动能.

分析与解答　(1)衰变方程为

$$^{239}_{94}\text{Pu} \rightarrow ^{235}_{92}\text{U}^* + ^4_2\text{He}, \quad ^{235}_{92}\text{U}^* \rightarrow ^{235}_{92}\text{U} + \gamma$$

即

$$^{239}_{94}\text{Pu} \rightarrow ^{235}_{92}\text{U} + ^4_2\text{He} + \gamma \qquad ①$$

(2)衰变中释放的能量为

$$\Delta E = \Delta mc^2 = (m_{\text{Pu}} - m_{\text{U}} - m_\alpha)c^2 \qquad ②$$

它包括铀核($^{235}_{92}\text{U}$)的动能 $E_{k\text{U}}$、α 粒子的动能 $E_{k\alpha}$ 和 γ 光子的能量 E_γ,即

$$\Delta E = E_{k\text{U}} + E_{k\alpha} + E_\gamma \qquad ③$$

因此,铀核的动能(E_{kU})与α粒子的动能($E_{kα}$)之和为

$$E_{kU} + E_{kα} = \Delta E - E_\gamma = (m_{Pu} - m_U - m_α)c^2 - E_\gamma \quad ④$$

设衰变后产生的铀核和α粒子的速度分别为v_U和$v_α$,由衰变时的动量守恒

$$m_U v_U = m_α v_α \quad ⑤$$

因此,铀核的动能(E_{kU})与α粒子的动能($E_{kα}$)之比为

$$\frac{E_{kU}}{E_{kα}} = \frac{m_U v_U \cdot v_U}{m_α v_α \cdot v_α} = \frac{v_U}{v_α} = \frac{m_α}{m_U} \quad ⑥$$

联立④、⑥两式,得α粒子的动能为

$$E_{kα} = \frac{m_U}{m_U + m_α}(E_{kU} + E_{kα})$$

$$= \frac{m_U}{m_U + m_α}[(m_{PU} - m_U - m_α)c^2 - E_\gamma]$$

代入数据,其中

$$m_{PU} - m_U - m_α = (239.0521 - 235.0439 - 4.0026)\,u = 0.0056\,u$$

所以

$$E_{kα} = \frac{235.0439}{235.0439 + 4.0026}(0.0056 \times 931.5 - 0.097)\,MeV$$

$$= 5.034\,MeV$$

说明 本题计算中,认识到由质量亏损而释放的能量属于"谁所有"至关重要.将它扣除光子的能量后,就可以通过铀核与α粒子的动能之和、动能之比的关系,算出α粒子的动能.

例题3 用速度几乎为零的慢中子轰击静止的硼核($^{10}_{5}B$),产生锂核($^{7}_{3}Li$)和α粒子.已知中子质量$m_n = 1.008665\,u$,硼核质量$m_B = 10.01677\,u$,锂核质量$m_{Li} = 7.01822\,u$,α粒子质量$m_α = 4.00388\,u$.

(1) 写出核反应方程;

(2) 计算核反应中放出的能量;

(3) 若核反应中放出的能量全部变成生成物的动能,则锂核与α

粒子的动能各为多少？

分析与解答 （1）由电荷守恒和质量数守恒写出核反应方程如下：

$$_0^1 n + _5^{10} B \to _3^7 Li + _2^4 He$$

（2）核反应过程中质量亏损为

$$\Delta m = 1.008665 \text{ u} + 10.01677 \text{ u} - 7.01822 \text{ u} - 4.00388 \text{ u}$$
$$= 3.33 \times 10^{-3} \text{ u}$$

亏损的这部分质量 Δm，实际上就是与核反应中释放的能量 ΔE 相关联的那部分质量。根据爱因斯坦质能方程式即可求出核反应中释放的能量为

$$\Delta E = \Delta m c^2 = 3.1 \text{ MeV}$$

（3）用速度几乎为零的慢中子轰击静止的硼核（$_5^{10} B$）产生锂核（$_3^7 Li$）和 α 粒子的过程中，因粒子组成的系统，只有内力作用，故系统动量守恒，且总动量为零。由

$$m_\alpha v_\alpha - m_{Li} v_{Li} = 0$$

可求得

$$\frac{v_\alpha}{v_{Li}} = \frac{m_{Li}}{m_\alpha} = \frac{7}{4}$$

从而可得锂核和 α 粒子的动能之比为

$$E_{kLi} : E_{k\alpha} = \frac{1}{2} m_{Li} v_{Li}^2 : \frac{1}{2} m_\alpha v_\alpha^2 = m_\alpha : m_{Li} = 4 : 7$$

又因 $E_{kLi} + E_{k\alpha} = 3.1 \text{ MeV}$，解上两式，即得

$$E_{kLi} = 1.13 \text{ MeV}, \quad E_{k\alpha} = 1.97 \text{ MeV}$$

例题 4 两个氘核以相等的动能 $E_0 = 0.372 \text{ MeV}$，沿同一直线做对心碰撞并聚合成氦 3。设反应能全部转化为机械能，求氦核的动能（氘核质量为 2.0136 u，氦 3 质量为 3.0150 u，中子质量为 1.0087 u）。

分析与解答 根据质量守恒和电荷守恒，其核反应方程为

$$2\,{}_{1}^{2}\text{H} \rightarrow {}_{2}^{3}\text{He} + {}_{0}^{1}\text{n}$$

得核反应中的质量亏损为

$$\Delta m = 2m_D - m_{He} - m_n = 0.0035 \text{ u}$$

根据爱因斯坦质能方程式得核反应中释放的能量为

$$\Delta E = \Delta mc^2 = 3.255 \text{ MeV}$$

根据能量守恒,反应物的总机械能应等于系统原有的机械能和在核反应过程中释放出的能量之和,即

$$E = (3.255 + 2 \times 0.372) \text{ MeV} = 4 \text{ MeV}$$

又因为系统在核反应过程中无外力作用,系统动量守恒,且总动量为零,得

$$m_{He}v_{He} = m_n v_n$$

如设氦3动能为 E_{kHe},中子动能为 E_{kn},则由上式可得

$$\frac{E_{kn}}{E_{kHe}} = \frac{M_{He}}{m_n} = 3$$

又因

$$E_{kn} + E_{kHe} = 4 \text{ MeV}$$

解此两式,即得

$$E_{kHe} = 1 \text{ MeV}$$

例题 5 静止的 ${}_{92}^{232}\text{U}$(原子量为 232.0372 u)衰变为 ${}_{90}^{228}\text{Th}$(原子量为 228.0287 u)时,释放出 α 粒子(${}_{2}^{4}\text{He}$ 的原子量为 4.0026 u).

(1) 写出核反应方程;

(2) 求出衰变过程放出的能量;

(3) 若放出的 α 粒子的动能为 1.32×10^{-13} J,求出钍核反冲运动所具有的动能;

(4) 求出在衰变过程中 γ 光子的频率.

分析与解答 (1) 根据电荷守恒和质量数守恒,写出核反应方程为

$$^{232}_{92}U \longrightarrow ^{228}_{90}Th + ^{4}_{2}He$$

(2) 在核反应中质量亏为

$$\Delta m = m_u - m_{Th} - m_\alpha$$
$$= (232.0372 - 228.0287 - 4.0026)u$$
$$= 5.9 \times 10^{-3} u$$

由爱因斯坦质能方程得衰变过程放出的能量为

$$\Delta E = \Delta m c^2 = 8.8 \times 10^{-13} J$$

(3) 原子核 U 在衰变过程中动量守恒,即

$$m_{Th} v_{Th} = m_\alpha v_\alpha$$

如设 Th 的动能为 E_{kTh},α 的动能为 $E_{k\alpha}$,则由上式可得

$$\frac{E_{kTh}}{E_{k\alpha}} = \frac{m_\alpha}{m_{Th}} = \frac{4}{228}$$

所以

$$E_{kTh} = \frac{4}{228} E_{k\alpha} = \frac{4}{228} \times 1.32 \times 10^{-13} J$$
$$= 2.3 \times 10^{-15} J$$

(4) 根据能的转化和守恒,有

$$h\nu = \Delta E - E_{kTh} - E_{k\alpha} = 7.457 \times 10^{-13} J$$

所以

$$\nu = \frac{\Delta E - \Delta E_{kTh} - E_{k\alpha}}{h}$$
$$= \frac{7.457 \times 10^{-13}}{6.63 \times 10^{-34}} Hz$$
$$= 1.13 \times 10^{21} Hz$$

结 束 语

在人类文明史上,曾经有许多哲学家、科学家(包括物理学家)都在按照自身的思维方式,"总想找出那个在根底上控驭这个变幻无常的世界的不变的本质".诚如爱因斯坦所说的:"希望用少到不能再少的假设或原理作逻辑的演绎,能够控驭多到不能再多的经验事实."本书所介绍的守恒思想及其具体体现——守恒定律,在某个方面已经具有相当的概括性.

守恒思想及守恒定律,在以往指导人们进行科学技术发展中的作用是十分显然的.我们深信,今后在人们创新发明、探索未知世界真相的漫漫征途上,守恒思想依然可以像一盏明灯一样,照亮人们前进的道路.

"守恒"是一个宏大的课题,涉及的内容非常丰富.因此,本书自出版以来,我们也一直在思考:如何更好地反映这个课题,并把它尽可能完善、恰当地呈献给读者.这样的思考和积累,无异于也是一个极好的学习过程,使我们能够不断地吸收新的营养,始终紧跟中学物理教学的步伐,也得以在执笔撰写新一版时为融入比较丰满的内容奠定了基础,能给读者有更好的启迪.

结 束 语

这次的新 1 版全书由王溢然执笔撰写,书中取用了原版《守恒》(王溢然,徐燕翔)的部分内容,同时根据作者多年来对该课题的思考、积累和开掘,充实和更新了大部分内容.在应用部分也吸取了徐燕翔老师提出的许多很宝贵的建议.

希望我们的青年学生,今天在学习中能够自觉地领会和把握守恒思想,明天在参与实现中国梦的历史重任中,继续沐浴在这盏明灯的光辉之下,在破解难题、突破困难、攀登成功的道路上做出创造性的贡献.

作 者

2014 年 5 月于苏州庆秀斋

主要参考资料

[1] 〔美〕J·M·考克.放射学与原子核物理学[M].赵炳林,译.上海:上海科学技术出版社,1962.

[2] 〔英〕G·司蒂文逊,C·W·凯尔密司特.狭义相对论[M].沈立铭,译.上海:上海科学技术出版社,1963.

[3] 〔德〕M·V·劳厄.物理学史[M].上海:商务印书馆,1978.

[4] 倪光炯,李洪芳.近代物理[M].上海:上海科学技术出版社,1979.

[5]《化学发展简史》编写组.化学发展简史[M].北京:科学出版社,1980.

[6] 史斌星.量子物理[M].北京:清华大学出版社,1982.

[7] 谭树杰,王华.物理学上的重大实验[M].北京:科学技术文献出版社,1987.

[8] 〔美〕巴涅特.相对论入门[M].仲子,译.上海:三联书店,1989.

[9] 佟盛勋.普通物理专题研究[M].北京:北京师范学院出版社,1990.

[10] 郭奕玲.近代物理发展中的著名实验[M].长沙:湖南教育出版社,1990.

[11] 刘海生.苏联高考与竞赛物理试题精选[M].上海:上海科学普及出版社,1992.

[12] 杨仲耆,申先甲.物理学思想史[M].长沙:湖南教育出版社,1993.

[13] 王溢然,徐燕翔.守恒[M].郑州:大象出版社,1994.

[14] 赵凯华,罗蔚茵.力学[M].北京:高等教育出版社,1995.

[15] 漆安慎,杜婵英.力学基础[M].北京:高等教育出版社,1997.

[16] 束炳如.物理学家传[M].长沙:湖南教育出版社,1998.

[17] 梁绍荣,管靖.基础物理学[M].北京:高等教育出版社,2002.

[18] 束炳如,何润伟.物理3-3:教师用书[M].上海:上海科技教育出版社,2005.

[19] 林德宏.科学思想史[M].南京:江苏科学技术出版社,1985.

[20] 李艳平,申先甲.物理学史教程[M].科学出版社科学人文出版中心,2007.

[21] 程守诛,江之永.普通物理学[M].北京:高等教育出版社,2011.

[22] 北京物理学会.物理学史专题讲座汇编[G].

中国科学技术大学出版社中学物理用书

初中物理培优讲义(一阶、二阶)/郭军
初中物理导练拓/刘坤
新编初中物理竞赛辅导/刘坤
高中物理学(1—4)/沈克琦
高中物理学习题详解/黄鹏志　李弘　蔡子星
加拿大物理奥林匹克(第2版)/黄晶　俞超　邱为钢
美国物理奥林匹克/黄晶　孙佳琪　矫健
俄罗斯物理奥林匹克/黄晶　俞超　申强
中学奥林匹克竞赛物理教程·力学篇(第2版)/程稼夫
中学奥林匹克竞赛物理教程力学篇习题详解/于强　朱华勇　张鹏飞　程稼夫
中学奥林匹克竞赛物理教程·电磁学篇(第2版)/程稼夫
中学奥林匹克竞赛物理讲座(第2版)/程稼夫
中学奥林匹克竞赛物理进阶选讲/程稼夫
奥林匹克物理/舒幼生
奥赛物理辅导教程·力学篇/舒幼生
高中物理奥林匹克竞赛标准教材(第2版)/郑永令
中学物理奥赛辅导:热学·光学·近代物理学(第2版)/崔宏滨
物理竞赛教练笔记/江四喜
物理竞赛专题精编/江四喜
物理竞赛解题方法漫谈/江四喜
奥林匹克物理一题一议/江四喜
全国中学生物理竞赛预赛试题分类精编/张元元
全国中学生物理竞赛复赛试题分类精编/张元元